言語と植民地支配

植民地教育史研究年報◉2000年………03

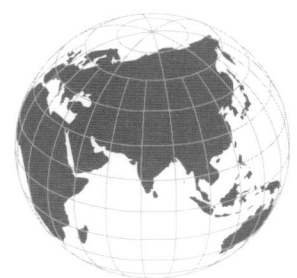

日本植民地教育史研究会

皓星社

言語と植民地支配

2000　植民地教育史研究年報　第3号　目次

はじめに ……………………………………………年報第3号編集委員会　3

特集1　植民地教育と言語問題（論文）
　統治者が被統治者の言語を学ぶということ
　　――日本統治初期台湾での台湾語学習――……………………冨田　哲　6
　植民地期の朝鮮語問題をどう考えるかについての一試論
　　――朝鮮総督府「諺文綴字法」を事例として――……………三ッ井　崇　22
　日本人による朝鮮語学習の経路と動機
　　――『月刊雑誌朝鮮語』（1926-29年）掲載の「合格者諸君の苦心談」の
　　　分析をもとに――……………………………………………山田寛人　37
　国定読本と朝鮮読本の共通性 ……………………………………上田崇仁　51

シンポジウム「言語と植民地支配」についての報告
　植民地国家の教育構造の解明へ …………………………………小沢有作　66

特集2　植民地朝鮮の教育と教育内容　日韓教科書シンポジウムから
　植民地朝鮮の普通学校における職業教育……………………………呉　成哲　82
　実業的理科・作業理科の二重性
　　――朝鮮総督府『初等理科書』『初等理科』と文部省『初等科理科』の
　　　教材観――……………………………………………………永田英治　98

研究動向　方法論の広場
　歴史認識と研究の方法――植民地教育史研究とかかわって――…弘谷多喜夫　120
　植民地期教科書復刻（朝鮮編）の取組とその意義………………井上　薫　125

書評

ファッシズムと反ファッシズムの中で
　——大串隆吉著『青年団と国際交流の歴史』を読む——………小 林 文 人　134
「植民地教育」——王智新編著『日本の植民地教育〜中国からの視点〜』——
　　　　　　　　　　　　　　　　　　　………………………横 山　　宏　139
藤沢健一著『近代沖縄教育史の視角』………………………近藤健一郎　143
多仁安代著『大東亜共栄圏と日本語』………………………宮 脇 弘 幸　148
磯田一雄『皇国の姿』を追って』……………………………佐 藤 尚 子　154

編者自身の資料紹介

日本植民地教育の絶頂期の言説を示す中核資料・『興亜教育』…佐 藤 広 美　160
朝鮮総督府編纂　第一期『普通學校國語読本』覆刻について……朴　　英 淑　164

朝鮮総督府編纂教科用図書刊行目録稿 ……………………………………169

研究会の歩み

「植民地教育史研究」第5号〜第8号 ………………………………………221

編集後記 …………………………………………………………………………251
著者紹介 …………………………………………………………………………252

はじめに

植民地教育史研究年報第3号
編集委員会＊

　本書のテーマを、「言語と植民地支配」とした。これは、植民地教育史研究にとって避けて通れぬ本質的な問題でありつづけた。

　近年、言語学の側から、日本による植民地支配と日本語の強制にかんする研究が立て続けて発表された。教育学の側は、これをいかに受けとめるべきか、そして、これまでの教育学研究者の蓄積をどう総括すべきか、問われるところであろう。

　本書は、こうした研究状況を意識して編まれた。

　「特集1　植民地教育と言語問題」は、若手研究者による最新の問題関心による研究成果である。冨田哲、三ッ井崇、山田寛人の3氏は、いずれも日本語の被植民者への強制問題ではなく、それと表裏の関係にあった「支配者（日本人）による被支配者の言語学習」に焦点をあてている。新しい問題関心といってよいだろう。植民地統治期、日本人は被植民地民族の言語をいかに考え、どのような意識でそれを学習しようとしたのか。それと植民地支配との関係である。冨田氏は、従来の研究は、統治者による台湾語の研究や学習にかんする思想的な問いかけを行ってこなかったとのべ、三ッ井氏は、日本人がどのような意識で朝鮮語を処遇したのか、それに対して朝鮮人はいかに対応したのか、という視点の欠如を主張している。山田氏は、日本人の朝鮮語学習に「朝鮮語学習＝国家の利益＝両民族の幸福」の図式を見てとり、朝鮮支配の無自覚のままに朝鮮語学習が行われていたことを指摘している。最後の上田崇仁氏の論文は、国内の国語読本と朝鮮の国語読本の共通性を分析することで、「皇民化教育」の内実をより深めようとしている。4論文は、日本植民地教育史研究会が今年2000年3月26日に行った研究集会（東京フォーレスト本郷会館）で発表した

＊　佐藤広美（東京家政学院大学）

ものをもとにしている。

「シンポジウムの記録　言語と植民地支配について」（編集委員会・小沢有作記）は同じく3月25日に開催された研究集会の報告である。本書末に収載した『植民地教育史研究』第7・8号を参照されたい。残念ながら発表された報告そのものをここに掲載することはできなかった。それに代えて、シンポジウムの趣旨や報告者の要点、その場で交わされた討論などを書いた少し長めの記録を載せた。植民地教育史研究の研究史をいかに総括するか、重要な論点が掲載されており、ぜひ目を通していただきたい。

「特集2　植民地朝鮮の教育と教育内容　日韓植民地教科書シンポジウムから」は、今年2000年1月22日に東京新宿の朝鮮奨学会にて開かれた同名のシンポジウムで発表された論文の掲載である。『植民地教育史研究』第7号を参照。呉成哲論文の最大のねらいは、普通学校における職業教育の植民地的特質を抽出することである。とくに、ケルシェンシュタイナーの教育学が日本を経由して朝鮮に移植される過程で生じた「植民地的変形」を問題にしていて興味深い。永田英治論文は、朝鮮総督府や文部省の初等科理科書にみられる「実業的理科」や「作業理科」という考え方が、今日の日本における理科教材の「生活化」「総合化」と通底するものがあるという問題意識にたって、当時の理科教科書を批判的に分析している。

「研究動向　方法論の広場」では、弘谷多喜夫氏と井上薫氏にそれぞれ、1999年12月23日から27日まで中国大連で行われた「第3回日本侵華植民地教育研究国際学術研討会」と、前記日韓植民地教科書シンポジウムに参加された感想を交えて、研究方法論に焦点をあてた論考を書いてもらった。井上氏は、韓国の若手研究者にみられる研究関心の一端に触れている。

書評は5本を載せた。これをきっかけにして、活発な意見交流が行われれば、と願っている。「編者自身の資料紹介」のコーナーを設けた。編者自身による資料の自己紹介はちょっと苦手な方もいるかも知れないが、「思い」や「苦心談」を語ってもらうのもいいのではないだろうか。

「朝鮮総督府編纂教科書刊行目録」を載せた。この種の刊行目録は初めての試みではないか。この分野に関心ある研究者には吉報・朗報であると思う。これをはずみに「日本植民地・占領地教科書体系」の刊行事業が進展することを期待したい。

植民地教育と言語問題（論文）

統治者が被統治者の言語を学ぶということ

―― 日本統治初期台湾での台湾語学習 ――

冨田　哲[*]

1 はじめに

　日本植民地教育の研究が言語の問題に注目するとき、まず支配される側に対する日本語の強要が語られる場合が多いだろう。そこでは、日本語普及のための政策や言説、また教育現場で採用された教授法や教材などが分析される。1980年代から90年代にかけての日本語学習者数の急増期を経て、日本語教育が広く社会的認知を得るのと時を合わせるように、植民地や占領地での日本語教育についての研究が数多く発表された。

　台湾で行われた日本語教育の歴史に言及したものも多い。ごく一部を挙げれば、石（1993a）、川村（1994）、長（1998）などがある。また、日本語教育学に直接的に関わっている研究者からも、蔡（1989）、近藤（1991）、関（1997）、関・平高（1997）などが発表されている（ただ、後者三つは、日本語教育史の通史の中で台湾の事例を取り上げているものである）。

　一方、植民地では、規模の差こそあれ、支配する側が支配される側の言語を学ぶ場合もあった。本稿が考察の対象とするのは、日本統治開始初期の台湾、すなわち1895年から1900年代にかけてであるが、1905年に台湾総督府が行った「台湾総督府臨時台湾戸口調査」によると、「内地人ニシテ土語ヲ話ス者」が6757人で内地人（日本人）総人口の11.8％なのに対して、「本島人ニシテ内地語ヲ話ス者」は11270で、本島人（台湾人）総人口の0.38％にとどまっている（台湾総督府臨時台湾戸口調査部（1908：243-251））[1]。この報告書が、言語能力の有無をどのように判断したのか不明だが、統治者が被統治者の言語を使う場面がかなりあったのだろうと想像できる。

　しかし、言語的に対等な関係が両者の間に成立していたわけではなかった。

＊　名古屋大学大学院国際開発研究科

内地人が本島人の言語を学ぶことと本島人が内地人の言語を学ぶことは、同等の意味を持ってはいなかったのである。その非対称性は、何のためにそれぞれの言語が学ばれたのかという点に見出すことができるが、それとともに本島人の言語なり内地人の言語なりが、だれの主導によって教育・研究されていたのかという点にも求めることができる。日本語と台湾語がいかなるものであるのかを規定し、その教育・研究を主導したのは内地人だった。内地人は「われわれの言語」を本島人に提示することができたが、本島人には「われわれの言語」を創出し、それを内地人に学ばせる権限が与えられていなかったのである。

　内地人による台湾語の学習・研究についての先行研究には、呉（1997a）（1997b）、陳（1996）、洪（1993）（1994）、村上（1966a）（1985）（1989）などがあり、丹念な資料収集と綿密な分析に基づく研究が明らかにしてきたところは多い。ただこれらは、いずれもが書籍や教育機関の活動などの史的記述を目的としており、統治者の内地人が台湾語を学習し、また台湾語の研究・記述を行っていたことへの思想的な問いかけがなされていない。

　陳（1996：18）は、台湾総督府学務部が統治開始直後、内地人に対する台湾語教育に積極的だったことを挙げ、この時期が「「空前」かつ今日に至るまで「絶後」と言っていい台湾語教育の「黄金期」」だったとしている。しかし、今日の台湾語教育と100年あまり前の統治開始期の台湾語教育を一本の線で結び、その時系列上に台湾語教育の盛衰をみる視点では、だれが何のために台湾語を規定して、その学習に取り組んだのか（取り組んでいるのか）を問いにくい。社会の着実な台湾化の歩みのなかで展開している台湾語運動を背景とする前者と、統治者が被統治者の言語を研究・記述し、統治者がその言語を学んだ後者とでは、それぞれの規模がどうであれ、言語を研究すること、学ぶことの意味は非常に異なっている。この相違に注意を向けずに後者の事例に言及すると、統治する側の被統治者の言語への接近が、あたかも善意に基づいたものであったかのような印象を与えかねない。

　本稿では、植民地下で統治者が被統治者の言語を学ぶことの意味を考える一つの手がかりとして、統治初期の台湾の例を取り上げる。この時期には、内地人と本島人の間で言語が通じない状況を解消すべく、台湾語学習の必要性がさかんに説かれていた。

2 「台湾の言語」の出現

　1907年に総督府学務課から、総督府の台湾語研究の集大成である『日台大辞典』が刊行された。ここに、当時の台湾で使用されていた言語および話者数が説明されている。なお、この解説は、上田万年の門下生で、かれの勧めで台湾に渡って学務行政や台湾語の研究にに携わった言語学者の小川尚義の手によるものである。

　　現今台湾ニ行ハルル所ノ言語ハ、通例之ヲ大別シテ漳州語、泉州語、客人語（又ハ広東語）及ビ蕃語ノ四種トス、此内漳州語、泉州語、客人語ノ三種ハ支那語族ニ属シ、蕃語ハ南洋語、即チ所謂「マレイ、ポリネシヤ」語系ニ属ス、而シテ蕃語ハ便宜上、又之ヲ熟蕃語、生蕃語ノ二種ニ区別スルコトヲ得ベシ、此外又、上記以外ノ支那語、及ヒ日本語ノ行ハルル範囲亦少シトセズ（台湾総督府民政部総務局学務課（1907：日台大辞典緒言1-2））

「漳州語」「泉州語」とは閩南語の下位変種とされているものである。今日、台湾語と言うときには、閩南語のことを指す場合が多い。『日台大辞典』では、これを「南部福建語」と称している。台湾に住む漢民族の多くは、福建南部の漳州府、泉州府から来た人々やその子孫だった。「客人語（又ハ広東語）」というのは客家語であり、今日言うところの広東語のことではない。また、「熟蕃」「生蕃」というのは、漢民族が大挙して移住してくる以前から台湾に住んでいた先住民族に対する蔑称である。これらは清朝時代から使われていたもので、前者はおもに平地に住み、すでに漢民族化していた人々、後者は山地や島嶼部に居住し、漢民族とは一線を画して生活していた人々を指している。「日本語」の話者とは、統治開始後に内地から台湾へ渡った人々のことである。これらの言語のうち、もっとも話者数が多かったのは「南部福建語」で、小川は「漳州語」が120万人、「泉州語」が110万人、計230万人と推定している。以下、「客人語」50万人、「蕃語」11万人（「生蕃語」10万人、「熟蕃語」1万人）、「日本語」5万人、「其他ノ支那語」4万人と続く（同）。

　小川は、『日台大辞典』の編纂作業を終えた後の東京での講演で、「南部福建語」は「漳州語」であっても「泉州語」であってもお互いに通じるので「純粋の方言と見て差支なからう」としているが[2]、「客人語」は「南部福建語」とはお互いに通じないくらいに隔たっていると述べている（小川（1906a：3））。

　一方、統治開始以前に台湾に住んでいた人々の間では、「台湾に話される代表

的なことば」(樋口 (1984 : 10)) としての台湾語が、意識のうえでも、また実体としても共有されていなかったようである。台湾人という概念は、日本統治時代に日本人と対立する形で本島人の間に意識されるようになったものであるといくつかの研究が指摘しているが (黄 (1970 : 107)、Jordan (1994 : 154)、Huang, Chen, Chuang (1994 : 17)) [3]、台湾語もまた、統治開始以前には、排他的に「われわれの言語」としてその存在が主張されていたわけではなかった。ただ漢民族の場合、大陸での原籍地や血縁をもとに、ある場所に集住することが多く、また械闘などを通じ [4]、それぞれの集団の間で「われわれの言語」が意識されることはあっただろう。小川は1906年の別の講演で次のように述べている。

　　泉州と漳州は前申したやうに互いに言葉は通じますけれども、やはり各々国自慢がある、都会の交通頻繁の所に於ては、漳州と泉州と言葉が非常に混雑して居りますけれども、田舎に行くと、この村は漳州の村この村は泉州の村であると云ふ風に大体に於て区別がある、台湾の歴史に徴して見ると云ふと、昔から械闘と申して度々喧嘩をして居ったのであります、唯今ではソンなことはありませぬが、併し今でも互にまけない気で、泉州の者は漳州の言葉を柔弱であるとし、又漳州の者は泉州の言葉を粗雑であると互いに悪口を言ふて居る様な有様であります (小川 (1906b : 63-64))

　ところで、台湾の統治が始まる以前に、すでに対岸の厦門などで、閩南語辞書の編纂がプロテスタント宣教師によって行われていた (村上 (1966b : 52-72))。内地人も当然これらを手にしており、『日台大辞典』の編纂にあたっても参考にしている (台湾総督府民政部総務局学務課 (1907 : 本書編纂ノ顛末1-2))。しかし、大陸で編纂された辞書は、あくまで「大陸の言語」として閩南語をとらえていたのであり、「台湾の言語」の記述を企図していたわけではない。本島人の間でも台湾語を共有しているという意識が希薄だったとすれば、「台湾の言語」という概念を台湾に持ちこんだのは、内地人であったと考えられよう。総督府学務部／学務課は [5]、統治開始直後から「台湾十五音」「日台」という語を冠した辞書などを次々と刊行しているが [6]、ここに統治者側が日本語と対置させて規定した「台湾の言語」という認識の枠組みが成立することになった。

3 台湾語学習の目的

　では、なぜ台湾語の学習が必要だとされたのだろうか。1899年に創刊された『台湾土語叢誌』の創刊号に寄せられた祝辞を見てみよう[7]。祝辞で言われている台湾語学習の必要性は、大きく分けて次の4点に分類できそうである。

①内地人が台湾の事情を知るため

　　台政に当る者、未だ必しも台湾の真相を審にせず、台政を議する者、亦其の事情を明にせざるの傾あるを憂ひ、此の弊根を絶つの手段として、彼我の言語を研究し、事情の疎通を計らんと欲し、茲に台湾土語叢誌を発刊せんとす（大東（1899：2））

②内地人の利益の拡大

　　領台五星霜の今日尚ほ内地人商業者の商業区域を内地人以外に広むる能はざるは、主として言語の不通に原因せずんばあらず…斯く土語を研究する必要あるに係はらず軍政の弊風は我商人をして一に官に依るの悪習を作り土語を習練するの必要を想はしめず、終に内地商人をして内地人以外に出づる事を忘れしむるに至れり（石川（1899：5-6））

③日本語が普及するまでの過渡的手段

　　感化ノ手段トシテ同化ノ先鋒軍トシテ台湾語ヲ研究セサルベカラズ蓋台湾語ヲ研究スルハ邦語ヲ伝フルノ準備タルコトヲ悟ラサルヘカラス（木村（1899：1））

④「南支那」「南清」へのそなえ

　　此叢誌ノ光明ヲ発揮スベキノ地ハ独リ台湾一島ノミニアラズ之ト語脈ヲ同ジクセル者海ヲ隔テテ南清アリ（佐々木（1899：4））

　これらを見て気づくのは、台湾語学習の意義が実用的な側面を重視して語られていることである。内地人学習者に求められるのは「使える台湾語」であり、それが身につかなければ、統治上不都合であり、内地人が台湾もしくは中国大陸で利益をあげることも難しく、将来的な大目標としての日本語の普及も円滑に進まないという。台湾語の運用能力は内地人が台湾なり大陸なりで確固とした地位を築くためにこそ必要なのだとされている。こうした理由づけが「母語」話者である本島人から発せられているのではなく、内地人が内地人に呼びかけているものであることに注意する必要がある。

　田中（1989：253-264）は、植民地宗主国がみずからの言語を被統治者に普及させる際に、言語体系のみならず宗主国の社会的儀礼や倫理規範をもあわせ

て強制しようとする場合、その言語を「宗主国家語」と呼んでいる。しかし石（1993b：196-217）は、優位に立つ側の単位が国家には限らないこと、また優位に立つ言語とその対極にある言語との間の相互関係が重要であるという立場から、「宗主語」と「隷属語」という二つの概念を提唱している。

　統治初期の台湾語学習と日本語学習の関係を考えるとき、この一対の概念はさしあたり有益なものであるように思える。もっとも石は、植民地状況での優勢言語と劣勢言語の関係、あるいは多言語間に働く力学に関心を持っていて、統治者が被統治者の言語を学ぶことの意味を深く問うてはいない。ただ、台湾語学習を宗主語「母語」話者による隷属語の学習、日本語学習を隷属語「母語」話者による宗主語の学習として把握することで、両者の間に非対称的な関係を見出すことが可能になるだろう。

　宗主語である日本語の学習と隷属語である台湾語の学習とでは、要求されるものが異なっていた。それを一言で言えば、前者は言語規範の強制力がより強く、内地の社会的儀礼や倫理規範の教育と一体化したものであったのに対し、後者にはそのような側面が希薄だったということである。内地人が台湾語の学習を通して求められたのは、本島人を知ることではあっても、本島人になることではなかった。

　台湾語学習とは対照的に、日本語学習の必要性が同化主義的な立場から論じられていたのはよく知られている。もちろん統治政策を全体として見たとき、統治初期に確固とした方針のもとで同化政策が遂行されていたとは言えないが、教育現場に携わる多くの者が、日本語の学習を国民精神の形成と結びつけて語っていた[8]。公学校国語科への直接教授法の導入に伴って学務課から刊行された『台湾公学校国語教授要旨』も、その緒論で「本島公学校ニ於ケル国語教授ノ目的ハ、本島人ノ子弟ヲシテ、後来悉ク我帝国ノ言語ヲ談シ、我帝国ノ文章ヲ読ミ且綴リテ、互ニ、意志ヲ通シ、知識ヲ開キ、以テ速ニ我帝国民タルニ適スベキ能力ヲ具ヘシムルニ在リ」と述べている（台湾総督府民政部学務課（1900：1））。

　もちろん、実際の日本語教育が実用性に目を向けなかったわけではない。むしろ逆で、見方によっては、実用的側面に流れすぎ、重視されるべき精神的側面がおろそかになっていると理解されることもあった。ただ、日本語の学習に対しては、そうした風潮を好ましからざるものととらえる批判がたびたび発せられた[9]。

日本語教育への直接教授法導入の旗振り役で、総督府の教育行政にも深く関わっていた山口喜一郎は、台湾中部への視察後に執筆した山口（1902：43-45）で、「専門的」な日本語の能力の養成が国語科の目的であると考える教師が多いことを批判している。「交際、取引等ノ用語ヲ好ミ、一般普通ノ事実ヲ言ヒ顕ハストコロノ言語ヲ粗略ニナ」すような日本語教育は、「通弁通訳ヲ養成セントセシ国語伝習所時代ノ国語教授ノ目的ヲ本島普通教育ノ根幹タル公学教育ノ国語教授ニ当嵌メテ考フル」結果だと言うのである[10]。山口や学務課にとって重要なのは、「国語教授」を通して、「国民性ヲ養成シ、母国人ニ最モ近キ思想感情ヲ有セシメ」ることだった。この目標を達成するためには、「専門的」な知識をつまみ食いするような日本語学習が蔓延することは避けなければならなかった。

　もっとも、「一般普通ノ事実ヲ言ヒ顕ハストコロノ言語」の教育によって、本島人に「母国人ニ最モ近キ思想感情ヲ有セシメ」ようとしたとしても、本島人が「母国人」と同等の日本語能力を身につけられるわけではない。公学校で日本語を学んだところで、統治初期の多くの本島人は、その後日本語を使う機会などほとんどなかっただろう。山口もそれを十分に承知していた。山口は、公学校で日本語教育を受けた本島人が、「国語ソノモノノ形体ハ忘レ果テテ、一片ノ挨拶ヲモ出来ザル様ニナ」ったとしても、「国語ニヨリテ伝ヘラレシ精神」が心の中に残り、その結果、総督府の政策に協力的な姿勢が生まれるのであればそれでもかまわないという。少なくとも学務行政の中枢部周辺では、実用性をわきに追いやっても日本語教育が担わなければならない役割が意識されていた。

　ふたたび台湾語学習に戻ろう。実用性の重視は、内地人にさまざまな言語場面に適切に対応できる能力を要求した。数の上では圧倒的多数の本島人を前にして、内地人は台湾語が使用される文脈を限定することはできないし、また本島人が使用する社会変種や地域変種を画一化してしまえるわけでもない。したがって台湾語の学習は、具体的な言語場面を想定した内容であることが多く、台湾語学習の精神的意義が説かれることもなかった。前出の『台湾土語叢誌』や『台湾語学雑誌』には次のような主張が見られる。

　　略語俗語及俗訛は、最後に最重要にして之を知り得て始めて流暢の談話をなし得らるる也、然るに土語に関する書籍中俗訛を書するもの絶てなく却って之を斥くるの傾あるは一怪事なり、老媼の喃々も、乳児の泣語

も、壁間の微声も、行路の吵鬧も、悉く了解せられてこそ土語を学ぶの目的は達せらるるなれ（鳳山堂主人（1899：17））

＜内地人の警察官に対して＞彼ノ刑事ガ時ニ人ノ談話ニ耳ヲ傾ケ、図ラザル大罪ヲ未発ニ摘ミ、片言隻言ヲモ忽カセニセザル的ノ機敏ナル動作ハ能ク本島語ニ熟達シ、各小社会ニ於ケル隠語マデ研究シタル結果ノ然カラシムル所ナラズンバ非ザルナリ（中堂（1902a：9-10））

＜内地人の公学校教師に対して＞本島語ハ本島及南清ノ一部ヲ除キテ用ユル所ナシ、因テ以テ新智識ヲ得ルニ非ズ、内地ヘ帰去スレバ既ニ何ノ用ヲモ為サズ、逐日少許ノ便ヲ達スレバ、即進ンデ研究スルノ勇気ナキハ、皆是レ普通ノ思潮ニ非ザルカ、予ハ教官ニ向テ贅弁ヲ費スヲ知ル、然レドモ事業ノ重大ニ伴フ語学ノ素養ハ、決シテ無意味ニ看過スル能ハザルヲ知ル者ナリ、乞フ一歩ヲ進メテ語学ノ成熟ヲ期セヨ是レ蓋シ事業ニナル所為ナルベシ（中堂（1902b：13））

『台湾土語叢誌』や『台湾語学雑誌』の学習記事も、具体的な言語場面を意識したものが主である。『台湾土語叢誌』創刊号の会話練習には、基本的な内容の「普通会話科」に続き、内地人の役人が戸籍を作るために本島人宅を訪問した際の会話である「戸籍調」、内地人が本島人の誕生日の宴会に招待されたという設定の「宴会」、本島人が塩を密送しようとして内地人警官に連行される「私塩」、本島人のマラリア患者が内地人らしい医師の診察を受けている「診察」、警察官や憲兵などの学習者向けの「警官用語特別会話」といった学習記事が並んでいる。また同じころ、台北で内地人に対する台湾語教育などを行っていた稲江義塾という私塾が『台湾語』という台湾語学習雑誌を刊行していたが、その第1号（1901年刊）でも会話練習に、ごく基本的な語や文を羅列した「台湾語普通用語」に続けて、「民刑事裁判用語」「軍隊警官用語」「司獄官会話」「商業会話」「医術衛生会話」といった項目を設けている。『台湾語学雑誌』を出版していた台湾語学同志会の会員名簿にも、総督府、監獄、公学校、法院（裁判所）、警察などに勤務する人々が名を連ねており（台湾語学同志会（1902））、台湾語学習の動機が日々の職務に直結していたことがうかがえる。

4 台湾語の学習と地域変種

第2節で述べたように、内地人は本島人社会に複数の言語集団の存在を見ていた。一方、本島人の間では、ある地域変種が台湾語の標準として規範的な力

を持っていたわけではなかった。『日台大辞典』は、閩南語の廈門語音によって台湾語を記述しているものの、巻末には各漢字ごとの廈門語音と漳州語音が併記されており、また緒言では、漳州語、泉州語、廈門語の漢字音の対応関係が詳細に解説されている。内地人の台湾語辞書の編纂作業は、統一的な言語の創出をめざすものではなく、それらの辞書は、台湾で使用されている閩南語のさまざまな変種に適切に対応するための手引きである必要があった[11]。ゆえに、それぞれの内地人学習者や教育機関が、廈門語音に画一的に従う必要はなかった。

一例を挙げよう。『台湾土語叢誌』などに学習記事をたびたび寄せていた兼松礒熊という人物がいる。前述の稲江義塾を開いていた兼松は、おもに泉州語音で台湾語の教授を行っていたという（兼松（1899：56））。かれは台湾語教育界ではかなり名を知られた存在で小川尚義らともつながりがあったようだが[12]、そうした人物が廈門語以外の変種を教えるという方針をとったとしても、何ら問題にはならなかった。

もっとも兼松にとって、台湾語が泉州語音でなければならなかったわけではない。前述の学習雑誌『台湾語』には、次のような「修読者の注意」が掲げられている。

> 本誌台湾語に付する仮名付法は……泉漳両音の差異若くは地方訛音の種類の如きは到底之を差別する能ず、サレば地方修読者にして其地の語音を学ばんと欲せば、随意の地方音に拠りて修読するをよしとす（稲江義塾台湾語自宅独習筆記録編纂係（1901：例言十則1））

同誌でも稲江義塾での授業同様、「語音は総て泉州音を用」いるという方針が示されてはいる（同：注1）。しかし、「地方修読者」がそれぞれの地域の変種を学ぶという場面も十分に想定されているのである。日本語の場合、いわゆる「方言」が本島人教育の場からは排除されるべき存在だったのとは対照的である（町田（1903：18）、山科（1927：99）など）。

また学務課とて、廈門語に規範性を持たせようなどという意図はなかった。『日台大辞典』に廈門語音を採用した理由を、小川は「廈門、漳州、泉州ノ音ハ、其間、自ラ一定ノ法則アルヲ以テ、廈門音ヲ知レバ、容易ニ其他ノ音ヲ知ルコトヲ得ルナリ」と説明している（台湾総督府民政部総務局学務課（1907：凡例1））。廈門語が教えるべき規範ではなかったことは明らかである。

再度、兼松礒熊の説明を見てみよう。『台湾土語叢誌』誌上で、「警官用語特

別会話」という欄を担当することになった兼松は、第1号に掲載された緒言で次のように述べている。

> 泉、漳両州の語音は、其差異頗る僅少なるものにして……之を我邦の言語に喩ふれば、恰も西京語と大坂語との如く、実に些少の差異あるに外ならざるなり、余が年来教授する処の語音は、重に泉州音を用ふれども、時としては漳州音と、泉州音と、両者相比較して、教授する事、又少からざるなり、爰に初学者が最も注意を要すべき事は、其実用の場合に於て、其対話者は是れ元と、泉州、漳州、又は其他何れの地方人なるか、且其身分は如何なる人なるかを鑑別する事是なり、若も此鑑別を為さず、甲も乙も等しく是れ台湾人なりとの、覚念を以て対話せんか、己れが学びたる語音は、往々にして対話者に聞き取れざるか、又は対話者の語音が、己れの耳に解し能はざるか、兎に角く、己れが学びたる語音は、尽く対話者の語音と、相符合せず、結局会話書を捻ねぐり出して、其真偽を実際に試みるときは、会話書の音訓と、対話者の語音とは、全然其質性を異にするを、発見すべし、爰に至りて、己れが自習する所の会話書は、全く其音訓不完全なりとの、疑念を生ずるに至らん、是れ蓋し、其初め対話者其人の原籍出生の地、又は其身分職業等を、鑑別せざるの致す所にして……（兼松（1899：56-57））

前半で、泉州語と漳州語の差異が「頗る僅少」だと言う部分と、後半で、「対話者其人の原籍出生の地」の区別を厳密にするべきだと説いている点は矛盾しているようにも見える。しかし、両者の差異がコミュニケーション上、支障をきたすほどのものであったか否かは、ここでは問題ではない。より重要なのは、その差の大小に関わらず、そこに「あるべき台湾語」が想定されていなかったことである。兼松は、泉州語をおもに教授しているが、場合によっては漳州語も参照していたという。もちろん、泉州語なり漳州語なりは、何らかの規範として存在していたのではない。内地人が本島人と接触する際に使うべき台湾語は、相手の「原籍出生の地」や「身分職業等」に応じて変わるべきだったのである。

だからこそ、場合によっては閩南語以外の言語の学習も求められることになった。統治開始以前から、客家人や先住民族と閩南人との間では閩南語が使われることも多々あったようだが（Douglas（1873：610）、兼松（1899：56）、野田（1900：69））、内地人が「広東語」や「蕃語」の話者の住む地域に赴く

場合には、それらの言語の習得が必要だとされた。たとえば、1898年に後藤新平が局長となって新設された臨時台湾土地調査局による土地調査は、当然客家人が所有する土地も対象としていたが、内地人の中に、客家人との間の通訳に当たれる人材はほとんどいなかったようである。『台湾土語叢誌』に掲載された「広東語」学習者に向けた記事で、野田岳陽という人物は、客家人の大半が閩南語をまったく解さないにもかかわらず、客家人の多く住む地域での調査に必要な内地人客家語話者の確保に土地調査局が苦労していると述べている。「土地調査局実地調査員諸君ノ参考ノ資ニ供センコトヲ主トシ」たという野田の記事は、3号に渡って掲載され、土地調査の現場を想定した語および会話練習が並んでいる（野田（1900：69-87）（1901a：36-40）（1901b：53-60））。数は決して多くなく、内容も閩南語のものに比べればはるかに見劣りがするものの、他にも「広東語」「蕃語」学習のための記事が『台湾土語叢誌』には散見される。

5 台湾語教育機関 —国語学校語学部土語学科—

最後に、実用性の問題でやり玉に挙がったある台湾語教育機関の例を紹介しておきたい。

1987年に総督府国語学校が開校し語学部土語学科が設置されたが[13]、早くも1902年には国語学校規則改正で、「需給の関係上最早其の必要を認めない」として土語学科の廃止が決まっている（台湾教育会（1939：580））。語学部は、「本島ニ於テ公私ノ業務ニ就カムトスル者ニ須要ナル教育ヲ施ス所」と位置づけられており（同：546-547）、総督府が学資を支給した「給費生」は、「三箇年間ハ民政局長ヨリ指定ノ職務ニ従事スル」義務を負っていたが（同：563）、卒業生が就職した総督府の各部署などからは「土語科卒業生は一も採る所なし」といった散々の評価を受けていたという。評判が芳しくない理由として、土語学科の第一回卒業生（1897年入学、1900年卒業）で台中地方法院に勤務していた八幡喜一は、土語学科の教育が各方面それぞれのニーズに応じた「専門的」なものではなく、より一般性を持った「普通的」なものになっていることを挙げている。八幡の同級生で、卒業後、総督府臨時土地調査局に技手として採用された者は、「卒業後直ちに公私の業務に従事すべき資格ありながら」、さらに4か月の講習が必要だったという（八幡（1902：3））。

また、やはり土語学科の卒業生である田村治助は、各方面には、すでに当座

の業務をこなすための「専門的」な言語能力を有し、実務経験が豊富な「半可通」がいるので、「其通ずる所は一般的にして又文証類等をも解する素養」があっても、実地経験に乏しい土語学科卒業生は、あまり歓迎されていないと指摘している（田村（1902：4））。隷属語である台湾語の教育は、即戦力を養成することを目的としなければならなかったのであるが、土語学科はそうした要請にこたえていなかった。

6　結論

　本稿では、統治初期の台湾の事例をもとに、統治者が被統治者の言語を学ぶこと、研究することの意味を考えた。内地人によって規定された台湾語を、内地人はあくまで実用的な観点から学習したが、これは実用主義がきびしく批判された本島人の日本語学習とは対照的だった。さまざまな言語場面、変種に対応する能力が求められる台湾語学習の場では、個々の業務に応じた具体的な場面が設定され、提示される台湾語も特定の標準変種に限られてはいなかった。

　ここに見られる台湾語学習と日本語学習の間の非対称性は、日本語と台湾語を植民地状況での宗主語と隷属語の関係としてとらえることで説明が可能であろう。日本語教育が本島人に精神的な変容を求めることが多かったのに対して、台湾語教育は内地人に精神的な変容を求めはしなかった。学務部／学務課も、内地人の「母語」として統一的な日本語を仮構する必要性は感じていたが、本島人の言語の非統一性を解消すべく台湾語を仮構しようなどとはしなかった。その場その場に応じた実用的な学習が必要だった台湾語に、規範的な標準の確立はかえって不適当だったのである。

【注】

（1）ここでの「土語」とは、先住民族を含む本島人の言語のすべてを含んでいる。
　　なお本稿では、総督府の公的文書で広く使われていた呼称に従い、統治開始後に台湾に渡った人々を内地人、統治開始以前から台湾に住んでいた人々を本島人と称する。今日一般に使用される日本人、台湾人を用いないのは、植民地統治が終わって50年以上を経た「いま」の視点を、詳細な分析なしに統治開始期に投影してしまうことを危惧するためである。本島人という呼称は、日本人とは異質の集団であるという意味合いを持つ台湾人とは違い、同化主義が色濃く反映する呼び方であったという見方も妥当だと考えるが（弘谷（1985：27-34））、問題点を十分に認識したうえで、これらの呼称を使用することにする。

（2）ただ、ここでは「南部福建語」ではなく「厦門語」という名称を用い、その下位区分として、「厦門語」（「「厦門」プロパア」）「漳州語」「泉州語」を挙げている。
（3）北村（1998：22-23）は、植民地研究で自明視されがちな「民族」「文化」「伝統」といった概念の見直しの必要性を指摘している。
（4）械闘とは、泉州と漳州、あるいは福建と広東など、原籍地の違いなどによって形成された集団間で起こった武力衝突のことである。ただ、械闘が必ずしも純粋にエスニシティの対立によって引き起こされていたとは言えず、また時とともにそのメカニズムも変化したようである。Ownby（1990：75-97）および（Harrell 1990：99-127）を参照。
（5）学務部は1897年に、学務課に縮小された。
（6）「十五音」とは、「明末から清初にかけて福建にあらわれた数種の方言韻書と、その流れをくむ雑多な版本の総称」で、子音が15の音に分類されているものである。学務部／学務課は、この方式にならって「台湾十五音」を決定した（樋口（1984：1-10））。
（7）1901年に、台湾語研究者らが台湾語学同志会を組織し、翌年から『台湾土語叢誌』を引き継ぐ形で、同会が『台湾語学雑誌』を刊行した。村上（1966a：80）は、『台湾語学雑誌』が1908年8月まで発刊されたとしている。
（8）長（1998：192-196）を参照。
（9）実用性に重きを置く日本語教育をめぐる議論については小熊（1999：271-277）を参照。
（10）国語伝習所は1896年から1897年にかけて計16か所が開設されたが、その多くは1898年の公学校令公布に伴い廃止された（台湾教育会（1939：165-217））。
（11）総督府による台湾語の記述については冨田（1999）で論じた。
（12）兼松（1900）には、小川が序文を寄せている。
（13）総督府国語学校には、語学部（本島人対象の国語学科と内地人対象の土語学科）、師範部、附属学校が設けられ、土語学科の入学資格は、「十五歳以上二十五歳以下ニシテ高等小学校卒業以上ノ学力ヲ有スル内地人」となっていた（台湾教育会（1939：546-547））。

【参考文献】
石川源一郎（1899）「祝辞」『台湾土語叢誌』第1号、博文堂
呉守礼（1997a）『福客方言綜誌』台北：自家出版
呉守礼（1997b）「一百年来的閩南系台湾話研究回顧」『閩台方言研究集（2）』台北：南天書局
Ownby, David（1990a）"The Ethnic Feud in Qing Taiwan：What Is This Violence

Business, Anyway? An Interpretation of the 1782 Zhang-Quan Xiedou," Late Imperial China, Vol.11（1）. Pasadena：The Society for Qing Studies

小川尚義（1906a）「台湾語に就て」『台湾協会会報』第90号、台湾協会：復刻版、ゆまに書房、1988年

小川尚義（1906b）「台湾語に就て」『教育界』5巻7号、金港堂

小熊英二（1999）「崩壊する日本語　－台湾統治初期における日本語教育論議－」、西川長夫・渡辺公三編『世紀転換期の国際秩序と国民文化の形成』柏書房

長志珠絵（1998）『近代日本と国語ナショナリズム』吉川弘文館

兼松礒熊（1899）「警官用語特別会話（其一）」『台湾土語叢誌』第1号

兼松礒熊（1900）『台湾語発音学』稲江義塾

川村湊（1994）『海を渡った日本語　－植民地の「国語」の時間－』青土社

北村嘉恵（1998）「日本統治期台湾教育史研究の視座　－被支配民族の主体性をめぐって－」『植民地教育史年報』第1号、皓星社（同誌第2号で論文題名訂正）

木村匡（1899）「祝辞」『台湾土語叢誌』第1号

近藤純子（1991）「戦前台湾における日本語教育」、木村宗男編『講座日本語と日本語教育 第15巻日本語教育の歴史』明治書院

佐々木安五郎（1899）「台湾土語叢誌発行祝辞」『台湾土語叢誌』第1号

石剛（1993a）『植民地支配と日本語　－台湾、満洲国、大陸占領地における言語政策－』三元社

石剛（1993b）「ポスト植民地主義と日本の言語学的状況　－宗主語と隷属語－」『現代思想』7月号、青土社

Jordan, David K.（1994）"Changes in Postwar Taiwan and Their Impact on the Popular Practice of Religion" In Harrell and Huang, eds., Cultural Changes in Postwar Taiwan. Taipei：SMC Publishing（南天書局）

関正昭（1997）『日本語教育史研究序説』スリーエーネットワーク

関正昭・平高史也（1997）『日本語教育史』アルク

台湾教育会（1939）『台湾教育沿革誌』：復刻版、台北：南天書局、1995年

大東学人（1899）「祝辞」『台湾土語叢誌』第1号

台湾語学同志会（1902）「語学同志会会員名簿」『台湾語学雑誌』第5号、台湾日日新報社

台湾総督府民政部学務課（1900）『台湾公学校国語教授要旨』

台湾総督府民政部総務局学務課（1907）『日台大辞典』：復刻版、台北：武陵出版、1993年

台湾総督府臨時台湾戸口調査部（1908）『明治三十八年臨時台湾戸口調査記述報文』

Douglas, Carstairs（1873）Chinese-English Dictionary of the Vernacular or Spoken

Language of Amoy（London： Trubner & Co.; reprint, Taipei： SMC Publishing Inc.,1990）

田中克彦（1989）「「宗主国家語」をこえて －日本語の「国際化」をめぐるイデオロギー状況－」『世界』1月号、岩波書店

田村治助（1902）「台湾総督府国語学校語学部土語科の運命」『台湾総督府国語学校校友会雑誌』第10号、台湾総督府国語学校校友会

陳恆嘉（1996）「以「国語学校」為場域、看日治時期的語言政策」、張炎憲／陳美蓉／黎中光編『台湾近百年史論文集』、台北：呉三連基金会出版

蔡茂豊（1989）『台湾における日本語教育の史的研究』台北：東呉大学日本文化研究所

稲江義塾台湾語自宅独習筆記録編纂係（1901）「例言十則（修読者の注意）」『台湾語』1期1号、稲江義塾

冨田哲（1999）「日本統治時代初期の台湾総督府による「台湾語」の創出」『国際開発研究フォーラム』11号、名古屋大学大学院国際開発研究科

中堂謙吉（1902a）「本島語研究ノ必用」『台湾語学雑誌』第2号、台湾語学同志会

中堂謙吉（1902b） 「本島語研究ノ必用」『台湾語学雑誌』第3号、台湾日日新報社

野田岳陽（1900）「広東語」『台湾土語叢誌』第6号

野田岳陽（1901a）「広東語」『台湾土語叢誌』第7号

野田岳陽（1901b）「広東語」『台湾土語叢誌』第8号

町田則文（1900）「本会第一回例会ニ於テノ演説」『国語研究会報』第1号、国語研究会：復刻版、ひるぎ社、1996年

Harrell, Stevan（1990）" From Xiedou to Yijun, The Decline of Ethnicity in Northern Taiwan, 1885-1895," Late Imperial China, Vol.11（1）.

樋口靖（1984）「「十五音」と「台湾十五音」 －台湾語研究のために－」『筑波中国文化論叢』第5号、筑波大学中国文化研究室

弘谷多喜夫（1985）「「土人」呼称について－植民地教育研究と用語の問題－」『釧路短期大学紀要』第12号、釧路短期大学

Huang Shu-min, Chen Chuang-min and Chuang Ying-chang（1994） "Introduction： Problems of Ethnicity in the Chinese Cultural Context," In Chen, Chuang and Huang, eds., Ethnicity in Taiwan. Taipei： Institute of Ethnology, Academia Sinica

黄昭堂（1970）『台湾民主国の研究 －台湾独立運動史の一断章－』東京大学出版会

風山堂主人（1899）「土語学習上の五難関」『台湾土語叢誌』第1号

洪惟仁（1993）「日拠時代的台語辞典編纂」『閩南語経典辞書彙編5 日台大辞典（上）』台北：武陵出版

洪惟仁（1994）「小川尚義与高本漢漢語語音研究之比較 －兼論小川尚義在漢語研究史

上応有的地位－」『台湾史研究』1巻2期、台北：中央研究院台湾史研究所籌備処

町田則文（1903）「創業時代の台湾教育 －国語の教授法－」『教育時論』第645号、開発社：復刻版、雄松堂書店、1982年

村上嘉英（1966a）「日本人の台湾における閩南語研究」『日本(やまと)文化』第45号、天理大学出版部

村上嘉英（1966b）「プロテスタント宣教師の閩南語研究 －異民族伝道と言語の問題－」『日本文化』第44号

村上嘉英（1985）「旧植民地台湾における言語政策の一考察」『天理大学学報』第144集、天理大学学術研究会

村上嘉英（1989）「日本人在十九世紀末期対台湾閩南方言音韻的研究工作」『天理大学学報』第160集

山口喜一郎（1902）「中部台湾ノ一部ニ於ケル教授上ノ瞥見」『台湾教育会雑誌』第7号、台湾教育会：復刻版、ひるぎ社、1996年

山科宣次（1927）「往時の付属小学校情況」、吉野秀公（1927）『台湾教育史』：復刻版、台北：南天書局、1997年所収

八幡喜一（1902）「台湾総督府国語学校語学部土語科に就て」『台湾総督府国語学校校友会雑誌』第9号

植民地期の朝鮮語問題をどう考えるかについての一試論
―朝鮮総督府「諺文綴字法」を事例として―

三ツ井　崇[*]

はじめに～問題の所在～

　日本の朝鮮支配と言語との関係について考える研究者の多くが、おそらく一度は触れるであろう文献の一つに、萩原彦三著『日本統治下の朝鮮における朝鮮語教育』［1966］という小冊子がある。財団法人友邦協会という団体が発行したものであるが、とくにこの「まえがき」にあたる部分に、その協会の近藤釼一が執筆した次の部分の記述は、それを目にする研究者にとって、大変衝撃的な内容でもある。

　　終戦後、日本の旧朝鮮統治を批判する言葉の中に「朝鮮語教育の禁止」とか、「朝鮮語の使用禁止」とかいう言葉が屡々使われている。この言葉は、多くの場合、その言説の論旨を強めるためとか、それを肯定化するための一般的な事例として用いられているのであるが、このような重要な意義を持つ言葉を使用する場合、なぜ、もつと慎重にその事実を確かめてみないのか。

　　朝鮮の諺文は［……］、李朝世宗の創製以来五百年、殆んど進歩を見ず、さながら庶民の文字として蔑まれていたもので、これを現代の朝鮮語に完成させるためには実に、金沢、小倉両博士を主とする日本の学者たちの大きな貢献があつたのである。これを禁止したなどと言つている人達は、この事実には触れようともせず、単に南総督以後、戦時非常の際に於ける「国語（日本語）奨励」の行き過ぎのみを取り上げ、これを以つてさも総督府が朝鮮語を禁止したかのような印象を一般に与えているが、これは只、事実に反する禁止という言葉だけの問題ではない。

　　問題は多々あるが、特にここではその不真面目な研究態度を指摘して置

---

[*]　一橋大学大学院博士後期課程

こう。私［＝近藤］が調べた範囲では、このような言説を流布している殆んどの人達が、日本治下朝鮮の日本語普及率が二〇％にも達していなかつた事実をさえ知らない。この普及率が、総督府の言語政策と多大な関係があることはいう迄もない。そして、このような基礎認識にすら欠けている言葉によつて肯定されている言説が、いかに曖昧なものであるかという点につき、世人の一考を促すゆえんである。（萩原［1966：1］、傍点は原文どおり）[1]

　これがいわゆる朝鮮語「抹殺」否定論であることは、すぐ読みとれるであろう。近藤のこの言辞とのちに展開される萩原の所論に対して、梶井陟は、それらが「日本の支配者たちが植民地統治下で朝鮮人から朝鮮語を奪っていった過程に目をふさごうとしたり、さらに進んで当時の総監督府の朝鮮語抹殺政策を擁護するような発言をしている」（梶井［1980：67］）と激しく糾弾した。その様子をもう少し見てみよう。
　萩原は、冊子の末尾を次のように締めくくった。

　　［……］国語使用の奨励則朝鮮語使用の禁止となるものではなかつた。唯行政の末端では、国語使用の強制乃至朝鮮語使用の禁止と感じられるような現象の起つたことは、事実であろう。しかし、それは、戦時下の異常な社会情勢と、万事大勢に迎合する一般民衆の特有の性向に因るものであることを、理解しなければならない。（萩原［1966：22］）

　これに対し、梶井は朝鮮語の「抹殺」の存在を前提とし、

　　［……］日本語の奨励は朝鮮語の追い出しと表裏一体のものであった。そしてそれは［……］その言葉によって育くまれる文化、思想など、すべてのものを皇国臣民化していくためのものであった。（梶井［1980：61］）

と真っ向から反発したのである。筆者の立場としては、近藤・萩原らの見解に与することはできない。しかし、賛否を問う以前に、筆者は、それぞれ両極に位置する近藤・萩原／梶井による両者の語りにある種の違和感を覚えずにはいられない。
　筆者はまず、冒頭の近藤の言辞のなかの「朝鮮の諺文は」に始まる二段落目の記述に不可解さを感じた。近藤は、「朝鮮語教育」や「使用」の禁止という言辞に対抗する材料として、金沢庄三郎・小倉進平らの「研究」の存在を挙げているが、これは論理のすりかえでしかない。しかし、梶井はこの点を見過ごしてしまっている。これはなぜなのかという疑問がその不可解さにつながって

いる。
　もう一つは、「国語使用の奨励則朝鮮語使用の禁止となるものではなかつた」という萩原の言辞に対応させてか、梶井は「日本語の奨励は朝鮮語の追い出しと表裏一体のものであった」と述べている点である。これは萩原の言辞に対する反論の提示としての意味は持つが、それを突き崩す有効な方法と言えるのだろうかという疑問である。近藤・萩原の両名は、朝鮮語教育の法的存在の事例を羅列することで、先のような言辞を展開するのだが、そこには支配者側がどのような意識で朝鮮語と向き合っていたのかという視点が欠如している。梶井は、彼らを「事実上はその禁止と同じ状況に追い込まれていった朝鮮民族の憤りや苦しみをどう考えるかという点に関しては、全くふれようとしていない」（[同上：52]）と非難するが、その前にこの点をきちんと指摘すべきであっただろう。問題はそれだけではない。梶井は、近藤・萩原への憤慨のあまり、日本語の強制イコール朝鮮語「抹殺」という相即的関係性を自明の前提としてしまっており、やはり日本人がどのような意識で朝鮮語をどのように処遇したのか、そして、朝鮮人側はどのような意識でそれに対応しようとしたのかという視点を欠くという彼らと同じ誤りを冒してしまっている。とくに後者に関して言えば、「言語は思想を生み出す母体である」（[同上：56]）としながら、結果的に朝鮮語と朝鮮人の関係性についての視野を遮断してしまうこととなった。梶井の批判は、告発の意義を持つとはいえ、朝鮮語「抹殺」否定論を瓦解させるには、大きな限界があると言わねばならない。
　もっとも、言語に限らず、植民地期の問題は、支配―被支配という関係性への視野を抜きにして語ることはできない。では、支配の構造を浮き彫りにするためにどのような視点を打ち出すべきなのか。上で見てきた朝鮮語「抹殺」をめぐる語りのありようは、言語面から植民地期朝鮮をどうとらえるかという問いをおのずから導くことになるだろう。とくに、「抹殺」否定論の語りに、今日、「自由主義史観」を標榜する論者たちの主張が二重写しになって見えるであろう。そのような現状を眼前にし、われわれは先の問いに対していかなる解答を提示するべきか。前置きが長かったが、本稿はこの問いに対する筆者なりの解答例を示すことを目的としている。その材料として、これまで植民地支配の文脈でほとんど語られることのなかった、朝鮮総督府による「諺文綴字法」の制定／改正をめぐる動きについて触れることで、以下、考察を進めていきたい。

1. 朝鮮総督府「諺文綴字法」とその背景
(1) 研究史的位置づけ

　朝鮮総督府制定の「諺文綴字法」(以下、総督府綴字法) についての研究は、従来、言語学的関心にもとづいて、語学史的・言語政策史的観点からおこなわれてきた。[(2)] それらは、結果としてあらわれた綴字法規定の内容を分析するものであって、それがいかなる経緯によって成立し、また同時代史的文脈においてどのような歴史的意味を持ったのかという点を明らかにするまでにはいたっていない。もっとも、この問いに対して、安田敏朗が興味深い評価を下している。安田は、総督府綴字法を「［言語の］生殺与奪の権を支配権力が握る」「言語管理」の一例とし (安田 [1997：165])、一方で「教科書という限られた媒体であった」(安田 [1999a：252]) と評価する。とくに後者は、総督府綴字法の一義的な目的が朝鮮語教科書の編纂という教育史的事実と関連していることを意識してのものと思われる。しかし、それは前者の評価から出てくるイメージとは距離があるように感じられるのである。そもそも、総督府綴字法をめぐる動きについて、解明されていない事実も多いため、その距離自体をどう評価してよいのかも確認が難しい状況にある。本章では、こうした研究状況を受けて、総督府綴字法の制定および改正の過程がいかなる様相を呈し、そこに介在する総督府側と民間朝鮮人の意識がどのようなものであったのかを概略的に探ることによって、総督府綴字法の歴史的意味について考えてみることにしたい。

(2)「普通学校用諺文綴字法」(1912年)～「普通学校用諺文綴字法大要」(1921年)

　まず、本節と次節で、総督府綴字法の制定および改正の経緯と総督府側の意図について考えてみよう。

　最初の総督府綴字法は、1912年4月に制定された「普通学校用諺文綴字法」(以下、第一回綴字法) である。1911年に公布、施行された朝鮮教育令 (第一次) によって、植民地朝鮮における教育方針が打ち出され、同年10月の普通学校規則では、普通学校の教科書は総督府編纂のものによることが定められた。こうした流れを受けて『朝鮮語及漢文読本』が編纂されるにいたるが、その際の課題が朝鮮語綴字法の不統一状態の克服であった。

　そもそも、朝鮮語綴字法については、大韓帝国時代、学部内の国文研究所で

も審議されていたが、統一見解の得られないまま研究所は解散し、そのままとなっていた。こうした状況が教科書編纂を急務とする学務局側においても重要視されることになり、1911年7月から11月までの間に綴字法調査会議が計5回開かれた。そして、翌年、第一回綴字法が成立、1914〜17年の間にそれにもとづいた『朝鮮語及漢文読本』が刊行されるにいたった。

　通用範囲は、その名のとおり普通学校に限定されており(3)、普通学校は「表音主義」、高等普通学校以上は「歴史的綴字」と、表記原則間の壁が生ずることになった。また、教育政策面以外に目を向けると、朝鮮語学習書、新聞、『朝鮮語辞典』（1920年）の綴字法を調べても準拠の形跡はないことから、第一回綴字法の目的は、まさに普通学校の教科書編纂という範囲に限定されていたと考えてよい。

　しかし、第一回綴字法の内容は、いろいろと課題を残していた。それが標準とした「京城語」の内実が不明確であるほか、音声学的な細則を表記上でカバーできないという指摘が現職教員からなされるほどであった（三ッ井［1999：42］)。もともと、審議過程においても見解の対立が見られ、採用を見送られた案も存在し（三ッ井［2000：138-139］)、第一回綴字法は改正の余地を残していた。

　その改正は、1920年の朝鮮教育令の改正から22年の朝鮮教育令（第二次）公布にいたる過程のなかでおこなわれた。1920年11月19日に設置された臨時教科書調査委員会は、翌年1月12〜15日の審議で、普通学校および高等普通学校以上の朝鮮語綴字法は、総督府制定のものによることをあらためて確認し(4)、「現行普通学校諺文綴字法ノ改正並ニ其ノ使用学年ノ範囲及高等普通学校ニ使用スヘキ諺文綴字法ニ就イテハ委員ヲ設ケ調査セシメラレタキコト」(5)を総督宛に答申した。そして、3月14〜17日に普通学校用諺文綴字法調査委員会が設置、開催され、「普通学校用諺文綴字法大要」（以下、第二回綴字法）が成立する。

　第二回綴字法の内容は、第一回綴字法とほとんど変化はない。その理由は、やはり審議会内部での見解の対立にあった。1921年3月19日付の『毎日申報』は、それぞれ対立する見解を「保守主義」・「現行主義」・「折衷主義」の三つに大別し(6)、審議の際の見解の取りまとめにあたって、学務当局側も苦労したことは4月1〜4日の同じく『毎日申報』に掲載された小田省吾（編輯課長）の談話(7)からもうかがわれる。ただ、第一回綴字法と大きく異なるのは、

その通用範囲が高等普通学校、女子高等普通学校レベルにまで拡大されたことである。先述のとおり、これは臨時教科書調査委員会の段階ですでに想定されていたことでもあったが、それまで普通学校と高等普通学校以上との間に存在した表記原則の差異は取り除かれることになった。しかし、あくまでこの時点では、第一回と同じく教育政策以外の面での適用は意識されていなかったと思われる。総督府綴字法をめぐる状況が大きく変化するのは、第二回綴字法成立以後のことであった。そのとき出現する動態的様相は、総督府綴字法の更なる改正へと事態を推移させていくことになる。

(3) 「諺文綴字法」(1930年)

　第二回綴字法以後の状況として、注目しなければならない社会政治的事実が二つ存在する。一つは、1921年以降、総督府が日本人官吏・教員などに対する朝鮮語奨励政策を本格化させ（山田［1999］）、その学習対象となる朝鮮語の規範の存在が必要性を帯びてくるという事実である。この点について興味深いのは、日本人教員が朝鮮語学習の際、そのテキストとして『普通学校朝鮮語読本』を使用したケースが見られる（山田［1995：60］）ほか、日本人の朝鮮語学習を推進した朝鮮語研究会の機関誌『月刊雑誌朝鮮語』でも、1925～27年に「普通学校朝鮮語読本訳解」を連載するなど、第二回綴字法を準拠対象とする動きが出てきたことである。もっとも、そうした動きが主流でなかったことは、1926年に鄭国采著の『現行朝鮮語法』という学習書の「序文」で、綴字法調査委員の経験者であり、朝鮮語奨励試験委員も務めていた玄櫶が、「朝鮮語に関する書物近年世に出たのが数種あるが大抵歴史的綴字法に就て特に研究されて居る士の手に成つたものであつて［……］現行教科書を標準として一段と整理したのは少い［……］」（鄭［1926：「序文」1］）と述べていることや、また著者の鄭も執筆の動機について「［……］多年普通学校、高等普通学校、師範学校に於て朝鮮語を教授したる時、試験委員として小学校及普通学校教員試験又は官公署の朝鮮語試験を施行する時、視学として各学校を視察する場合に於て朝鮮語語法に関する適当なる参考書なきを遺憾と思ひたるに在り」、第二回綴字法準拠の学習書を執筆した（［同上：「自序」］）と述べていることからもわかる。[8] つまり、総督府綴字法の威信（prestige）は決して高くはなかったということである。しかし、それは一方で威信の向上の必要性を当局側に認識させるものでもあった（三ツ井［1999：45-46］）。

この点をより顕著に示すのが、もう一つの注目点である。それは、1920年代からの「文化政治」期において、朝鮮語による言論および朝鮮語研究の機会が、制限的ながら保証されることになり、朝鮮語綴字法問題がより顕在化するにいたったということである。
　1921年12月、私立学校の朝鮮人教員を中心とした15名の人士により朝鮮語研究会（のちの朝鮮語学会）が設立される。⁽⁹⁾また、同じころから啓明倶楽部を母体として朴勝彬という人物が朝鮮語研究会に対抗する形で朝鮮語研究の場で活躍していくことになる。彼ら朝鮮語研究者は、総督府綴字法を批判的にとらえており、それぞれの綴字法案を主張していく。それは、彼らの多くが教員で朝鮮語教育という実際的課題と向き合っていたことと関係しているだろう。とくに朝鮮語研究会案は、同時期の民族紙／誌からも大きな支持を受けることになり、総督府側にとっても無視できない存在になっていったと思われる。
　こうした背景のもと、1928年8月3〜4日の臨時教科書調査委員会でさらに朝鮮語綴字法を改訂することが決定され、同年9月初には改正基礎案を作成、9月末から翌年1月まで原案起草委員会（小委員会）を、29年5月末から30年2月初にかけて諺文綴字法調査会（大委員会）をそれぞれ開き、その審議ののち成立したのが、「諺文綴字法」（以下、第三回綴字法）であった。内容は前二回のものとは大きく異なり、それまでの音素主義的表記法から形態主義的表記法へと大変化を遂げた。また、通用範囲も学校教育面のすべてと社会一般へと拡大され、従来のものとは大きく性格が変わった。つまり、総督府綴字法の影響力はその範囲を拡大したことになる。もっとも、審議の過程はこれまでと同様、対立が解消されることはなかった。しかもその対立は審議会内部のみならず外部との間でも顕在化したのである。この点は、大委員会の過程に、朝鮮語研究会の人士が全審議委員の半数近くを占めていたことと無関係ではない。
　先述のとおり、第二回綴字法以降、朝鮮人研究者にとって総督府綴字法は無視できない存在であった。それは、彼らの多くにとって綴字法の整理がハングルの普及という言語運動の課題のなかで重要な要素を占めていたからである。事実、小委員会から大委員会へ向けての時期、審議の推移に並々ならぬ関心と監視の目が彼らから注がれていたことが、当時の新聞記事などからもはっきりとわかるのである（三ッ井［2000：152-154］）。自らの威信の向上を願う総督府側にとっても、彼らの存在は無視できず、彼ら朝鮮人研究者・言論人などの手を借りるのはむしろ必至であっただろう。つまり、第三回綴字法は、総督府

側と民間朝鮮人のそれぞれの思惑の交錯のなかで成立したものだと言える。

(4) 総督府綴字法の歴史的意味

　以上、総督府綴字法をめぐる動きを略述したが、ここで総督府綴字法の歴史的意味について簡単にまとめてみよう。

　総督府綴字法は、その一義的な目的は朝鮮語教科書編纂にあり、当然それは総督府の教育政策の一環として位置づけられることになる。しかし、各回綴字法の性格は、意図・通用範囲・社会的位置づけの変化にともなって変わっていった。とくに、第二回綴字法以降については、他の政策や社会の動向との間で相互規定的関係を見るにいたり、安田の指摘するような「教科書という限られた媒体」にとどまることはなかったのである。それは、第三回綴字法の審議過程で多くの民間朝鮮人の参加を見るという事実にもよくあらわれている。では、安田の「生殺与奪の権を支配権力が握る」「言語管理」であるとの指摘はどう考えたらよいのか。この問いを朝鮮人の参加という事実とあわせて考えることで本章のむすびにかえたい。

　まず、補足的に第三回綴字法大委員会の開催に際しての松浦鎮次郎（学務局長事務取扱）のあいさつ文を見てみたい。

　　凡そ言語は国民文化の進歩に伴つて変遷して往くものでありまして、之を表現する綴字も亦之に随伴して改良せられるに至りますことは、敢て言を俟たざる所であります。故に文明諸国に於ては、時運の推移と学理の進歩とに応じて、言語表現の綴字を改良して国民の使用に適せしめて居ることは、今更申上ぐる迄もないのであります。［……］朝鮮語の変遷に伴ふ諺文綴字法の改変に至りましては、諺文使用者の独自の見解に基いて之を行つたと云ふ状態で経過致しましたるが故に、今日では帰一する所を知らざる状態に陥つたのであります。斯る現状にある諺文綴字法を適当に整理し統一することは諺文の普及発達の上から申しましても、文朝鮮文化の進展の上から申しましても、誠に繁要の事であると存ずるのであります。

　　［……］該案は世人に劃切なる綴字法として、広く社会に慣用せらるゝに至り、以て諺文法の現状を釐革するに、一層効果あるものたらしめんことを期して居るのであります。[10]

ここで、言語と「国民文化」の関係性のアナロジーが、朝鮮語と「朝鮮文化」の関係性においても適用されていることに気がつく。当局側の言辞上では朝鮮語がナショナルなものとして認められてしまっている。当局側は、そうしてまでも眼前の民間朝鮮人研究者の協力をとりつける必要性があったのである。もっとも、ナショナルなものと認めている朝鮮語を整理統一し、非「文明」言語を「文明」言語へと「上昇」させる主体は、あくまで学務局、すなわち支配者たる総督府（日本）でしかない。さらに言えば、こうした形態こそは、綴字法改正が「冀クハ官民互ニ胸襟ヲ披キテ協力一致朝鮮ノ文化ヲ向上セシメ文明的政治ノ基礎ヲ確立シ以テ聖明ニ奉答センコトヲ」(11)という「文化政治」の方針どおりに展開された政策的事実の一環であったことをも示しているだろう。もう一方の朝鮮人研究者―朝鮮語研究会員―が最大限の利害追求を意識して審議に参加し、周囲がそこに「期待感」を寄せたとしても、その事実はこのような政治的文脈を抜きにしては語れない。それは、大委員会開催直前に朝鮮人側から発せられた「誰によって鞅掌されるかは別問題として」(12)ということばがその心理的葛藤を深く物語っていよう。そこには、「帝国」の言語支配の構造を見てとることもできる。こう考えると、安田による「言語の生殺与奪の権を支配権力が握る」「言語管理」との指摘は説得力を持つかに思える。だが、そのような安田の指摘からは、上で述べてきたような総督府綴字法をめぐる動態的様相は明確にされなかった。とくに、審議に参加した朝鮮人側の意図や心理的葛藤が明らかにされないため、安田の評価は彼らを「言語管理」に手を貸した「親日派」にしてしまうことにもなり、実態とは距離のある評価を下してしまうことにもなりかねない。それは単なる評価の誤りという次元の問題ではない。なぜなら、評価の対象が解放後も民族の英雄として扱われてきた朝鮮語研究会（朝鮮語学会）であり、その評価いかんは植民地期の朝鮮語問題の語りのありかたを大きく左右することになるからである。では、このような論理矛盾はなぜ起こってしまうのか。以下では、その原因を朝鮮語問題の語りの現状のなかに探ってみたい。

2. 植民地期の朝鮮語問題をどう語るか？―朝鮮語「近代化」論の陥穽―
(1) 朝鮮語の「近代」とは？

冒頭で掲げた「朝鮮語抹殺」論について、イ・ヨンスクが興味深い指摘をおこなっている。

日本が植民地下の朝鮮で行った言語的支配は、一般に「朝鮮語抹殺政策」あるいは「民族語抹殺政策」と呼ばれている。それは、日本の植民地支配がいかに苛酷であったかということだけでなく、その徹底性をも印象づけようとして、かならず引合いに出されるおきまりの項目になっている。［……］
　それでは、「言語の抹殺」という、これほど困難な課題に挑んだ、かの悪名高い政策は、いったいどのような内容をそなえ、どのような立法措置によって行われたのだろうか、すなわちその政策の内実はいかなるものかという問題になると、それを明らかにした研究はほとんど存在しない。「民族語抹殺政策」という表現は、この時期を扱う歴史家が、考えなしに使える自明で保証つきの紋切型になってしまっており、そのことが言語的支配の内実に一歩踏み込んだ研究を展開させる道を閉ざしている。（イ［1996：151］）

　これは、先の筆者の指摘を補強する言辞であるが、それに加えて、筆者が、先に日本の言語支配の局面に朝鮮人側がどう対応したかへの視野の必要性を指摘したことを想起されたい。実は、近年、この点に注目する研究の方法論が、おもに社会言語学者たちによって提示された。それが、朝鮮語「近代化」論である。
　言語の「近代化」とは、大ざっぱに言えば、話しことばにもとづく書きことばの創出（＝規範化）とその到達点としての民族語（国民語）の形成過程を指し、またそのような状況を「言語的近代」と呼ぶ。そのモデルは、ヨーロッパにおけるラテン語の追放と母語の書記言語化の過程にあり、とくに、フランスにおけるヴィレール・コトレの勅令（1539年）やゲルマン世界における聖書の翻訳──マルティン・ルターによる──（1522年）の史実は、前者が国家権力によって、後者が言語運動によって成し遂げられた「言語的近代」の顕著な例として、よく引き合いに出される。
　この「言語的近代」という概念を、朝鮮の場合に最初に適用したのは、おそらくイだと思われる（イ［1987］）。日本も含めて、東アジアにおけるそれは、ラテン語ではなく漢文の追放が大きなファクターであり、朝鮮の場合、朝鮮文字（ハングル）による書記言語の創製過程が、もう一方のファクターとして把握される。イはこれを「文字ナショナリズム」と定義した。ここからさらに、イの関心は、文体という言語内的側面に移り、朝鮮語と日本語の統辞的類似が、

日本語から朝鮮語へという「日本製新漢語」の流入現象を起こし、朝鮮語の文体は日本語の文体に大きく影響されることになったと説く。それゆえ、朝鮮の「言語的近代」の「推進力」として日本という要素を挙げる。

イのこの論文の意図は、「近代化」の端緒を追究することにあった。よって、1910年の韓国併合以後のことについては、「近代国家語形成の前提条件を失った」（［同上：93］）とするものの、直接の考察対象とはしていない。

ここで、二つの課題が生ずる。一つは、植民地期の朝鮮語をめぐる言語政治史的諸事実（とくに規範化を中心とした動き）をどう評価するのか。もう一つは、言語内的要因のみでは運命論的な議論になってしまい、言語外的要因への視野を打ち出す必要性があるということである。この二つの課題に取り組んだのが、安田敏朗（［1997］［1999a］［1999b］）と石純姫（［1999］）なのであった。

(2) 植民地期における朝鮮語規範化および言語思想をどう評価するか？

この二人の所論を簡単にまとめてみよう。安田は、「近代化」の過程を朝鮮語規範化という共時的側面と歴史的一体性を保証する言説の創出という通時的側面の統合体としてとらえ、それを「構築」ということばであらわし、朝鮮語の「構築」過程において「支配者側」の関与の存在を指摘する。共時的側面においては、総督府による綴字法制定、辞書編纂などの事実が、通時的側面においては、金沢庄三郎や小倉進平による朝鮮語史研究の事実が念頭に置かれている。そして、それを「近代朝鮮語の悲劇」（安田［1999a：35］）と、さらに、従来よく指摘される崔鉉培と山田孝雄の言語思想の類似性[13]を事例としてとりあげ、日本の言語支配が「いびつな形で「言語的近代」を準備してしまった」（安田［1999b：11］）と評する。

一方、石純姫は、「近代化」の過程については、イ・ヨンスクの見解と大差はない。しかし、石の特徴は、植民地期の問題を朝鮮語研究会（朝鮮語学会）の活動やその中心人物の一人もあった崔鉉培の思想を軸に叙述した点にあるだろう。そして、植民地下朝鮮の（言語）ナショナリズムを抑圧と収奪に対抗する「抵抗と解放のナショナリズム」（石［1999：122］）と規定した。石もまた崔と山田の事例を引き、両者の言語思想の類似性を認めながらも「それは全く文脈が違うものである」（［同上：124］）とする。その「文脈」の違いとは、支配─被支配というそれぞれが置かれた立場の違いとされ、そのような関係性

のなかで、被支配者側は「「近代化」という局面に歪んだかたちで向き合うことになった」（[同上：117]）と評する。

　筆者は、先に掲げた二つの課題を解くうえで、①誰が担い手となるのか、②どのような過程を経るのか、③担い手のどのような意識に支えられていたのか、の三つの論点がポイントになると考えている。これらの論点をもとにして考えると、安田は②、石は③とパースペクティブに相違が見られるが、導入の視点については一つの共通点がある。それは、①との関連で、支配者側と被支配者側との間に、対立や違いの存在がア・プリオリに前提されている点である。安田は主語を支配者側におき、石は主語を被支配者側に置きながら、朝鮮の「言語的近代」の「不正常性」を指摘しているのである。言うまでもなく、その背後には理想的な「近代（化）」像が想定されており、あらかじめ設定される「言語的近代」のモデルにはずれていることでもって、日本の支配の「収奪」としての側面を強調する目的意識があらわれている。しかし、ではなぜ、支配者側は朝鮮語規範化にとりくんだのであろうか。また、支配者側と被支配者側との間に見られる交渉的事実、例えば崔と山田の言語思想の連鎖や、第三回綴字法の審議委員会における朝鮮語研究会員の参加などの事実は、なぜ起こったのか。これらの問いは、「いびつさ」や「歪み」を感傷的に強調することによっては決して説明しえないばかりか、民族の英雄を一方では「親日」的な存在として描き出してしまうことになるのである。この問いを解くには、異なる主体によって「共有」される「場」とそれにのぞんだ行動主体の意識構造を精密に分析しなければならない。安田や石の前提としてしまっている「文脈」は、このことが実証されてはじめて明確化するものである。その手続きなくしては、決して前提たりえないばかりか、石が恐れるような植民地支配貢献論に対抗できるほどの説得力さえ持ちえないのではないのか。筆者は、安田や石の所論に冒頭で挙げた朝鮮語「抹殺」否定論に対する梶井の批判と同じ限界性を見てとらずにはいられないのである。その限界性こそまさに朝鮮語「近代化」論の持つ最大の落とし穴ではないだろうか。

むすびにかえて

　以上、総督府綴字法の歴史的意味を事例として、植民地期の朝鮮語問題の語り方について、筆者なりの考察を加えてきた。くりかえしになるが、筆者の主張は、植民地期の言語政治史的諸事実をそれぞれの行動主体の心性に注目しな

がら、実証的に解明する必要があるということである。もっとも、「実証性」には、それが植民地支配正当化論を補強しうるとの批判があることも事実である。歴史家も人間である以上、分析対象に対して「客観的」であることは難しい。しかし、だからと言って、自らの価値判断を全面に押し出して、歴史過程で起こった諸事実を無視してよいということにはならない[14]。

　ここで、第三回綴字法成立以後の朝鮮人の言語運動の展開過程について見てみよう。

　第三回綴字法が成立するや、朝鮮の言語運動は新しい局面を迎えることになる。自らの主張を大幅に政策に反映することのできた朝鮮語研究会は、1931年に朝鮮語学会と改称し、さらに自らの手によって綴字法案を修正していくことになる。これに対応する形で、朴勝彬を中心としたグループが同年に朝鮮語学研究会を創立し、朝鮮語学会と全面的に対立していくことになる。朝鮮語学会の見解が公式的に教育の場で採用されていく一方で、朝鮮語学研究会も、教育の現場を巻き込む形で強い反対運動を繰り広げ、当局側においても「社会の一部に於ては、今尚ほ此と異なる綴字法が使用されてゐる現状である」（朝鮮総督府［1939：16］）と注意の目で見られるほどになる。つまり、総督府綴字法の展開は、以後の言語運動の展開のありようを規定する一要因であったのであり、それが総督府の言語支配の一面であったのである。

　「歴史はさまざまの個別史実が相互に関連し合った連鎖・複合関係として展開する」（永原［2000：3］）ものであるが、決して自明で自然の過程ではなく、そこに行動主体の意識が介在するきわめて人為的な過程である。とすれば、われわれがなすべきことは、借り物のモデルにしたがって、その過程にレッテルを貼ることではなく、なぜそのような過程が出来するにいたったのかを問い、その人為性を解くことを通して、社会構造とそれを支えた意識を把握、指摘することではないのだろうか。

　「自由主義史観」の最大なる問題が、実証放棄と恣意的解釈にあるのだとすれば、植民地期の朝鮮語問題を扱う研究者は、そのような流れと一線を画し、またそれらを瓦解させるためにはどうしたらよいのか。当該問題の研究者はまさにこの問いに対する岐路に立たされていると言えよう。本稿が示したのは、あくまで一選択肢にすぎないが、「史観」論者に足をすくわれないよう、いま一度、方法をよく考えてみる必要があるのではないだろうか。

【注】

(1) 引用文中の［　］および傍点は、原則として引用者による。以下同じ。
(2) これらの研究文献については、三ッ井［1999］［2000］を参照されたい。
(3) 筆者はこの点について、『普通学校朝鮮語及漢文読本』巻四（1918年）と『高等朝鮮語及漢文読本』巻一（1913年）の綴字法を比較することで確認した。三ッ井［1999：53］参照。
(4) 「(秘) 大正十年一月会議第一回朝鮮総督府教科書調査委員会審議案」、1921年。
(5) 「(秘) 答申」（朝鮮総督宛、大正十年一月十五日）、1921年。
(6) 「綴字法改正如何―折衷説有力―」『毎日申報』1921年3月19日。
(7) 小田編輯課長「諺文綴字改正案（一）～（四）」『毎日申報』1921年4月1～4日。
(8) このほか、1928年に刊行され、以後も多く使用された奥山仙三著『語法会話朝鮮語大成』（朝鮮教育会刊）の綴字法を参照すると、やはり第二回綴字法には沿っていないことがわかる。このような学習書も広く使われていたということは、学習者によって覚える綴字法が異なることになり、朝鮮語奨励試験等の朝鮮語試験制度を遂行するうえで障害になったのではないかと筆者は考える。
(9) ここで、朝鮮語研究会創立発起人のなかに、第二回綴字法の調査委員でもあった崔斗善、権悳奎の名前があるという事実に注目しておく必要があるかと思われる。この点については、もう少し慎重な検討が必要だが、朝鮮語研究会が「朝鮮語の正確な法理を研究することを目的と」（金［1938＝1985：546］）して創立されたことを考えると、偶然のできごとと簡単に済ますわけにはいかない側面を持っている。
(10) 「諺文綴字法調査会」『朝鮮』昭和4年7月号、1929年、130～131頁。
(11) 斎藤実「諭告」『朝鮮総督府官報』1919年9月10日。
(12) 「朝鮮語綴字法改正問題―徹底した改正を促す―」『朝鮮日報』1929年5月28日（朝鮮語文）。
(13) この事実は、高永根『崔鉉培の学問と思想』（集文堂、ソウル、1995年（朝鮮語文））で言及されている。
(14) 筆者が本稿で示した事例は、植民地期の言語問題のごく一部分にすぎないことは事実であり、この点については、「木を見て森を見ず」との批判がありうる。しかし、歴史の全体的イメージとしての「森」にこだわりすぎるあまり、実際にはその全体を連鎖的・複合的に形成する個別史実としての「木」に注目しない「森を見て木を見ず」的な立場も、いささか暴力的ではないだろうか。とくに植民地期の言語論はこのような傾向が強く、それが議論の硬直化を促していると筆者は考えている。

【参考文献】

イヨンスク［1987］「朝鮮における言語的近代」『一橋研究』第12巻第2号
──［1996］「「同化」とはなにか」『現代思想』vol.24-7
梶井陟［1980］『朝鮮語を考える』龍渓書舎
金允経［1938］『朝鮮文字及語学史』朝鮮紀念図書出版館、京城（『ハンギョル金允経全集』1・2、延世大学校出版部、ソウル［1985］所収）
石純姫［1999］「植民地支配下の朝鮮における言語の「近代化」と「ナショナリズム」」『植民地教育史認識を問う』［植民地教育史研究年報02］皓星社
田中克彦［1996］「国語の形成」『知の社会学／言語の社会学』［岩波講座現代社会学5］岩波書店
朝鮮総督府［1939］『初等朝鮮語読本全（簡易学校用）編纂趣意書』朝鮮総督府
鄭国采［1926］『現行朝鮮語法』宮田大光堂
永原慶二［2000］『「自由主義史観」批判─自国史認識について考える─』［岩波ブックレットNo.505］岩波書店
並木真人［1999］「植民地期朝鮮政治・社会史研究に関する試論」『朝鮮文化研究』第6号
萩原彦三［1966］『日本統治下の朝鮮における朝鮮語教育』［友邦シリーズ第3号］友邦協会
三ッ井崇［1999］「朝鮮総督府「諺文綴字法」制定および改正の過程と意図に関する一考察」『不老町だより』第4号
──［2000］「朝鮮総督府「諺文綴字法」の歴史的意味─審議過程の分析を通して─」『一橋研究』第25巻第1号
安田敏朗［1997］『帝国日本の言語編制』世織書房
──［1999a］『「言語」の構築─小倉進平と植民地朝鮮─』三元社
──［1999b］「「国語」と植民地─帝国日本の言語編制と朝鮮─」［朝鮮史研究会第36回大会報告レジュメ］
山田寛人［1995］「植民地朝鮮における普通学校の日本人教員による朝鮮語学習」『富山大学大学院人文科学研究科論集』第3集
──［1998］「朝鮮総督府及所属官署職員朝鮮語奨励規程（1921～43年）について─試験制度の変遷と合格者の朝鮮語学習経路を中心に─」『広島東洋史学報』第3号

日本人による
朝鮮語学習の経路と動機
－『月刊雑誌朝鮮語』(1926-29年)
掲載の「合格者諸君の苦心談」の分析をもとに－

山田　寛人[*]

はじめに

　三・一独立運動（1919年）を契機として朝鮮総督府はいわゆる「武断政治」から「文化政治」へとその方針を転換せざるを得ない状況においこまれた。このとき、憲兵警察制度から普通警察制度への転換、朝鮮教育令の改正、制限付きながら朝鮮語の新聞雑誌の発行「許可」など、さまざまな改革がなされたが、そのうちのひとつとして日本人官吏に対し朝鮮語習得を奨励するための朝鮮総督府及所属官署職員朝鮮語奨励規程（以下、「朝鮮語奨励規程」とする）が1921年に定められ、これにもとづく試験（以下、「朝鮮語奨励試験」とする）が開始された。これに関して従来の研究では、「「文化政治期」には日本人官吏・警察官の朝鮮語習得を奨励した。それは「内鮮融和」の口実のもとに「思想の暗流」をさぐるためであった」（矢内［1968：202］）、「朝鮮総督府はある面では非常に積極的に朝鮮語の学習を奨励した。もちろんそれは在朝鮮日本人の中の諸官庁所属職員や雇員を対象にしたものであって、目的は統治政策の徹底をはかるという必要性を充たすためのものではあったが」（梶井［1980：127］）、「植民地朝鮮において朝鮮語は、やがて消滅さるべきものであり、それができない現実がある限りにおいて、統治をより効果的に行うために日本人の朝鮮語学習が奨励されたのである」（稲葉［1982：89］）、「学習奨励は、官吏、特に警察官に対して支配の潤滑のために行なわれた」（安田［1997：165］）というように「支配のための朝鮮語学習」という総括がなされてきた。

　しかしながらこうした結論は、日本人に対する朝鮮語教育制度の内実を検討したり、その制度が実際にどのように機能し、どのような成果をあげたのかと

---

[*]　広島大学大学院

いう実態にそくして導き出されたものではなく、主に植民地権力側の言説に依拠したものだった。以下に引用した朝鮮語奨励規程の公布に際して総督府がその目的を説明したものからも、支配を円滑に進める意図で朝鮮語奨励が行われたことは明白である。

>朝鮮ニ於ケル内地人官吏ニシテ朝鮮語ヲ解スルハ啻ニ各種ノ施設ヲ実行スルニ利便多キノミナラス内鮮人ノ融和ヲ図ルカ為ニ亦必要ナルハ言ヲ俟タサル所ニシテ警察取締、産業奨励等ニ於テ動モスレハ人民ノ誤解ヲ招クノ虞アリシカ如キハ其ノ局ニ当ル者ノ朝鮮語ヲ解セサルニ由因スルコト多キヲ以テ本府ハ従来総督府及所属官署在勤ノ内地人職員殊ニ常ニ人民ニ接触スル地方庁ノ職員ニ対シ朝鮮語ノ学習ヲ奨励セシモ大正九年以降一層之カ奨励ニ努ムル為内地人官吏ニシテ朝鮮語ニ熟達シタル者ニ対シテハ奨励手当ヲ給与スルノ計画ヲ立テ大正十年度ヨリ之ヲ実施シ以テ朝鮮ノ事情ニ透徹シ各種施設ノ実行上ニ利便ナラシムルコトヲ期セリ（『朝鮮総督府施政年報』1918～20年版［1922：140-141］）

しかし、朝鮮語が日本人社会において一般的には学ぶ価値のない言語として認識されていたことを想起すれば[1]、朝鮮語奨励の対象となっていた日本人官吏たちが、「支配のために」などという総督府の統治イデオロギーにしたがうことのみを動機として朝鮮語を学んでいたとは考えにくい。この点を明らかにするために、これまでの一連の拙稿では、朝鮮語教育制度が手当金の支給や就職・昇進の要件といった個人的利益を誘引するものとして定められており、それによりかろうじて一定の成果をあげることができたという実態を、制度の内実を示しながら分析してきた（山田［1998ロ］［2000イ］、［2000ロ］、［2000ハ］）。

本稿は、学習者自身の同時代的証言を資料として日本人の朝鮮語学習の経路と動機について考察することにより、朝鮮語教育の実態把握の一助とするものである。ただし、この資料は朝鮮語奨励試験の合格者のみによるものであり、時期的にも1926～29年という限られた期間のものであるという限界をもっている。こうした問題点を補完する意味で、本稿では資料分析に先立って、近代における日本人に対する朝鮮語教育制度史のながれをふまえつつ、この資料の解説を行う。

1．資料解説
(1)『月刊雑誌朝鮮語』

　朝鮮語研究会発行の『月刊雑誌朝鮮語』は、同会発行の『朝鮮文朝鮮語講義録』第1回の後継誌である。1924年9月に『朝鮮文朝鮮語講義録』第1回第1号が発刊されたときには、「始めて統一ある朝鮮語教習機関が出現した」と評され、当時の朝鮮総督斎藤実、政務総監下岡忠治、1921年5月にすでに開始されていた朝鮮語奨励試験の試験委員長守屋栄夫などから祝辞祝筆が寄せられたという。同誌は日本人に朝鮮語学習を奨励することを目的として発刊されたものではあるが、総督府や朝鮮語奨励試験との関連が深く、試験関係の記事が中心となっており、朝鮮語奨励試験受験準備用の官製の雑誌といった色彩の濃いものであった。同誌はもともと8月に第1号が刊行される予定だったが、「主務者の内地旅行又は印刷難等の為め存外延引し」、9月に刊行された。当初の刊行予定だった1924年8月は朝鮮語奨励試験開始後、初の大改正が行われた月でもあり、同誌はこの改正に合わせて刊行されたものと思われる（『朝鮮文朝鮮語講義録』1-1［1924.9：10-12］）。

　同誌の発行主体である朝鮮語研究会の発足に至る経緯、発足時の状況は不明だが、同会の会長の決定が『朝鮮文朝鮮語講義録』第1回第6号（1925年3月）誌上で報告されていることから、同誌の刊行と共に発足したものと見られる。同会の会長は元京城高等普通学校教諭の李完応である。李は、同校附設臨時教員養成所で1913～21年まで日本人生徒に朝鮮語を教えた経歴をもっている（山田［2000ハ］）。同会の主幹は伊藤韓堂であるが、この人物の経歴は不明である。なお、同会は1921年に同じく「朝鮮語研究会」の名称で発足し、1931年に「朝鮮語学会」と改称した朝鮮人の組織とはまったく別の、日本人に対する朝鮮語学習の奨励を熱心に繰り広げた団体である[2]。

　『朝鮮文朝鮮語講義録』は1925年9月に第12号をもって終刊となり、翌10月に『月刊雑誌朝鮮語』第1号が創刊された[3]。同誌は、性格的には前誌と類似したものではあったが、前誌が30頁前後の小冊子であったのに比較して100頁前後の分量をもつ内容豊かな雑誌となった。ただし価格は前誌が月額70銭、年額7円、同誌が月額40銭、年額4円50銭と、大幅に安くなった。なお『朝鮮文朝鮮語講義録』の第2回（1926年10月～27年9月、計12号）、第3回（1927年10月～28年9月）は『月刊雑誌朝鮮語』と同時期に並行して発行されていたが、以下の引用にあるとおり、これら二種の雑誌には水準の差があったようである。

> 本講義録〔『朝鮮文朝鮮語講義録』〕は朝鮮語の初歩の方々を標準として編纂しつつあるものであるから、程度の少し高い方々は不満足であるかも知れぬ。其の方々には本会発行『월간잡지朝鮮語』を御薦めします。『월간잡지朝鮮語』は云はゞ朝鮮語の中等講義録で第三種〔朝鮮語奨励試験〕受験まぎはの方々や合格して上級に進まんとする方々の為めの雑誌です（『朝鮮文朝鮮語講義録』2-3［1926.12：0］）

この時期には二種類の月刊雑誌を同時に発行できるほど、朝鮮語学習の需要があったのである[4]。以下の引用も、こうした朝鮮語学習の需要の広がりや、これらの月刊雑誌と官との結びつきの強さを示している。

> 各道の道庁では公文を発して朝鮮語奨励の趣旨を徹底せしむる一方法として朝鮮文朝鮮語講義録に就き勉励せよとまで布告されたのであつた。
> 従来朝鮮語奨励に最も熱心であつたのは警務方面で、各道警察部では絶対的に推奨してをられるが、今回は内務、学務方面でも府郡官公吏や普通学校小学校訓導等に朝鮮語を奨励したいと広く通牒を発せられたのでこの方面からの申込〔定期購読の〕も引続き来到しつつある。（『朝鮮文朝鮮語講義録』2-2［1926.11］）

ところが『月刊雑誌朝鮮語』は、最盛期には1800部余りの発行部数があったというが、1928年頃から500〜600部と落ち込み経営難におちいった。現在、国内外の複数の図書館等に同誌が保存されているが、いずれも第40号（1929年1月）までしか確認できないことから、これを最後に発行されなくなったと思われる。したがって同誌の発行時期は1925年9月から1929年1月までということになる。また、『朝鮮文朝鮮語講義録』も第4回以降の存在が管見の限り確認できていないが、これも第3回第12号（1928年9月）を最後に廃刊されたのではないかと思われる。

（2）「合格者諸君の苦心談」

「合格者諸君の苦心談」（以下、「苦心談」とする）とは、言うまでもなく朝鮮語奨励試験の合格者の「苦心談」である。これは、朝鮮語研究会編集部から合格者に原稿を依頼するというかたちで行われた。その際の質問事項は、以下

のとおりである。なお、1926年度一種試験合格者の「苦心談」(『月刊雑誌朝鮮語』第18〜20号、1927年3〜5月号掲載分）には質問事項があげられていない。

　あなたが、朝鮮語界に入られた動機は？
　あなたが、今日まで勉強された経路は？
　あなたが、主として用ひられた教本は？
　あなたの、独特であるお勉強の方法は？
（1925年度一種、『月刊雑誌朝鮮語』第5〜6号、1926年2〜3月号掲載分）

　一、朝鮮語界に入られし動機並に勉学の経過概要
　二、今回の試験問題中比較的困難を感ぜられたる事項
（1926年度二種、『月刊朝鮮語』第16〜17号、1927年1〜2月号掲載分）

　一、朝鮮語界に入門せられたる御動機は？
　一、今日まで御勉学せられたる御経路は？
　一、主として使用せられたる教本は？
　一、独特なる御勉学の方法は？
　一、試験場に於ての御感想（並に御不平）
　一、斯道普及に関する御抱負並に提唱
（1927年度一種、1928年度二種、『月刊朝鮮語』第31〜32・40号、1928年4〜5月・1929年1月号掲載分）

　「苦心談」を寄せたのは59名（のべ60件）である。職種別では、警察官28名、教員13名、その他の官吏18名、等級別では、1925年度一種7件、1926年度一種7件、1927年度一種5件、1926年度二種27件、1928年度二種14件である。なお、等級は一種が最も高く、三種が最も低い。参考までに、1925〜28年度の朝鮮語奨励試験の職種別合格者数を示せば次項のとおりである。
　朝鮮語奨励試験合格者のうち警察官の占める割合は7〜8割で非常に高い。しかし、等級別にみると、等級が高くなるほど警察官の占める割合は低くなっていることがわかる。「苦心談」の警察官の割合が59名中28件（47.5％）と、あまり高くないのは、「苦心談」が一種、二種といった高い等級の合格者を対象としていたためであろう。

表　職業別合格者数　　　　　　　　　　　　　　　単位は人、（　）内は百分率

	警察官	教員	その他の官吏	合格者合計	受験者合計
三種1925.8	200 (76.3)			262	1242
三種1926.2	27 (90.0)	0 (0.0)	3 (10.0)	30	75
三種1926.8	242 (77.8)	24 (7.7)	45 (14.5)	311	1209
三種1927.6	244 (91.4)	4 (1.5)	19 (7.1)	267	1219
三種1928.7				148	
二種1925.10	54 (64.3)			84	164
二種1926.11	24 (52.2)	8 (17.4)	14 (30.4)	46	203
二種1927.10				21	
二種1928.10	21 (72.4)	2 (6.9)	6 (20.7)	29	113
一種1925.12				7	
一種1927.1	4 (44.4)	3 (33.3)	2 (22.2)	9	47
一種1928.2	2 (40.0)	1 (20.0)	2 (40.0)	5	52
一種1929.2				8	

出典：『月刊朝鮮語』1、7、13、15、17、24、30、39［1925-29］、『警務彙報』234、236［1925］
注：空欄は、その数値が不明であることを示す。

2．朝鮮語奨励試験合格者の朝鮮語学習の経路と動機

　ここでは「苦心談」にあらわれた、合格者の朝鮮語学習の経路と動機を整理する。なお、引用した「苦心談」の（　）内は、（所属官署　氏名、『月刊雑誌朝鮮語』の号数：頁数）を示している。

(1) 職務上・生活上の必要

　全「苦心談」60件中36件と、もっとも多くの合格者が朝鮮語学習の動機としてあげていたのが以下のような職務上、生活上の必要を感じてという趣旨のものだった。

　　・朝鮮に職を奉ずる以上、朝鮮語が第一必要だ、言葉を知らなければ何事も
　　　出来ぬと云ふ事を痛感致しました。（平北寧邊警察署　立川玉雄、16：60）
　　・朝鮮語を知らないでは職務上または私の生活上、不便不自由で耐られない
　　　ので（慶南統営公立普通学校　乗富二男、6：25）

朝鮮語の必要性は、日本人が多く住んでいる地域よりも、日本人が少なく日本語の通じない地域に居住する者にとって切実に感じられるものだった。

・四五年前より（田舎に入りてから）父兄との直接意志表示に不便を痛感してより。（京畿道水原郡台章公立普通学校　菅野薫、40：56）
・当時〔1920年10月〕接する人は殆ど朝鮮人の方ばかりでしたので、言葉の分らない不便をシミヾ味ひ、必要に迫られて（通信局監理課　谷坂徹、16：57）

やや時期がずれることになるが、1930年に行われた朝鮮国勢調査の言語能力に関する調査結果によれば、在朝鮮日本人52万7016名のうち「仮名及諺文ヲ読ミ且書キ得ル者」、つまり日本語と朝鮮語の読み書きのできる者は3万2714名（6.2％）だった（朝鮮総督府［1935：72］）[5]。これを府部・郡部別[6]、性別で見ると、郡部の男14万2951名のうち1万5705名（11.0％）とさらに高い率を示している（同［72］）。これは日本語の通じにくい郡部で働く日本人官吏（多くの場合は男性であった）にとって、朝鮮語学習の必要が特に大きかったためである。

（2）合格者の朝鮮語学習歴

　（1）では、朝鮮語学習の動機として職務上、生活上の必要性をあげる合格者の多かったことを指摘した。しかし、合格者の朝鮮語学習歴をみると、日本から朝鮮に渡った直後、あるいはそれ以前に朝鮮語を学び始めたケースの多かったことがわかる。以下では「苦心談」から読み取れる合格者の朝鮮語学習歴を示す。

　　熊本県派遣の留学生として京城に渡来したのであります。当初約三年間は専心的に相当研究した積りでありましたが、〔……〕昔に立帰りて古き記憶を辿りゝゝつて研究に取りかゝつたのであります。」（殖産局土地改良課属　家入伝、5：49-50）

熊本県派遣朝鮮語留学生は、1896～1904年に5期にわたり、31名が朝鮮の「京城」に派遣され三年間、朝鮮語の訓練を受けた。家入氏は、1903年に派遣された5名のうちの一人である。卒業生は主に、東亜同文会系の日語学校、韓国統監府、朝鮮総督府などに就職しており、31名中8名がのちに朝鮮語奨励試験に合格している（稲葉［1991］、鄭［1996］、山田［1998ロ］）。

多少学校〔東洋協会専門学校京城分校〕にて組織的に研究致し居りし事にて、記憶を辿り受験致し候處（京城鉄道局営業課　森井武次、17：63）

東洋協会専門学校京城分校は、1907〜18年度に304名の卒業生を輩出した。同校は、東京の本校の朝鮮語学科で二年間学んだ後で、第三学年目の一年間だけ朝鮮の「京城」で朝鮮語を中心に学ぶ教育機関だった。朝鮮語の授業は第一学年で週10時間、第二学年で週9時間だった。森井氏は1913年度の卒業生である。同校の卒業生の多くは、朝鮮金融組合、朝鮮総督府などに就職しており、304名中24名がのちに朝鮮語奨励試験に合格している（山田［1999］）。

- 本誌の会長である李完応先生に京城で一年間薫陶を受けました。（慶北金泉郡鳳渓公立普通学校長　芳尾喜太郎、32：60）
- 高等普通学校臨時教員養成所に入学し、今の朝鮮語研究会長李完応先生の熱心と熟練された良教授振りにつひつりこまれて面白味を感じ（京畿水原郡八難公立普通学校　小原国雄、17：65）
- 学科の一として在学当時絶対的に研究を強ひられたのである。（慶北金泉果谷公立普通学校　松本光義、17：63）

芳尾氏は1916年度、小原氏は1917年度、松本氏は1918年度の京城高等普通学校附設臨時教員養成所の卒業生である。同校は1913〜1920年度に273名の卒業生を輩出した。修業年限は一年間で、朝鮮語の授業は週10時間という集中的なものだった。卒業生のほとんどは朝鮮人の初等教育機関であった普通学校の教員となり、273名中94名がのちに朝鮮語奨励試験に合格している（山田［2000ハ］）。なお、「苦心談」を寄せた教員13名のうち8名が同校の卒業生であり、残りの5名も1910年代に朝鮮語学習を開始した者である。

- 大正八年〔1919年〕十月警察界に入ると同時に学科として教養を受けたるものに有之候（忠北報恩警察署巡査　広瀬四郎、31：59）
- 巡査講習所に於て学科として鮮語を課せられ（京城東大門署　山田薫、17：59）

初任警察官に対する朝鮮語講習は、1908〜1919年には警察官練習所で三ヶ月

間行われていた。上の引用で示されているのは、警察制度が改編された1919年から置かれた警察官講習所における初任者講習である。そこでの講習期間は四ヶ月間で、全497時間（12科目）のうち朝鮮語には65時間が割り当てられていた（山田［2000ロ］）。

・それはまだ判任見習試験のある頃、雇員の採用試験にさへ朝鮮語を課せられた時代で、朝鮮の官署に採用せらるゝ為めには之が強要を受けたのが動機で（遞信局　吉田一雄、16：60）
・私が朝鮮語の研究を始めましたのは、今から十余年前〔1916年以前〕渡鮮して間もなく、当時官界の入門である判任見習試験を受けるため、（慶南統営郡財務係主任　大西勵治、6：26）

「試補及見習ニ関スル件」で定められた見習採用の学術試験は、「内地人ニ在リテハ朝鮮語・朝鮮人ニ在リテハ国語」、「朝鮮ニ於ケル現行法令ノ解釈」、「朝鮮地理」、「作文」の四科目だった（『朝鮮総督府官報』［1912.5.14］、［1912.9.25］）。「朝鮮総督府及所属官署雇員採用ニ関スル件」で定められた雇員採用の筆記試験は、「公文書ノ解釈」、「内地人ニ在リテハ朝鮮語・朝鮮人ニ在リテハ国語」、「筆算・珠算」、「作文」、「習字」の五科目だった（『朝鮮総督府官報』［1913.6.26］）。吉田氏が指摘しているとおり、いずれも日本人の場合、朝鮮語が必修科目であったがこの制度がいつまで継続したのかは不明である。

以上のように、朝鮮語奨励試験が直接の動機となって学び始めたというよりも、朝鮮に渡ると同時に制度的に朝鮮語の学習を義務づけられていた者がほとんどだった。したがって、朝鮮語奨励試験は、新たな学習者を生み出すためというよりも、当初は、それまでに行われていた朝鮮語奨励に関する制度を補完するものとして開始されたのである。

（3）手当金の影響

朝鮮語奨励試験では、一種一等50円、二等40円、二種一等30円、二等20円、三種一等15円、二等10円、三等5円という月手当金が二年間（一種一等のみ四年間）支給されていた。なお参考までに、当時の巡査の給与は本俸38～75円で種々の手当を加えて平均90.5円、教員は平均で女75円、男113円（いずれも1924年時点の統計）だった（『朝鮮警察之概要』［1925：89-91］、『朝鮮総督府

統計年報』〔1932：684〕)。この手当金の支給に関して、学習者はどのように感じていたのだろうか。

> 三十円の手当も俸給の内の様な気で、ノホンと顎を撫でてゐる中に何時の間にか一年余りも経つた頃、私は俄かに慌て出した。ポカリと手当が無くなつたときの心寂しさを嘗ての日昧はつた私は、これや何うでも後を継がねばならぬと焦慮り出した。(仁川法院支庁書記　村田武一、31：54)

村田氏は、1925年10月、二種一等に合格し月手当30円を二年間受けていたが、支給期限が終了するのを契機として一種試験の受験を考えたというのである。手当金が朝鮮語学習の大きな動機づけとなっていたことを示す事例である。

また、「先日試験場控室で会話試験の順番を待つ間の雑談に誰かの『一種一等に及第したら、もう鮮語研究は止すよ……誰でもさうだらうね』といつたやうなセンチメンタルな話が出た。」(忠南泰安公普校訓導　大友善幸、18：60) という証言からも朝鮮語学習と手当金との密接な関係が読み取れる。一種一等合格者は月手当50円を四年間支給されるが、最上級の試験であるため、制度上、再受験が認められなかった。つまり一種一等に合格すれば、その後はいくら朝鮮語を学んでもそれが手当金に反映することがなくなる。そのために、「一種一等に及第したら、もう鮮語研究は止すよ」という発言も出てくるのである。

以上のように手当金を目的に朝鮮語を学ぶというような露骨な言い方はされていないものの、以下に示す「苦心談」からは、日本人に朝鮮語学習を奨励するには手当金が非常に重要で有効な手段であったことがうかがえる。

・手当に依る奨励方法も大に必要なり。(京畿道広州郡庁　高村武義、40：57)
・普及〔日本人による朝鮮語学習の〕には現在の奨励手当を一層普及せられ度事等、(咸北羅南警察署　萩野瀧、40：57)
・一面に於て奨励手当の予算の膨張もありませうが、夫れに依る能率の増進は大局より見て、予算の膨張を償つて尚利する処多きは信じて疑ひのない所であります。(京畿道警察部保安課　新海公、40：54)

・本府〔朝鮮総督府〕に於いても、折角奨励するのであるから、もつと経費を支出して、沢山及第者を出して欲しい。否及第点には達したが、予算が足らないから合格証書がやれなかつたなどといふことだけは、どうでも止めていたゞきたい。（忠南泰安公普校訓導　大友善幸、18：60）

(4)「内鮮融和」

　これまでの「苦心談」の分析からは、朝鮮語学習の目的が極めて実利的なものであったことが読み取れた。しかしながら、一方では、朝鮮語学習を奨励する側の統治イデオロギーを色濃く反映した言説も存在した。そこでは、「内鮮融和」というスローガンがしばしば持ち出されている。これは、表面的には「日本人と朝鮮人との対立をなくし、両者が仲よくなるようにするという意味の標語」だが、実際には「朝鮮人の日本人への同化を進めることによって、両者の対立をなくしていくという意味を含んでいた」ものである（糟谷［1992：125-126］）。

・真に自己の天職の為めに真に内鮮融和の為めにする研究でなければ其の研究も奨励も無意義となる〔……〕邦家の為め将又同攻者の為め、切に貴会〔朝鮮語研究会〕の隆昌を祈ります。（全南道警察部高等課警部補　林利治、5：46-47）
・「理解は同情を生む」と言ふが如く、内鮮両国民の融和なるものも言語の仲人に依り、相互に理解し同情し合ふ処から始める可きものと信ずるのである。須らく我々は両民族の融和のため朝鮮語の研究に努む可きであらう。而して温く握り交されつゝ進む内鮮両民族の幸福のために‥‥。（慶南馬山公立普通学校　田辺要、40：52）

これらの引用文を見てもわかるように、合格者たちは日本による朝鮮支配という現実が朝鮮人にとっていかなる意味をもつものであるかということには極めて無自覚であり、「朝鮮語学習＝国家（日本）の利益＝両民族の幸福」というような図式で、「内鮮融和」という統治イデオロギーをとらえ、受け入れていた。
　「内鮮融和」は、朝鮮語を学ぼうともしない日本人を批判する際に持ち出されることにより、朝鮮語を学ぶ者の「自負心」や「使命感」のようなものを強めもした。

・殊に内鮮融和だとか、経費節約でござるとか事務簡捷でござるとか云うても、相手方から融和して来ない、通訳を連れて出張せよ、通訳入れて話をせよでは矛盾も甚しいもので〔……〕実に朝鮮語に通ずると云ふことは一方国家の大方針たる経費節約、能率増進の主旨に副ふのみならず、又一方自力昇級の捷径であります。（慶南統営郡財務係主任　大西励治、6：27）

・私は常々在鮮内地人官吏の大多数が、身は朝鮮に在り乍ら其国の言葉に対して冷淡以上の無関心を示してゐるのを慨嘆してゐる一人である。殊に判任以上の高官にして克く朝鮮語を解する者果して幾人かある？〔……〕斯くては永遠に日鮮人間の融和は望んで得られない。〔……〕名実ともに朝鮮語の奨励を達成し以って内鮮融和の実を挙げ国家百年の康安を図り度いものである（仁川法院支庁書記　村田武一、31：58）

手当金まで支給して朝鮮語学習が奨励されていたとは言え、現実には大部分の日本人が朝鮮語学習に対しては無関心だった。そうした状況にもかかわらず自分は朝鮮語を学んでいるのだという「自負心」や、朝鮮語を学ぶことで「内鮮融和」を体現しようとする「使命感」などが、上の引用からは読み取れる。

おわりに

「苦心談」では、生活上・職務上の必要性を朝鮮語学習の動機としてあげた者が非常に多かった。しかし、それを動機としてあげた人々の経歴を見ると実際には、生活上・職務上の必要性を感じる以前に、学校教育、官吏への採用試験、初任者講習というような形で、制度的な強制を受けて朝鮮語を学び始めたケースがほとんどであった。そうした基礎がある上で、生活上・職務上の必要性や手当金の支給などがさらなる動機づけとなり、朝鮮語奨励試験に合格するような水準にまで達したのである。また、総督府の統治イデオロギーは、手当金や昇進目当てに朝鮮語を学んでいるだけではないかというような批判をかわすための大義名分として、あるいは朝鮮語を学ぼうともしない日本人官吏を批判するための根拠として持ち出されていた。また、日本人が朝鮮語を学ぶという行為が単純に「自負心」や「使命感」と結びつくことはあっても、それが日本による植民地支配という現実のもとで朝鮮人にとっていかなる意味をもつものとなるのかというところにまで関心が持たれることはなかった。

凡例
〔　〕内は、筆者による注である。〔……〕は、「中略」を示す。

【注】
（1）「邦人動もすれば之れ〔朝鮮語〕を蔑視するの弊ありて、単に邦語の普及を以て事足れりと壮言する者なきに非ず」（薬師寺［1909：序文11］）、「然るに近頃鮮人間に於ける国語の発達年を逐ふて良好なるに顧み、動もすれば鮮語を解せさるも漸く用務を弁するに足るものと信し、自ら進んで鮮語を学習するの煩労を免かれんとする者あり」（国分［1915：216］）、「日本人ノ鮮語ヲ解スルヲ一種ノ羞恥ノ如ク恰モ国権ヲ蹂躙セラルヽガ如ク思フ徒輩アルハ不心得ト云フベシ」（姜［1967：633］）、「先進国の言葉を使用することを得意がり支那語とか露西亜語朝鮮語等を軽視し人前で話すことすら躊躇する者があります甚しき者になると朝鮮は亡国である故に朝鮮語は亡国語である斯る言葉の使用は国法を以て絶対に禁止すべきであるなどと申す知識階級者で所謂欧米心酔者も居ります」（山本［1935：17］）など。
（2）朝鮮語研究会は月刊誌の他にも、日本人用朝鮮語学習書を多数発行している。『朝鮮語発音及文法』（1926年）、『日鮮単語対訳集』（1929年）、『中等学校朝鮮語教科書』上下（1928～29年）、『一日一時間一年卒業警察官朝鮮語教科書』（1929年）、『鮮和新辞典』（1930年）、『わかり易い朝鮮語会話』（1934年）、『朝鮮語試験問題集』（1936年）などである。この他にも雑誌の広告記事などによりさらに7種の存在を確認したが、現物は未見である（山田［1998イ：72-83］）。
（3）『朝鮮文朝鮮語講義録』は、第1回（1924年9月～25年9月、計12号）の後、合本を発行し、第2回（1926年10月～27年9月、計12号）、第3回（1927年10月～28年9月）と継続したが、第4回以降は不明である。なお第1回は、第5号が1925年1月、第6号が3月の発行となっているため、発行期間は13ヶ月にわたっているが発行数は12号である。
（4）「新会員募集　第一号（九月号）品切れの為め、新会員の入会を謝絶してをりましたが今回再版の刷成を見たので、更に新会員の御申込を歓迎いたします。」との広告も見られた（『朝鮮文朝鮮語講義録』1-5［1925.1］）。
（5）なお、同じ調査で、朝鮮人2043万8108名のうち「仮名及諺文ヲ読ミ且書キ得ル者」と「仮名ノミヲ読ミ且書キ得ル者」をあわせた人数、つまり日本語の読み書きのできる者は139万3573名（6.8％）だった。
（6）府部とは、京城府、釜山府をはじめとする14府の都市であり、郡部とはその他の地域である。なお、1930年の調査時における日本人の府部・郡部別居住人口は、府部26万8380人、郡部25万8636人である。

【参考文献】
稲葉継雄［1982］「日本人の朝鮮語学習史（明治期～1945年）」（昭和56年度筑波大学学内プロジェクト研究成果報告書）
稲葉継雄［1991］「旧韓国と熊本県人－その教育上の関連－」『地域研究』9
梶井陟［1980］『朝鮮語を考える』龍渓書舎
糟谷憲一［1992］「朝鮮総督府の文化政治」（『岩波講座近代日本と植民地2』岩波書店）
姜徳相編［1967］『現代史資料』26、みすず書房
国分哲［1915］「朝鮮語の研究」『朝鮮彙報』5
鄭鳳輝［1996］「19世紀末熊本県人の韓国語教育」『海外事情研究』24-1
薬師寺知朧［1909］『韓語研究法』盛文堂
安田敏朗［1997］『帝国日本の言語編制』世織書房
矢内剛［1968］「「文化政治」下の植民地収奪の強化と民族解放闘争の新発展」（渡部学編『朝鮮近代史』勁草書房）
山田寛人［1998イ］「朝鮮語学習書・辞書から見た日本人と朝鮮語」『朝鮮学報』169
山田寛人［1998ロ］「朝鮮総督府及所属官署職員朝鮮語奨励規程（1921～43年）について－試験制度の変遷と合格者の朝鮮語学習経路を中心に－」『広島東洋史学報』3
山田寛人［1999］「東洋協会専門学校における朝鮮語教育」『アジア教育史研究』8
山田寛人［2000イ］「金融組合理事に対する朝鮮語奨励政策」『朝鮮史研究会会報』141
山田寛人［2000ロ］「日本人警察官に対する朝鮮語奨励政策」『朝鮮史研究会論文集』38
山田寛人［2000ハ］「普通学校の日本人に対する朝鮮語教育－第一次朝鮮教育令の時期（一九一一～二二年）を中心に－」『歴史学研究』（予定）
山本正誠［1935］「学習上より見たる朝鮮語」（『朝鮮文朝鮮語講義録合本下』朝鮮語研究会）

「国定読本」と「朝鮮読本」の共通性

上田　崇仁[*]

0. はじめに

　植民地朝鮮における「国語」教育に関する従来の研究は、「国語」という教科目でどのような言語を教えたのかではなく、また、どのように言語を教えたのかでもなく、どのような内容の教材を教えたのかに注目する傾向があった。どのような内容の教材を教えていたのかについては、李淑子（1985）がもっとも詳細である。しかしながら、これらの先行研究が見落としていたのは、「国語」という教科は植民地でのみ教えられたのではないということ、また、いうまでもなく「国語」という教科は言語の教育でもあったということである。

　「国語」という教科はもちろん「内地」でも教育されていたが、それにもかかわらず、植民地で教えられていた「国語」との関連に言及されてこなかったのは、非母語教育[1]として行われた「国語」教育と母語教育として行われた「国語」教育を別個のものと半ば常識的に区分していたこと[2]、非母語教育として行われた「国語」教育における「国語」は言語として整理された形態を備えているという暗黙の前提に立っていた[3]、言い換えれば非母語教育として教育される「国語」という言語は「内地」で教育されていた「国語」という言語と同一であるという先入観が存在していたからであろう。

　本稿では、「内地」と朝鮮を国内二地域とみなして、その二地域で行われた「国語」教育を一つの教科として捉え、使用されていた教材のタイトルについて、その比較対照を行うこととする。この比較対照を通じて「内地」の「国語」教育と朝鮮の「国語」教育の共通性を示したいと思う。これは、従来の研究が朝鮮における「国語」教育をいわゆる「皇民化」の手段として分析していながらも、「内地」のそれとどのような異なりがあったのかを看過している点を補完するものでもある。

＊　県立広島女子大学国際文化学部

なお、本稿では、「内地」で使用された読本を「国定読本[4]」と呼び、朝鮮で使用された読本を「朝鮮読本[5]」と呼ぶこととする。

1. 検討の方法と資料の設定
1.1. 時期区分
本稿で扱う時期区分は上田（2000ロ）と同じく、次の通りである。

表1 「内地」と朝鮮の読本発行対照表

	「内地」	朝鮮
1904年	国定第一期読本	
1909年		旧学部期学徒本[6]
1910年	国定第二期読本	（旧学部期訂正本）
1912年		朝鮮第一期読本
1918年	国定第三期読本	（朝鮮第一期読本部分改訂）[7]
1923年		朝鮮第二期読本
1930年		朝鮮第三期読本
1933年	国定第四期読本	
1937年		（朝鮮第三期読本部分改訂）
1939年		朝鮮第四期読本
1941年	国定第五期読本	
1942年		朝鮮第五期読本

1.2. 検討の方法
本稿で行う国定読本と朝鮮読本の共通性の検討は、読本に採用された教材タイトルの一致する割合を算出して行うものとする。具体的な調査対象とした読本は1.3.に示した読本であり、教材そのものではなく、タイトルの一致割合を探る理由は、1.4.に述べた。データを取る組み合わせは1.5.に示した。

1.3. 資料の設定
国定第一期読本から第五期、朝鮮第一期読本から第五期までの巻2から巻12の内、所有している読本及び確認することのできた読本に関してその全タイトル2607（国定読本1608、朝鮮読本999）課を調査し、タイトルの重なりから結論を導き出した。このうち、朝鮮第四期読本巻4、朝鮮第五期読本巻6は確認

できなかったため除外している。また、各時期を通して巻1は、教材にタイトルがつけられていないことが多いため、除外した。

　具体的な書名は次の通りである。

【国定読本】
第一期　：　尋常小学読本　巻2〜巻8
第二期　：　尋常小学読本　巻2〜巻12
第三期　：　尋常小学読本　巻2〜巻12
　　　　　：　尋常小学国語読本　巻2〜巻12
第四期　：　小学国語読本　巻2〜巻12
第五期　：　ヨミカタ　巻2〜巻4-9、初等科国語　巻1〜巻8

【朝鮮読本】
第一期　：　普通学校国語読本　巻2〜巻8
第二期　：　普通学校国語読本　巻2〜巻8（巻9以降は「内地」と共通のため除外）
第三期　：　普通学校国語読本　巻2〜巻12
第四期　：　初等国語読本　巻2、3、5、6（巻7以降は「内地」と共通のため除外）
第五期　：　ヨミカタ　巻2、3、4[8]　初等国語　巻1、巻3〜巻8

1.4.　「共通」の基準について－本文対照の困難さ－

　本稿が国定読本と朝鮮読本の共通性を探るためにタイトルの共通割合を調査する方法をとったのは、どこまでを「共通」と判断するかについての基準を設定する困難さがあることである。この調査がタイトルのみを扱い、内容に言及しないことは不充分な感を与えるかもしれないが、全体的な傾向を調べるには十分であり、また、次に述べる理由から現在のところタイトルによる分析が最善であると判断した。

　タイトルが共通であっても教材の本文が共通ではない場合があることは、言うまでもないが、タイトルが共通であり、採用された素材が共通であっても、表現方法などの点で異なりがある場合もある。編纂趣意書に「転載」と書かれていたとしても、実際にはかなりの違いが見られる。例えば、朝鮮第三期読本巻

9第20課「水兵の母」について編纂趣意書には「尋常小學國語讀本卷九から轉載。ただし、元は手紙が候文だが、ここでは敬體の口語に改めてある。」(傍点筆者)と記されていることから、尋常小学国語読本と共通の教材を掲載していることが分かる。しかし、教育しようとした素材や文化的、思想的内容は同一と考えられても、「国語」という言語教育の面から見ると、同一とは考えられない。長くなるが、実際の本文を挙げて比較してみる。異なる部分には網掛けが施してある。

尋常小學國語讀本（白表紙本）　卷9	普通學校國語讀本　卷9
第二十四　水兵の母	第二十　水兵の母
明治二十七年戰役の時であつた。或日我軍艦高千穗の一水兵が、女手の手紙を讀みながら泣いてゐた。ふと通りかゝつた某大尉が之を見て、餘りにめゝしいふるまひと思つて、	明治二十七年戰役の時であった。或日我軍艦高千穗の一水兵が、女手の手紙を讀みながら泣いてゐた。ふと通りかゝった某大尉が之を見て、
「こら、どうした。命が惜しくなつたか、妻子がこひしくなつたか。軍人となつて、いくさに出たのを男子の面目とも思はず、其の有様は何事だ。兵士の恥は艦の恥、艦の恥は帝國の恥だぞ。」	「どうした。命が惜しくなったか、妻子がこひしくなったか。軍人となって、いくさに出たのを男子の面目とも思はず、其の有様は何事だ。兵士の恥は艦の恥、艦の恥は帝國の恥だぞ。」
と、言葉鋭くしかつた。	と言葉鋭く叱った。
水兵は驚いて立上がつて、しばらく大尉の顔を見つめてゐたが、やがて頭を下げて、	水兵は驚いて立上がって、しばらく大尉の顔を見つめてゐたが、やがて頭を下げて、
「それは餘りな御言葉です。私には妻も子も有りません。私も日本男子です。何で命を惜しみませう。どうぞ之を御覽下さい。」	「それはあまりなお言葉です。私には妻も子も有りません。私も日本男子です。何で命を惜しみませう。どうぞこれを御覽下さい。」
と言つて、其の手紙を差出した。	と言って、其の手紙を差出した。
大尉はそれを取つて見ると、次のやうな事が書いてあつた。	大尉はそれを受取って見ると、次のやうな事が書いてあった。
「聞けば、そなたは豊島沖の海戰にも出ず、又八月十日の威海衞攻撃とやらにも、かく別の働なかりきとのこと。母は如何にも殘	「聞けばそなたは豊島沖の海戰にも出ず、又八月十日の威海衞攻撃とやらにも、格別の働がなかったとのこと。母はいかにも殘念に思ひます。何のために戰に出ましたか。

念に思ひ候。何の爲にいくさにはお出でなされ候ぞ。一命を捨てて君の御恩に報ゆる爲には候はずや。村の方々は、朝に夕にいろ〴〵とやさしく御世話下され、『一人の子が御國の爲いくさに出でし事なれば、定めて不自由なる事もあらん。何にてもゑんりよなく言へ。』と、親切におほせ下され候。母は其の方々の顔を見る毎に、そなたのふがひなき事が思ひ出されて、此の胸は張りさくるばかりにて候。八幡様に日參致し候も、そなたがあつぱれなるてがらを立て候やうとの心願に候。母も人間なれば、我が子にくしとはつゆ思ひ申さず。如何ばかりの思にて此の手紙をしたゝめしか、よく〳〵御察し下されたく候。」
大尉は之を讀んで、思はずも涙を落し、水兵の手を握つて、
「わたしが惡かつた。お母さんの精神は感心の外はない。お前の殘念がるのももつともだ。しかし今の戰爭は昔と違つて、一人で進んで功を立てるやうなことは出來ない。將校も兵士も皆一つになつて働かなければならない。總べて上官の命令を守つて、自分の職に精を出すのが第一だ。おかあさんは、『一命を捨てて君恩に報いよ。』と言つてゐられるが、まだ其の折に出會はないのだ。豐島沖の海戰に出なかつたことは、艦中一同殘念に思つてゐる。しかしこれも仕方がない。其のうちには花々しい戰爭もあるだらう。其の時にはお互に目ざましい働をして、我が高千穂艦の名をあげよ

一命をすてて君の御恩に報いるためではありませんか。村の方々は朝に晩に、いろ〴〵とやさしくお世話下され、『たゞ一人のお子が、お國のため戰に出られたことゆゑ、定めし不自由なこともあらう。何でもえんりょなく申されよ。』と、親切におっしゃって下さいます。母はその方々の顔を見る度に、そなたのふがひないことが思ひ出されて、この胸は張りさけるやうです。八幡様に日參するのも、そなたがあっぱれな手がらを立てるやうにとの心願にからです。母も人間ですから、我が子にくいとは夢にも思ひません。どんな心持で、母が子の手紙をしたゝめたか、よく〳〵お察し下さい。」
大尉はこれを讀んで思はず涙を落し、水兵の手を握って、
「わたしが惡かつた。お母さんの精神は感心の外はない。お前の殘念がるのももっともだ。しかし今の戰爭は昔と違って、一人で進んで功を立てるやうなことは出來ない。將校も兵士も、皆一つになつて働かなければならない。すべて上官の命令を守って、自分の職に精を出すのが第一だ。お母さんは、『一命をすてて君恩に報いよ。』と言ってゐられるが、まだその折に出合はないのだ。豐島沖の海戰に出なかったことは、艦中一同殘念に思ってゐる。しかしこれも仕方がない。その中には花々しい戰爭もあるだらう。その時にはお互に目ざましい働をして、我が高千穂艦の名をあげよう。このわけをよくお母さんに言って上げて、安心なさるやうにするがよい。」

う。此のわけをよくおかあさんに言つてあげて、安心なさるやうにするがよい。」 と言聞かせた。 水兵は頭を下げて聞いてゐたが、やがて手をあげて敬禮して、につこりと笑つて立去つた。	と、言聞かせた。 水兵は頭を下げて聞いてゐたが、やがて擧手の禮をしたま、、立去り行く大尉の後姿をじっと見送った。

　この文章は、同一の素材を扱い、話の構成や展開もほぼ同じものであるとみなすことが出来よう。その一方で、文字使いや文体など、異なる点も指摘できる。教材に取り上げられた素材、話の構成や展開は、教育しようとした思想や信条に関わる部分である一方で、文字使いや文体などは教育しようとした「国語」という言語に関わる部分である。この二つの側面からの分析が必要で、単純にこれらを同一とみなすのか、同一ではないとみなすのかは非常に困難である。

　このような理由により本研究では、内容に対する同一性の分析は他日に譲ることとし、タイトルに限定した分析を行ったのである。

2．各時期の共通性

　国定読本と朝鮮読本の発行及び使用は、時系列で整理すると同時に使用が開始されているものではない。1.1.で示した表から、使用された読本を時系列で並べると次の通りになる。

①国定第一期読本…………（1904年）巻1〜巻8
②朝鮮旧学部期日語読本…（1907年）巻1〜巻8
③国定第二期読本…………（1910年）巻1〜巻12
④朝鮮第一期読本…………（1912年）巻1〜巻8
⑤国定第三期読本黒表紙本………（1918年）巻1〜巻12
⑥国定第三期読本白表紙本………（1918年）巻1〜巻12
⑦朝鮮第二期読本…………（1923年）巻1〜巻8
⑧朝鮮第三期読本…………（1930年）巻1〜巻12
⑨国定第四期読本…………（1933年）巻1〜巻12

⑩ 朝鮮第四期読本…………（1939年）巻1～巻6
⑪ 国定第五期読本…………（1941年）巻1～巻12
⑫ 朝鮮第五期読本…………（1942年）巻1～巻12

　このうち、②は漢字を学習していることを前提にして編纂された読本と考えられ、教材の構成が大きく異なるため除外する[9]。

2.1. 国定第一期・第二期と朝鮮第一期
　国定第一期読本・国定第二期読本と朝鮮第一期読本の間に見られる共通タイトル教材数、及び割合は以下の通りである。国定第一期読本は巻8まで、国定第二期読本は巻12まで発行されている。一方の朝鮮第一期読本は、巻8まで発行されている。これは、初等教育機関の教育年限による違いである。

	課数	国定第三期読本	国定第二期読本
	課数	153	282
朝鮮第一期読本	206	24	51
朝鮮の中の割合(%)		11.65049	24.75728

2.2. 国定第三期黒表紙本・白表紙本と朝鮮第二期・第三期
　国定第三期読本の黒表紙本・白表紙本と朝鮮第二期読本・朝鮮第三期読本の間に見られる共通タイトル教材数、及び割合は以下の通りである。この時期「内地」の初等教育機関の教育年限は6年で、朝鮮においても初等教育機関の教育年限は6年に延長されている。本研究では、初等教育機関で学習者が学習した教材と言う視点ではなく、あくまで、編纂者が朝鮮読本に掲載を選択した教材と言う視点で考察を進めるため、朝鮮第二期は巻8までを、朝鮮第三期は巻12までを範囲とした。なぜなら、朝鮮第二期は巻8までが総督府編纂の読本で、巻9以降は国定第三期読本を代用していたからである。

	課数	国定第三期読本	
		黒表紙	白表紙
	巻8まで	224	180
	巻12まで	352	287
朝鮮第二期読本	190	15	29
朝鮮第三期読本	282	47	63
朝鮮第二期中の割合（％）		7.894737	15.26316
朝鮮第三期中の割合（％）		16.66667	22.34043

2.3. 国定第四期と朝鮮第四期

　国定第四期読本と朝鮮第四期読本の間に見られる共通タイトル教材数、及び割合は以下の通りである。朝鮮第四期では、読本は巻6までしか発行されていないため、その範囲での対照とした。また、朝鮮読本巻4が収集できなかったため、それを除いている。

		国定第四期読本
	巻6まで	114
朝鮮第四期読本	92	45
朝鮮四期中の割合（％）		48.91304

2.4. 国定第五期と朝鮮第五期

　国定第五期読本と朝鮮第五期読本の間に見られる共通タイトル教材数、及び割合は以下の通りである。この対照では、朝鮮第五期読本巻6が収集できなかったので、それを除いたデータで対照を行った。

		国定第五期読本
		255
朝鮮第五期読本	229	151
朝鮮五期中の割合（％）		65.93886

2.5. 共通タイトル教材の割合の変遷

表2　国定読本と朝鮮読本における共通タイトル教材の割合（時期別）

	国定第一期	国定第二期	国定第三期		国定第四期	国定第五期
			黒表紙	白表紙		
朝鮮第一期	11.65049	24.75728				
朝鮮第二期			7.894737	16.66667		
朝鮮第三期			15.26316	22.34043		
朝鮮第四期					48.91304	65.93886
朝鮮第五期						

この表をグラフにして示すと次の通りである。グラフ中の「k1j1」とは朝鮮（k）第一期（1）と国定（j）第一期（1）のデータを示す。「k2j3」と「k3j3」とについては、黒グラフが黒表紙本を白グラフが白表紙本を示している。

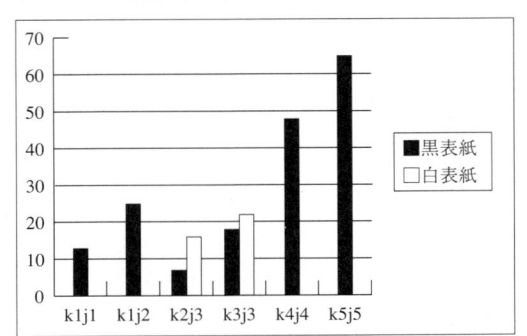

グラフ1　国定読本と朝鮮読本における共通タイトル教材の割合変化

上に示したグラフから、同一素材が選ばれる割合が増加していく様子がわかる。これはその読本の編纂方針を反映しているといえる。

第一期の読本は、直接法での教授を念頭において作成されたもの[10]であるが、台湾での非母語教育の経験と「内地」での母語教育の経験とがあいまった画期的な読本であったと思われる。このような非母語教育、母語教育の蓄積の結果を生かして編纂された朝鮮第一期読本は、総督府独自の「普通學校用假名遣法」（1913／大正2）に基づいた仮名遣法[11]を採用している。そして、これらの工夫の結果、非母語教育用の教材として朝鮮第一期読本は高く評価されて

いたようである。それは、「内地人以外に國語を學ばしむる目的にて作られたる國語讀本の現在に行はるゝは、恐らく我朝鮮總督府出版の普通學校國語讀本以外には之なかるべく、實に此種の讀本の最初の試といふも不可なかるべし(12)」という言葉や、「東京に於ける外人設立の日語學校に於て朝鮮總督府の普通學校國語讀本が彼等の讀本として採用されつゝある(13)」という言葉からも裏付けられる。

　朝鮮第二期の読本は、朝鮮第一期の読本と比べ、「内地」型の読本に大きく変貌する。これは山口喜一郎が指摘しているようにこの朝鮮第一期読本から朝鮮第二期読本へ移行した時期（1920年代前期）は、朝鮮での「国語」教育に携わった教師の多くが「内地」型の教授法を学んだ人々になった時期であり、コミュニケーション重視の「国語」教育から「読み方中心」の「国語」教育へ変った時期でもある。長くなるが、この時期の変化を台湾、朝鮮、満洲で日本語教育に携わった山口喜一郎がどうとらえていたのかを見るために引用してみる。

　　　朝鮮に於ける普通學校に於ける國語教育は、讀み中心になつてをる。……（中略）……これ程朝鮮の普通學校に於ける國語教育の現状は讀みを以て全部を蔽つてをる。これが今日の朝鮮に於ける國語教育の趨勢だ……（中略）……併しどうして－只今の様になつたものかと申しますと、これは大正十一年頃からこんなことになつたのであります。その以前とその以後とをわけてみると、大正十一年以前を第一期と見、それ以後を第二期と見る。この第二期にはいると第一期のことをすつかり捨てゝしまひました。私はこの邊の消息を、この地にをつてよく知つてをります。そして第一期には教育の中心が一つ、京城高等普通學校今の京城第一高等普通學校がたつた一つあつただけであります。その他に平壤に高等普通學校が一つありましたが、大體においてこれが中心であつたのです。所が第二期になつて道立師範が各道に出來ました。その師範の先生といふのが内地から來たのが多い。もちろん朝鮮で從來やつてをられた方も參加したと思ひますが、その大部分が内地から來たばかりの人である。それから道立師範がやんでしまつて、大邱・京城・平壤の三箇所に師範學校が出來、漸次女子師範學校が設立されて今日の盛況を來したのでありますが、これらの學校で國語教授法の中心となつた方々は大抵内地か

ら來た人である。朝鮮の十幾年間の國語教育に育まれた人がその國語教授の中心となり、その國語教授法の指導の中心となつてをるかといふとさうではない。或は内地の高等師範を卒業した人である。或は何々大學を出て國語の免状を持つた人である。ちつとも朝鮮の初等普通教育に携わつたことのない人達ばかりが指導の中心となつたのであります。
ですから、教授法を説く時に自然内地流の教授法を説くやうになります。朝鮮が明治四十四年から歩んで來た歩みを調査した人もほとんどないやうです。ですから勢ひさうならざるを得ない。これがすつかり變つて來た一原因となつてをる。(「普通學校における國語教授法」『文教の朝鮮』1937年3月：35-37)

　山口は読本の構成だけではなく教授法自体も、朝鮮第二期は非母語教育であるという認識が後退した印象を受け、かわりに「内地」型の教育が展開し始めた時期であると見ていたのである。
　朝鮮第三期読本では共通教材の割合が減少しているが、大正期の児童文学の影響で子供たちの生活に即した教材が採用されたためではないかと筆者は推測している。
　朝鮮第四期読本は学校制度が内地と統一された時期に使用されたものである。学校制度の統一が、教材の統一に弾みをつけたことは想像に難くない。
　朝鮮第五期の読本編纂は、次に引用するように、文部省発行の国定第五期読本を見た上での編纂という従来にない姿勢であった [14]。このことが、朝鮮独自の教材の激減理由として考えられる。

　　文部省は國民學校令實施の十六年度から、一二年生用の新しい教科書を出すことになっているが、こちらは一年遅れの十七年四月までに一二年用を發行することにし、……（中略）……最初は朝鮮人を主とする國民學校でも、國民學校實施の年から、せめて一二年生なりと新しい教科書を使用せしめたいと、いろいろ研究もし、編纂に關しては文部省とも打ち合わせをしたが、一應文部省發行のものを見た上で、これに朝鮮獨自の要求を織り込んで編纂した方がよいといふことになり、萬全を期して一年遅れの方針を採つたのである。(朝鮮総督府『教科書編輯彙報』第八輯（1941）：2-3)

3. 結論

このように見ると、朝鮮での「国語」教育は時を経るにつれ、独自色が弱まり「内地」と統一されていく様子が明らかになる。このことは、朝鮮での「国語」教育に教材に採用された素材の面から植民地特有の教材が減少していく[15]こと、いいかえれば、表面上、「内地」と区別することのない「国語」教育が展開されつつあったことを表している。教材内容の面では異民族教育的色彩の減少といった形で、「内地」への統一を示しているのである。磯田（1993：19-20）は、第三次朝鮮教育令下、「国史」の教科書が「内地」と朝鮮とで共通使用になったことを示し、「教科書の共通使用は「内鮮一体」の具体的な現れであり、ひいては国民学校の構想した興亜教育、さらには大東亜教育への具体的な歩みを示すものであるといえよう」と述べているが、これは国語読本に見られる教材の統一への方向性が国史ではより早く実現していたことを示すと共に、朝鮮での「国語」教育の進む方向を暗示していると考えられる。そして、従来の研究が示したような朝鮮読本の内容が著しく「軍国主義的」、「皇民化」教育的な内容であった（何と比べてか、を従来は明確にはしてこなかった）のではなく、時をおって見られるそのような傾向の変化は、あくまでも「内地」との教材の統一といった過程の反映でしかないのである。

ただ忘れてはならないのは、このような「内地」との統一は、表面上、朝鮮と「内地」の平等の扱いではあるが、非母語を「国語」として教育される点等々、平等という名の差別が始まったと捉えることができることである。今後の課題として検討すべきは、共通に教えられた教材と、朝鮮でしか教えられなかった教材、朝鮮では教えられなかった教材の分析であり、これは、日本の植民地教育政策を明らかにする上で重要であろう。さらに、筆者の能力を超えるが、「内地」との統一という傾向がどの程度の範囲で見られるのかについて、他の全ての教科についての内容異同の確認が期待される[16]。

【注】

（1）ここでは母語、非母語の定義を次のように考えている。母語とは人が生後に母親（またはその代わりの人）や、その他自分の属する言語社会の成員との接触により、自然に獲得する言語の変種を指す。非母語はこれ以外の言語である。
（2）今日の「国語教育史」の研究書の中で朝鮮を始めとした日本の植民地における「国語」教育を扱っているものは見当たらない。
（3）言語に注目したのではなく、何を教育したのかに注目した結果だと思われる。

（4）実際に日本で国定教科書が使用されたのは、表1に見られるように1904年以降のことであるが、本稿の対象とした時期はそこに含まれるので、「国定読本」と一括して呼ぶ。
（5）朝鮮で使用された日本語の教科書は、併合前が「日語読本」、併合後は「国語読本」であるが、煩雑になるため、一括して「朝鮮読本」と呼ぶ。
（6）「学徒本」とその下の「訂正本」については、上田（2000イ）を参照。
（7）「部分改訂」については上田（2000ロ）を参照。
（8）巻2から巻4まではそれぞれ「1ネン下」、「2ネン上」、「2ネン下」となっている。朝鮮読本も同様である。
（9）②については上田（2000イ）を参照
（10）「言語ノ意義ヲ理會セシムルニハ、實物・動作・繪畫ナドニ依リテ直觀的ニ教授シ、便宜、國語ヲ以テ説明ヲ加フベシ。而シテ必要ノ場合ニ限リ、朝鮮語ニテ對譯又ハ解釋スルモ妨ナシ。」『國語讀本編纂趣意書』（1916：8）
（11）朝鮮総督府の『読本編輯彙報　第十一輯』に掲載された「国民学校仮名遣の沿革」には、この普通学校用仮名遣法を「第一次『普通学校用仮名遣法』」とし、大正11（1922）年11月、「第二次『普通学校用仮名遣法』」が制定されたとの記述がある。しかしながら、筆者が確認できたのは、この「第一次」の仮名遣法のみである。
（12）『朝鮮教育界雑誌　25号』1914：40
（13）『朝鮮教育界雑誌　25号』1914：41
（14）それまでの編纂趣意書などでは、同一教材に関しては転載の理由が述べられているに過ぎず、朝鮮第五期のように「文部省とも打ち合わせをした」などの記述は無い。
（15）李（1985）では、このことについて「ますます激増していた「教科書の中の日本」とは全く対照的に、「教科書の中の朝鮮」は、三・一独立運動後にやや変化が見られただけで、その後は「八紘一宇」のスローガンの下に消失を余儀なくされた」（p638）とし、続いて「以上の点から、子弟の所属する国家の時局の推移が、教材内容、出現語彙の上にいかに敏感に反映するかという点が看取されるであろう」（p638）と述べている。
（16）「国語」に関する先行研究は本論文の中で触れるので特に取り上げないが、「修身」について李（1985）、「国史」について李（1985）、磯田（1990）、「図画」「手工」（美術）について金（1996）などがある。これらを学際的に且つ相互に、また「内地」と関連付けることで、初めて植民地朝鮮における教育政策の全容が明らかになると考える。

【参考文献】

磯田一雄（1993）「皇民化教育と植民地の国史教科書」『岩波講座　近代日本と植民地』巻四

磯田一雄（1998）「「日本化」と「国語」教育－植民地における日本語教育に託された意図をめぐって」『アジア文化研究』5号

上田崇仁（2000イ）「日語読本に関する一考察」『アジア社会研究』アジア社会研究会

上田崇仁（2000ロ）「植民地朝鮮における言語政策と「国語」普及に関する研究」平成11年度広島大学審査博士学位論文

北川知子（1992）『朝鮮総督府編纂『普通学校国語読本』の研究』大阪教育大学教育学研究科大学院修士論文

金香美　（1996）『韓国初等美術教育の成立と発展』海星文化社出版部

福田須美子（1986）「芦田恵之助の朝鮮国語教科書」『國學院大學教育学研究室紀要』第21号

李淑子　（1985）『教科書に描かれた朝鮮と日本』ほるぷ出版

シンポジウム「言語と植民地支配」についての報告

植民地国家の教育構造の解明へ

編集委員会[*]

　日本植民地教育史研究会第三回研究集会（二〇〇〇年三月二五日～二六日）におけるシンポジウムのテーマは、「言語と植民地支配」であった。パネラーに李守さん、藤沢健一さん、王智新さん（報告順）をお願いし、大森直樹さんが司会を担当した。なお、当日、王智新さんは母上の急病のために欠席、ペーパーによる参加になった。

　パネラーによる当日の報告は、原稿化して、『年報』第三号に収録する予定であった。第一回、第二回もそうしてきたし、そうすることが学会や研究会として、知的財産を共有化するためにも、ごく自然な営みであり、また約束事である。

　しかし、今回、三氏はそれぞれに事情を挙げて、原稿の提出を断られた。

　編集委員会としては、やむなく、代替措置をとることにし、編集委員会の責任において当日の報告を要約し、討論および感想のいくつかを記すことにした。以下がその報告である。

＜発題＞

　第一回シンポジウムのテーマ「日本植民地教育史研究の蓄積と課題」、第二回シンポジウムのテーマ「大東亜共栄圏と教育」を踏まえて、運営委員会では、第三回シンポジウムのテーマを「言語と植民地支配」とすることに決めた。これは植民地教育について考えるさいに避けて通れぬ本質的な課題であるからであるが、さしあたっては二つの問題状況を念頭に置いていた。

　ひとつは、近年、言語学の側から、日本による植民地支配と日本語の強制にかんする研究成果が立て続けに公表されているが、これらを教育学の側として、どのように受けとめ、発展させるかという問題である。たとえば、日本語教科書を分析し、日本語教授法を教室の実際の場面において調べ、植民地の児童生

[*] 小沢有作

徒にどのような言語葛藤を引き起こしたかを追跡することなどである。日本語を強制する側の思想と体制の研究は進んでいるが、他方、日本語を強制された側の言語体験と葛藤についての解明は、ほとんど手がつけられていないのが実情であろう。両側からのアプローチを必要とする。

　もうひとつは、植民地の人びとや子らの話す社会語としての民族語にたいして、植民地国家がそれとは異質な本国の言語を国家語として強制した実態と意味の究明である。これは植民地国家による植民地民衆にたいする言語暴力にほかならない。また、すぐれて言語領域に現われた植民地国家イデオロギーを示すにほかならない。したがって、言語問題においても、言語領域から国家論に迫まるという観点を欠かせないのである。そのさい、植民地国家による言語暴力の暴力性を証明する決め手が、国家語を強制された側の言語体験と証言にあることは言うをまたない。

　このように考えると、「言語と植民地支配」というテーマにアプローチする欠かせぬ方法として、日本語を強制された側の言語体験を詳らかにすることが浮かんでくる。その視点から「日本語と植民地支配」を照射しなおすと、今までに見えなかった問題が見えてくるにちがいない。今回のシンポジウムの重点をここに定めてみよう。これが当初の心積りであった。

＜報告1―在日韓国人の言語体験＞

　李守（昭和女子大）さんは在日朝鮮人であり、自らの体験を踏まえながら、「在日朝鮮人の言語体験―植民地時代から現代まで」を報告した。これは一面では衝撃的な報告であり、他面では日本在住の必然的な結果を示す報告であった。

　在日朝鮮人一世は朝鮮語を母語として育ち、日本語を後から覚えた世代であるが、それら一世は老い、数少なくなった。日本生まれ・日本育ちの二世、三世になると、日本語を母語とし、後から朝鮮語を覚えるように変わった。朝鮮語を母語として育つ生活環境を奪われたのである。そのため、朝鮮語を学ぶ場は朝鮮学校と韓国学園を主とし、日本学校へ就学した子らは朝鮮語学習の機会をほとんど閉ざされてきた。このような結果、朝鮮総連の調べにると、朝鮮語のできる人は、一九九〇年代において、朝鮮人六七万人のうち一七万人、二五パーセントにすぎない。

　朝鮮語のできる人は日本語もできる。バイリンガルである。日本のなかのバ

イリンガル人口としてはもっとも多いであろう。ただ、李さんによると、在日朝鮮人の朝鮮語は「本国並みの朝鮮語」と異なる特色を持ち、あえて酷評すれば「できそこないの朝鮮語」である。ではあるけれど、本国の人びととの言語交通に不自由はなく、また、ピジン語になる可能性はない。

　言語が民族を示すという「純粋主義」を在日朝鮮人の多くは信奉している。これはひとつには植民地支配によって朝鮮語を奪われた被植民地体験に根ざすものであるが、しかし、はたして朝鮮語ができなければ朝鮮人といえないのであろうか。李さんはこのように問いを提出する。これは日本学校を経た在日朝鮮人の若ものらの多くが共有している問いである。

　これにたいして、李さんはたとえ朝鮮語ができなくても自分を朝鮮人であると思っていれば、充分朝鮮人であると答える。朝鮮人意識が上位、朝鮮語使用は下位。朝鮮語ができる・できないを尺度にして、在日朝鮮人の朝鮮人としてのアイデンテティを測ってはならない。これは本国の朝鮮人と異なる在日朝鮮人固有の意識である。

　以上が李さんの報告の大意である。在日朝鮮人の朝鮮語状況と朝鮮人意識の態様を整理し、わかりやすい報告であった。しかし、このような状況が意味するものをどのように解するかという点に到ると、議論は多岐に分かれるであろう。

　一方に韓国籍・朝鮮籍をもつ在外国民であるかぎり民族語をマスターすべきだという筋論を立て、民族学校を設け、半世紀以上にわたって運営する。他方に日本に住んでいるのだから日本学校に通い、さしあたっては、日本語を話せれば充分ではないかという論も広がっている。それぞれに現実の論である。

　議論は多様に分かれるが、そのさい、忘れてはならぬ歴史的観点がある。それは、在日朝鮮人が移民でなく植民地支配の所産として渡日した人びととその子孫であるこということである。植民地時代、その人びとは公には朝鮮語使用を禁じられ、日本語を習得、使用して生活せざるをえなかった。戦前の日本国家はもとより日本社会も在日朝鮮人の朝鮮語使用にたいして不寛容であった。他方、朝鮮語訛りの日本語を馬鹿にし、からかってきた。

　のみならず、一九四五年の朝鮮解放後も、日本国家は一〇年もの長きにわたり朝鮮学校を閉鎖、日本学校への就学を強制し、在日朝鮮人がその子らに朝鮮語を教え学ぶ自由を奪ってきた。戦前の植民地国家と変わることなき教育政策・言語政策を取ってきたのである。日本社会や教育界の大多数もこれを容認

した。日本の民主主義は在日朝鮮人を排除して進行したのである。

　以上のような戦後における歴史的経過が朝鮮語を知らない在日朝鮮人を産み出す大きな要因になった。在日朝鮮人にたいする日本語の国家的・社会的強制は一九四五年の敗戦と同時に終了したのでなく、戦後五〇年の間も引き続いている。その点が本国と決定的に異なる特徴である。

　朝鮮学校不認可と日本学校就学を定めた一九六五年の文部次官通達が今日なお法的拘束力を有しているのは、そのなによりの証拠である。いわば＜植民地国家の教育構造＞が持続しているのである。それを許してきた私たち日本人は、在日朝鮮人の子らから朝鮮語を学ぶ自由を奪うことに加担してきたことを、認識すべきである。「日本語と植民地支配」をすぎ去った過去の問題と捉えてすますのでなく、今なお足元の問題として続いていることを見逃してはなるまい。

＜報告2－日本植民地教育史研究におけるモノグラフの背理＞

　藤沢健一（埼玉短期大学、現福岡県立大学）さんの報告は、予告には「沖縄人の言語体験と植民地教育史研究」と記せられていたが、当日のレジメでは表記のテーマに変わり、副題に「『言語と植民地支配』を問うための理論的前提として」と附していた。

　「言語と植民地支配」というテーマにアプローチしうる有効な方法は何か。それを研究史をふり返りながら手繰り寄せる。それが藤沢さんの考えのようであった。このような方法論上の検討を経ないと「言語と植民地支配」、具体的には「沖縄人の言語体験」についての検証に踏みこめないのが、今の藤沢さんの研究スタイルになっているように見えた。人それぞれに歩くスタイルは異なってよいが、ただ、それが本シンポジウムの場にふさわしい報告であるかどうかは別問題になろう。

　藤沢さんは日本植民地教育史の研究史を二つに時期区分し、第一期を敗戦から一九七〇年代までとし、マルクス主義の方法に拠りつつ大状況から植民地教育を論じた時代であると見る。石川松太郎、海老原治善、久保義三、小沢有作らの著作がそれを表わす。第二期は一九八〇年代から今日までであり、第一期の研究に「不信感」をもち、実証的なモノグラフに移行した時代。同時代者としてモノグラフの可能性と危険性を「背理」という視点から論じたのが、藤沢報告のメインになった。

　モノグラフに見る背理とは、たとえば実証と理論の背理である。「理論的な

方向づけの無いモノグラフは植民地支配の本質を見落す」という。また、部分と全体の背理である。「断片から自己肯定的な植民地教育史像を構成してしまう危険性」が起きている。さらに、相対化と加害者の責任解除という背理が生じている。相対化のあまり、沖縄教育史研究では、「支配対被支配という権力的な関係をはぐらかす」モノグラフが発表されている。

一般論としては納得できたが、ただ、どのような論文を指してこのように批判するのか、私には見当がつかなかった。できたら、もう一歩踏みこんで、論文を挙げ、具体的に例示しながら批判してほしかった。そうしたら反論を呼び、論争が起きるであろう。

今後のモノグラフはこのような背理を克服して「メッセージ」性をもつことが求められている。メッセージ性とは「鋭い批判意識の意識化」であり、「植民地支配の本質である支配対被支配という権力関係」をはぐらかさず、透視することである。それと同時に「被植民地側からの視点」を重視しなければならない。

以上が藤沢報告の骨子である。植民地教育史研究の過去と現在を藤沢さんの視点から整理、問題点を指摘し、それ自体おおいに論議を呼び起こす興味深い報告であった。

ただ、本シンポジウムの立場からいえば、「沖縄人の言語体験」というモノグラフを描く入り口に辿りついた地点で、報告が終り、副題通り「理論的前提」を論じるにとどまった。

シンポジウムとしてはこれに続く報告を望んだのである。もとより、藤沢さんの今の研究スタイルから察すれば、このようなステップを踏んで本番に到りたい気持ちにあったろうことは、わからないではない。しかし、パネラーとしての社会的責任は、いったん引受けたからには、わが気持と別にこれを誠実に果さねばなるまい。

この点にかかわって、研究会ニュース第八号に、桜井隆さんが苦言を寄せられている。「沖縄人の言語体験と植民地教育史研究」という「そのテーマを見て出欠を決めた会員もいるであろう。そういう人々にたいしテーマに沿った話をするというのは半ば義務である。」

シンポジウムを価値あらしめるためにも、藤沢さんのみならず、運営にあたった司会者、企画した運営委員一同は、この批判を重く受けとめねばならない。

＜戦後植民地教育史研究の出立＞

　藤沢さんの報告は、戦後植民地教育史研究の研究史についての研究という性格のものだった。討論はそこで下された評価をめぐって進んだ。

　口火を切ったのは藤沢報告でイデオロギー先行と批判された第一期世代である。かれらによる意義申立から始まった。その結果、討論はシンポジウムのテーマから逸れてしまった。申しわけないことであった。

　上沼八郎さんは沖縄教育史の研究史を論じるのであれば、氏の『戦後沖縄教育小史』（一九六二年）、『沖縄教育論』（一九六六年）を無視するのは納得できないと問うた。とくに前書は「本土」側において沖縄教育を調べ論じた最初の作品であり、「本土」の教育研究者が沖縄教育に無関心のなかにあって孤立無援で取りくんだものである。藤沢さんはこれに答えることは避けたが、これは最初に道を開いた書であり、開かれた道を後から歩む者として、当時の状況下にただ一人立った志を思いやる想像力をもつべきであろう。

　今日から過去を論断するのはたやすいことであるが、大切なのは同時代の研究状況のなかにそれを置いて捉える方法である。いわば、時代の状況をくぐらせて見る方法であり、これなくして研究史は研究が時代に果した意味を探りえないであろう。

　つづいて、同じく第一期に分類された小沢有作から、第二期のモノグラフのなかに植民地国家論を避け、国家イデオロギーを論じることを忌避する傾向が顕著であるというが、国家論と向き合わぬ植民地教育研究は、はたして、成り立つのであろうか。どの論文もなんらかの形で植民地国家論を内包しているのではなかろうか。なによりも、当時の天皇制国家と日本帝国主義そのものが国家意志ををむき出しにしていたから、事実を検証していけば、否応なしに、そこに国家意志の投影やそれとの葛藤を読み取らざるをえないであろう。これはいわば植民地国家論を方法として意識化するということだ、という意見が述べられた。

　小沢の考えでは、＜植民地国家とは何だったのか＞、さらには＜植民地国家の国民とは何だったのか＞についてその「国民」の後裔に知らしめることが、今日における植民地研究の最終目的である。その一環として、＜植民地国家の教育構造を明示＞することが、植民地教育研究の目的である。そうして、日本を植民地国家とその国民であることから完全に解放する。私たちは、それを目指して、それぞれの道を歩いているにほかならない。

ふり返れば、上沼さんも小沢も、藤沢報告における第一期の評価にこだわった。たとえば、その研究が当時の教育研究の「欠落点を突くことを企図」したと評されると、違和感を抱かざるをえない。私たちの心意を深く捉えているように感じられないのである。
　私たちがそれぞれの研究を始めた一九五〇年代後半において、私たちはそれぞれにまわりの教育研究者から、国民教育派や文部省派や学会派を問わず、珍しい研究をしているねと奇異な目で見られ、変人扱いされてきた。もちろん、大学や研究機関への就職のあてもなかった。たった一人で、われとわが身を励ましながら、沖縄教育史を調べ、植民地朝鮮の教育史を調べつづけた。それは「欠落点を突くことを企図」してなどという軽い動機から続くものではない。
　戦後民主主義と民主主義教育はなぜ沖縄教育を見ないのか、植民地教育を視野の外に置くのか。戦後民主主義教育と教育研究の質に疑問を持ち、それを糺す考えを根幹に据えていた。
　また、戦後に書かれた日本近代教育史の著作を見ると、その多くは国内の教育に限り、植民地教育を切りすてていた。扱っている少数の著作も特殊研究扱いである。さらに、国内の教育においても沖縄教育やアイヌ教育や在日朝鮮人教育を位置づけない。これらは日本近代教育史研究において無視され、いわば市民権を認められていない領域であった。私たちはそのような日本近代教育史の方法に異議を申し立て、それを証かすために、沖縄教育や植民地朝鮮の教育の論文を書き、ついでそれらの通史を描き、植民地教育ここに在りと叫び、市民権を主張したのであった。
　このような結果、たとえば百科事典や教育学事典においても「植民地教育」の項目が置かれるようになった。小沢が執筆した事典を例示するだけでも、『近代教育史事典』（講談社、一九七一年）、『世界教育事典』（ぎょうせい、一九八〇年）、『百科大事典』（平凡社、一九八五年）、『部落問題事典』（解放出版社、一九八六年）、『現代教育学事典』（労働旬報社、一九八八年）、『日本歴史大事典』（小学館、一九九八年）などを挙げることができる。
　このように少しづつではあるけれど、教育史研究において植民地教育史研究の市民権を認める状況が作り出されてきた。加えて、戦後民主主義と教育における植民地やマイノリティ切りすての限界を気づく状況が、これら当事者からの批判の声を浴びて、教師や研究者のあいだに広がり始めた。このように植民地教育研究の意義を認める状況が小さいながら作り出されたからこそ、第二期

のモノグラフ中心の研究スタイルがそれとして可能になったように思うのである。

第一期の研究者としては、最初に井戸を堀ったという自負がある。私たちは、まわりの冷たい視線を浴びながら、植民地教育史研究をスタートさせた。恰好よくいえば、インデペンデントマインドなくして研究を行なえなかったのである。これは一九五〇〜六〇年代の教育研究の状況のなかに私たちの研究を置けば、見えてくることである。

市民権の主張と同時に、私たちは本土の教育と沖縄の教育、本国の教育と植民地の教育を本質的に関連しあうものとして捉える方法を模索した。それは植民地国家の教育構造を明らかにするうえで不可欠な作業であった。たとえば、小沢の場合、レーニンの言説に拠りながら、帝国主義時代の構造を抑圧民族と被抑圧民族に分け、抑圧民族としての日本人の教育と形成、被抑圧民族としての朝鮮人の教育と形成を追い、その連関を調べ、本国の教育と植民地の教育の統一的な把握を試みた（『民族教育論』）。石川、海老原、久保氏らもそれぞれの方法で本国の教育と植民地教育の統一的把握を試みていた。ここにも、いうならば、第一期の研究のもうひとつの特徴があった。

これらの研究を、藤沢さんは一括して、「マルクス主義による発展段階論といった大状況論からの強い影響」を受けた研究であると評しているが、私などはマルクス主義をこんなに単純化されては困るという気持ちが先に立つ。マルクスの理論から出発しながらも、マルクス主義理論にもいろいろあり、その読みかたもさまざまである。上記四人のマルクス主義理論の吸収もそれぞれに異なる。一山いくら式の評価はご免蒙りたい。

大事な点は、植民地支配と植民地教育の構造を読み解くのに、マルクス主義のどのような理論がどれほど有効であったかを検証することである。それを明らかにするのが研究史の任務であろう。

一九五〇〜六〇年代において、植民地教育に関心を寄せる者は、幸徳秋水、ボブソン、レーニンによる三つの『帝国主義論』に刺激を受け、ついでマルクスとレーニンが植民地問題や民族問題にかんして書いた文章を熟読したものであった。マルクスやレーニンにとって植民地問題は同時代の問題であり、それぞれに当事者として向きあい、鋭い分析を加え、植民地問題の本質を考えに考えている。これら諸論文は今日においても、いや、過ぎ去った問題としてある今日だからこそ、あらためて読み返さるべき必読文献である。

私の場合、これらの読書をとおして、抑圧民族と被抑圧民族への世界の二分化という構造化を理論的シェマとした。植民地教育構造分析の枠組みとしてこのようなシェマを設定したのは、当時も今も、小沢のみである。これに拠って植民地国家の教育構造の分析を試みたのであるが、それがどの程度構造を解明しえたか。その点の検討こそを私は研究史の研究に望む。

　東欧やソ連邦など社会主義国家の崩壊とともに、日本ではマルクス主義理論を見限る風潮が広がったが、これはきわめて日本的現象である。マルクス主義理論を再解釈し、社会構造や教育構造を読み解く理論として再構築する試みは、今日なお、世界中で行なわれている。教育学の分野でも、次つぎに試みられ、そのいくつかは日本語に移されている。

　問われているのは、藤沢さんのマルクスの理論とマルクス主義諸理論にたいする理解の深浅である。また、植民地支配と植民地教育の構造解明への有効度を測る読解力である。これらの程度によってマルクス主義と植民地教育研究に対する理解が左右され、それに応じて第一期における研究の評価も定まってくるであろう。

　第一期に分類された当事者二人は、藤沢報告を聞いて、見損なわれていると感じ、第一期について見直すことを求めて発言した。私たちの研究はひとつの踏石を築いた。それが内容的に、二〇年後、三〇年後に乗り越えられていくのは当然である。それを、どの点が乗り越えられたかを説明する代りに、「不信感」を持たれているというような感情的表現で表されると、まことにやりきれない。いささか向きになり、大声を出したようである。その発言を司会者も止めることができなかった。年甲斐もなく、当事者の思いが先に立ち、場の目的を忘れた。それが討論をシンポジウムのテーマに引き戻して進めることを妨げた。この点、二人は深く自省しなければならない。

＜報告3ー東アジア植民地教育史研究交流の現状と課題＞

　王智新さんは、来日した母上が急病にかかり、看護のため、参加できなくなった。代りにペーパーを提出し、司会者が読みあげた。

　司会者の大森さんから上記のテーマを与えられたということであった。大森さんの狙いは、「植民地支配についての認識をどのように深めてきたか」という課題を中心に置き、それに向けて「言語と植民地支配」と日中の国際研究交流という二つの視点からアプローチし、課題の認識を深めることにあった。前

者を李さんと藤沢さんに、後者を日中研究交流のキーマンの役割を果してきた王さんにお願いしたのであるが、三者三様の報告になった。二兎を追って三兎を追う形になり、シンポジウムのメインテーマから逸れ、話題を分散させる結果になった。

司会者と参加者の間のテーマイメージにずれが生じたのである。上述のような大森さんの設定にたいして、参加者は「言語と植民地支配」そのものの報告と討論を期待し、被植民者における言語体験の実相に関心を寄せて参加した。王さんの報告にたいしても、植民地・占領地域における中国人の言語体験の解明を望んだことであった。

シンポジウムでは、公表したテーマに集中したやりかたを取ることが充実感を生む。このことを、今回、私たちは学習したように思う。

さて、王さんの報告でもっとも興味を引かれた点は、植民地教育の目的は悪かったが、教育方法には合理的・近代的部分があったという見方を紹介している個所である。　小平の白猫・黒猫論以降、中国に起きた見方のようである。

「植民地教育は中国の大衆を奴隷にするという反動的な目的を取捨さえすれば、方法として合理的部分はあったのではないか。教育目的から方針、内容方法までいささかの無駄のない管理の厳密性、系統性及びその管理手法は今日に役立てないか。職業教育の重視、そして職業技術科目の完備なども今日的に参考になるのではないか。」

また、時期を限り、「日露戦争直後の旅大地区に遡って、中国全土にまだ科挙制度を代表とする旧式の封建教育制度のところへ、日本帝国主義者がそれとは違った新式の学校の設置、一斉教授法の導入等をした。それには制度的、文化的『近代』性はみられないか。」

このような植民地教育の目的は悪かったが、その方法に近代化に資する点があったという見方に、近年における日中間の植民地教育史研究会において、私も何度か接してきた。接する度に複雑な気持ちに陥り、時にはこれに反論した。そのさい、最小限、四つの事実を挙げた。

第一に、植民地支配において社会システムの近代化を欠かせないこと。植民地政府は行政制度を整え、鉄道を敷き、学校を建て、さらにこれらを動かす要員を養成したが、それらは植民地支配の成果を挙げるためであって、植民地民衆の福利の向上のためではなかった。植民地支配に必要な範囲において植民地社会の近代化を進めたにほかならない。

第二に、一九四五年以前の植民地支配時代において、植民地政府は植民地教育の目的に教育の内容と方法を奉仕させ、目的と方法を一体として捉えていた。また、その通り実行してきた。これが植民地時代における植民地教育の本質であり、実態であった。
　第三に、植民地支配・植民地教育における目的と方法を分離する発言が登場するようになったのは、日本では一九五〇年代初めに始まった日韓会談以降であり、久保田発言（一九五三年）、高杉発言（一九六五年）はその代表例であった。以来、時の支配層は、その目的は悪かったが、鉄道を敷いたり学校を建てたりして近代化に貢献したとくり返し言うようになった。これがいわば戦後日本政府の公式見解である。今日、藤岡信勝氏らの自由主義史観のグループがこれを引き継ぎ、宣伝している。
　第四に、植民地政府が実施した近代的なシステムと方法を、自民族の社会発展のために活用したのは、解放後の朝鮮民衆や中国民衆にほかならなかった。主体が変わったのである。それが教育の目的を植民地支配から主権の確保と社会の発展に改め、これに応じて教育内容を変えた。このような目的と内容の変革という全体の文脈の再編成に応じて、これに役立つ方法を取捨選択していったにほかならない。根本にあるのは教育を行なう主体の移行である。もとより知識や技術やシステムには普遍性があり、植民地時代にトレーニングされたそれらを独立後の社会発展に役立てたのであるが、その功績は独立した主体の活動に帰することであって、植民地支配の成果に属することではなかろう。
　植民地支配が終って、半世紀以上が過ぎた。当時の体験者も少なくなり、また政治的意図が加わって、植民地支配にたいする認識に新しい流れが生じ、それが次第に主流になりつつある。その表われが、日本では、目的は悪かったが近代的に資したという見解であるが、中国では、目的と方法を分離する見方の登場がそれにあたるのであろうか。この二つの見方は政治的思惑や実利を優先させる点で共通している。悪いものは悪いと言い切らねばならない。
　王レポートは東アジアにおける植民地教育史研究の交流を紹介しているが、交流は、実際には、旧植民地支配国の研究者と旧植民地の研究者のあいだで行なわれるものである。それぞれにそれぞれの歴史を背負い、立場が異なる。日本人研究者としては植民地支配責任を背負っていることから免れることはできないのである。
　このように歴史にたいして立場が異なる者の交流にさいして、植民地、認識

の共通点・一致点をどこに求めるかという問題がかならず出てくる。日本による植民地教育の目的は悪かったが、教育の近代化に資した面もあるという見方に共通点を置くのか、それとも悪いものは悪い、学校を建ててもそこでは同化教育を行なったと言い切ることから始めるのか。それは交流の質や深さを決しよう。

＜通説を乗り越える＞

　ふたたび「言語と植民地教育」のテーマに戻る。シンポジウムは拡散したけれど、論文発表は四本ともこれに集中した。植民地時代の朝鮮および台湾における言語教育を取りあげ、いづれの報告も従来の通説への挑戦を目指していた。

　通説への挑戦という点で、私は前日のシンポジウムにおいて李守さんが「純粋主義」を批判していたことを思い出した。李さんは、「朝鮮人ならば朝鮮語をしゃべるべし」という見方をこのように称したのであるが、このような見方は朝鮮語を話せぬ在日朝鮮人にたいして本国の朝鮮人から言われつづけた言葉である。これは朝鮮語は朝鮮人の「精神的血液」なりという思想の表明にほかなるまい。

　そう聞くと、自然に、上田万年の「日本語は日本人の精神的血液なり」という言葉が思い出されてくる。上田は、一九世紀末、こう言って、言語学の立場から国語・国民・国家の三位一体説を唱えた。学校教育がこの見方を広めた。私の身にも残っており、朝鮮人と同様に、「日本人ならば日本語をしゃべれ」というのが日本人の慣用句になっていることは周知のとおりである。

　このような国語・国民・国家を三位一体とする言語観は、単一民族国家であると考えられている日本や朝鮮において際立っており、今なお人びとの骨がらみの見方になっている。日本学校では日本人教師が日本語の教科書を日本語で教えることを制度化し、だれもがこれを当然と思っている。これについてこれない中国帰国者の子らはじめ来住外国人の子らは容赦なく排除されている。これが一九世紀以来かわらぬ日本学校の実態である。上田万年、死なず、である。李守さんは在日朝鮮人に即してこれを「純粋主義」と言って批判し、それからの解放を訴えたのであった。

　朝鮮語と上田万年という二つの言葉が出てくると、これら別々の言葉を結ぶ人物として、金沢庄三郎が浮かんでくる。「言語と植民地主義」のテーマを考えるうえで避けて通れぬ言語学者である。その金沢評価にたいしても、近年、

従来の評価の変更を迫るモノグラフが書かれるようになった。

　金沢の名前が再登場したのは、一九六〇年代中頃から七〇年代にかけてである。日韓会談反対運動のなかで参加者は朝鮮植民地支配にたいする反省を迫られたが、そのさい、日韓併合を合理化し、同化教育を推進した代表的なイデオローグとして、金沢を挙げ、その轍を踏まぬよう戒めたのである。当時、その著『日鮮同祖論』、『日韓両国語同系論』を例示し、人種的にも言語的にも、日本＝本家、朝鮮＝分家と記した個所を取り出し、その根拠とした。旗田巍さんや梶村秀樹さんがそう言えば、みなが諾き、だれもそれ以上の金沢研究に踏みこもうとしなかった。

　それから三〇年過ぎた。ようやく金沢研究に本格的に取りくむ若手研究者が現われ、モノグラフを発表した。石川遼子さんの「地と民と語の相克－金沢庄三郎と東京外国語学校朝鮮語学科」（一九九七年）や三ツ井崇さんの「日本語朝鮮語同系論の政治性をめぐる諸様相－金沢庄三郎の言語思想と朝鮮支配イデオロギーとの連動性に関する一考察」（一九九九年）などである。私は、これらを読み、三〇年前の金沢評価が、藤沢流にいえば、部分をもって全体を推し測った短絡的な評価にほかならないことを知った。

　これらの研究は、一九六〇～七〇年代における金沢評価と反対に、金沢はむしろ朝鮮を本家と見なしていたことを明らかにしている。このような金沢の見方は、時の植民地国家にとって困る見方であった。さらに、金沢は東京外国語学校朝鮮語学科の廃止に反対して同校教授を辞し、朝鮮における朝鮮語教育の必要を主張した。一面的な同化論者ではなかった。そのため、言語学者として時の植民地国家との間で協力と葛藤の関係を過ごしたのであった。

　そうした協力と葛藤を作り出す源には金沢の「地と民と語」を一体と見る言語観があった。金沢も、師である上田同様、「国語は国民の精神的生命を代表する」と考えていた。しかし、上田と違って、金沢は朝鮮語を専攻し、朝鮮語に深く分け入った。朝鮮において、日本同様、「地と民と語」は一体としてあることを知った。金沢の思想は両義性を内包せざるをえない。日本語教育の普及と朝鮮語教育の尊重を説くのは必然となる。性急な同化教育論者と対立することにもなる。

　両義性ゆえに金沢は次第に孤立していった。二人がともに引用しているのであるが、金沢の次のような述懐の言葉（一九二九年）は痛切である。「朝鮮研究に対する世の中の無理解」がつづき、「研究の上には、一人の先輩もなく、

一人の朋友もなく、淋しい冷たい世界に、忍辱の行を積んで来た。」言語学会のなかでも、行政との関係でも孤立し、ついには朝鮮語研究の世界から去ってしまった。

　私は二人のモノグラフを読んで、金沢の言語学者としての学説と活動の歩みを知り、以前の金沢評価を改めると同時に、二人が日本国家や朝鮮総督府と金沢の学説・活動の関係史をフォローし、解明していることに、未知を知る喜びを味わった。こういうふうに研究的に乗り越えられるならば、旗田さんや梶村さんも納得するであろう。

　さて、三ッ井さんら若手の言語研究者が集まって研究会を作っていることを、私は大会当日に知った。会場で『不老町だより』という機関誌（の三、四号）を購入し、それが「世界社会言語学会」の機関誌であることもあわせて知った。このように気宇壮大な名前を掲げる研究会が、今回報告する四人が属する研究グループである。討論会「社会言語学を考える」（四号）を読むと、言語の視点から歴史学はじめ既成の諸学問にチャレンジし、独立不羈を合言葉にしているように感じられた。その対象に植民地の教育史や言語史を入れており、私には新しく感じられた。今回、それを調べている四人（富田、三ッ井、上田、山田の諸氏）が、連れ立って、研究を報告する（論文は第一部に掲載）。今回かぎりで仕舞にしないようにお願いしたい。

　機関誌を見ると、社会言語学といっても、私のイメージにある社会言語学とたいへん異なる。私の頭のなかにある社会言語学は二〇～三〇年前の知識であるようだ。これは学校言語の階級性を問題としたもので、主としてイギリスのバーンステインの『階級、コードおよび統制』（Class, Code and Control, 1971～75）をベースしていた。これは学校言語がミドルクラスの言語を使用し、これと地域の生活言語、わけても労働者階級の言語との距離を測り、学校の言語と文化が民衆向きに編成されていないことを明らかにした論文集であり、日本の学校言語の問題を考えるうえで参考になった。

　一九七〇年代前半はイリイチ（『脱学校の社会』）、フレイレ（『被抑圧者の教育学』）、アリエス（『子供の誕生』）、バーンステインなどの著作が一斉に世に出て、教育学の見なおしが始まった時期であった。当時、私はこれらの本を大学院で読んだり、アジア・アフリカ・ラテンアメリカ教育研究会の仲間と訳出したりした（フレイレ『被抑圧者の教育学』）。バーンステインの論文も、一九八〇年代の前半に共同編集した『產育と教育の社会史』（全五巻）に訳出して

もらった。

　私の社会言語学の知識は、学校言語の問題性の摘出を知ったという時点で、ストップしたままであった。なので、『不老町だより』を読んで、その広がりに驚いた。なかでも、日本植民地における言語問題を対象としていることに、感心した。若手研究者の問題意識を知るとともに、時代の推移を感じた。

　これら四人の報告は、植民地における日本語教育編成を主とした近年の研究を批判的に継承しながら、朝鮮総督府による「諺文綴字法」の作成過程を追ったり、日本語教科書の「内地」と朝鮮の比較をしたり、日本人による朝鮮語学習と台湾語学習の実態を明らかにしたりして、「言語と植民地支配」の研究に新しい側面を開いた。だが、明らかにさるべき残されたテーマはまだまだ多いであろう。

　なかでも、日本語を強制された側の言語体験はほとんど掘り起こされていない。ニュース八号に藓林さんがこう記している。「山東省出身の父も山西省出身の母も、小学校のとき、日本語を習った経験がある。半世紀以上日本語を一回も使ったことがなかった両親が、いまだに当時習った日本語を一部覚えている。これは言語による植民地支配の後遺症の一つではなかろうか。」藓林さんはこれを日本語で綴っているのであるが、同じ日本語でも、植民地民衆として強制された日本語と留学生として習得した日本語は、どこか意味が違うように思う。これを見究めることも、「言語と植民地支配」研究のひとつのテーマになろう。

　同じニュース八号で、櫻井さんは四本の研究発表を受けて、「今度こそ看板通りの『言語と植民地支配』のシンポジウムが開催されることを願う」と望んでいる。

　今回のシンポジウムは不完全燃焼の感を免れなかった。私も運営委員会が再度のシンポジウムを検討することをお願いしたい。そうして、この面から植民地国家の教育構造の究明がさらに深まることを渇望している。

植民地朝鮮の教育と教育内容
日韓植民地教科書シンポジウムから

植民地朝鮮の普通学校における職業教育

呉　成哲*

はじめに

　朝鮮で行なわれた日帝の植民地教育の特質を明かすために、学校の教科教育ならびに教育課程に対する分析は必須的作業である。したがって、韓国と日本の植民地教育についての研究物の中に教育課程、特に教科書に関する研究が主要な部分を占めているのはとても当然なことである。教科書の分析視点に主に採用されるのは、朝鮮人を対象にする植民地教育の内容に天皇制と日本帝国主義を正当化するための理念的要素がどのくらいで、そしてそれらがどんな方式で反映されていたかという点である。この課題と関連して相当な研究が既に蓄積されている。ところで、植民地教育の特質は教科書に反映された天皇制イデオロギーを確認する作業だけを通して明らかになるのではない。第三世界で行なわれた植民地教育は植民地統治国の言語教育や植民地の支配体制に対する順応を確保するための道徳教育と共に、被植民地の民衆を植民地の経済体制の中に配置する職業教育という要素で構成される。

　植民地教育の一般的特徴の中のひとつは初等教育が中等学校への入学のための準備教育（preparatory education）であるよりは、むしろ実質的完成教育または終結教育（terminal education）になりがちであったということである。言いかえれば、これは植民地の初等教育で職業教育の性格が強化されるということを意味する[1]。もちろん、初等学校での職業教育の強化政策は植民地の中等及び高等教育の機会の抑制政策とも関連され、さらには植民地の経済政策とも関連される。この論文は植民地朝鮮の普通学校で行なわれた職業教育の実状を究明して、その中に反映された植民地教育の特質を明らかにすることにその目的がある。普通学校の職業教育のほとんどは、標準化された教科書がないままに行なわれた。それから、植民地教育課程に対する研究者等の分析の視点が主に皇民化教育に偏向されていたため、普通学校の職業教育に関する先行研究

---

*　清州教育大学校

はあまり多くない。この論文ではそのような意外な空白を少しでも埋めることに役立てるのを期待したい。

　ここではまず、普通学校における職業教育の強化に最もおおきな影響を及ぼした1929年の所謂'教育実際化'政策の導入背景と内容を究明する。次に初等教育の職業教育化を正当化するために植民地教育当局によって意図的に、そして集中的に動員された教育学のうち、特にケルシェンシュタイナー（Kerschensteiner、Georg Michael：1854-1932）の教育学の論理を明かす。すなわち、ドイツのケルシエンシュタイナーの教育学が日本を通して朝鮮に移植される過程で生ずる植民地的変形に注目しようとする。次に、普通学校で行なわれた職業教育の実際や'職業科'という教科の運営実態を明らかにし、最後には、普通学校の職業教育化に内在する植民地的特質を探索する。

1. '教育実際化' 政策

　植民地朝鮮の教育における1910年代はいわゆる'時勢と民度に適した簡易・実用の教育'を標榜した時期であった。普通学校の教育課程においても初歩的読書算の教育と共に低級な農業と商業教育が強調された。1920年代に入って、普通学校における職業教育は多少弱化されたが、まもなく20年代の末の'教育実際化'政策と共に再次強化された。

　'教育実際化'政策は朝鮮総督府の初等教育の拡大政策である'一面一校制'政策と同時に構想され、実現された政策であった。朝鮮総督府は1928年6月、「臨時教育審議委員会」を発足して1930年代の主要な植民地教育政策を構想した。そこで、'一面一校制'、'教育実際化'、'簡易学校制'、'師範学校制''青年訓練所'等の議案が取り扱われた。第1号の議案であった'一面一校制'政策は、第2号議案であった'教育実際化'政策と不可分の関係にあった。当時の学務局長であった李軫鎬は委員会で提示された意見に'普通学校の卒業生の状況を思想的、社会的に見るに誠に深憂に堪へぬものあり。学校の普及は双手を挙げて賛成するところなるも、之等の教育の内容については、学校教育を受けたるが為めに却って身を誤らしむるが如き事なき様特段の工夫を要するものと考ふ'とのことがあったと報告した[2]。この委員会の答申に基いて1928年に発表された'一面一校制'計画には普通学校の拡大方針の提示に優先して教育の内容問題が先に規定されたが、その内容はつぎの通りである。

一、初等教育ノ根本要義ニ就テハ従来内地等ニ於ケルカ如キ読書
教育ノ弊ヲ排除シ朝鮮ノ実情ニ鑑ミテ国家社会人トシテ必要ナル資
質ヲ向上シ勤労好愛ノ精神ヲ振興セシメ興業治産ノ志向ヲ教養スル
ニ努ムルコト (3)。

　初等教育におけるいわゆる'読書教育'の弊を排除し、勤労好愛と興業治産
の精神を育てるために教育の内容を改革しなければならないという但書の下で
普通学校の拡大政策が導入されたのである。1931年、朝鮮総督に赴任した宇
垣一成のつぎのような訓示は普通学校の拡大政策と教育実際化政策の関連をよ
り鮮明に表わしている。

　　　　初等普通教育ノ普及ハ最も施政上ノ急務ニ属ス。然レドモ時代ノ
　　　要求ト民度ノ実際トニ適合セザル教育ハ、寧ロ却テ社会ニ流ス害毒
　　　甚シキモノアルガ故ニ、教育施設ニ付テハ常ニ戒慎シテ熟慮審究ヲ
　　　遂グルヲ要ス (4)。

　宇垣の訓示には初等教育の普及を阻止することができないけれども同時に、
無条件的教育普及が招来しうる予期していない社会問題は防止しなければなら
ないという植民地当局の政治的判断が示されている。
　それなら、所謂'読書教育'の弊端とは何であったか。この質問に対する答
えを圧縮的に現わすのが1928年当時の政務総監であった池上四郎の訓示であ
る。道視学会議で彼は'教育実際化'政策の背景をつぎのように表明した。

　　　　況ンナ近時一般ノ青年子弟ガ、従来学校教育ニ於ケル読書教育ノ
　　　弊ニ陥リテ徒ニ思想ノ修得ニ眩シ、深ク招来ヲ考ヘズシテ漫然高等
　　　ノ学窓ニ蝟集セントシ、尚且偸安ノ陋志ヲ以テ俸祿ヲ得ントスルニ
　　　汲汲トシ、念ヲ国家産業ノ発達ニ致シテ一生ノ福祉ヲ勤労ノ結果ニ
　　　待タントスルノ志向ニ乏シク、遂ニ就職ノ難ニ陥リテ招来ノ進路ニ
　　　迷ヒ、危激ナル言論ヲ弄シテ国民共栄ノ本旨ヲ毒セントスル者アル
　　　ノ時弊ヲ見ルニ至リマシテハ、此ノ公民教育主義・勤労教育主義ノ
　　　徹底ヲ図リマスコトハ啻ニ教育ノ本旨ヲ完ウスル所以タルバカリデ
　　　ナク、国民一般ノ教育ニ対スル思念ヲ正シウセントスル教育政策上

ノ見地カラ考ヘマシテモ将又、社会政策上ノ所見ニ鑑ミマシテモ頗
ル重要ノ事ト確信致シテ居ルノデアリマス(5)。

　池上が'読書教育'の弊端として言及するものは中等学校の入学難と就業難
そして'思想の修得'と'危激なる言論'の流布等であった。学校の入学難は
中等以上の教育機会を抑制する植民地の教育政策の必然的産物であり、就業難
は自生的近代資本主義の発展が歪曲され、農村経済の没落が加速化される植民
地的状況と無関係ではない。そのような植民地の社会的条件の下で朝鮮では
1920年代以後、社会主義運動、学生運動、勤労運動、農民運動等が漸次激化
していく。このような植民支配の危機状況に対する教育政策的対応が'教育実
際化'政策に帰結されたのである。
　'教育実際化'政策は教育課程の改革政策として現われた。1929年6月20日、
「朝鮮総督府訓令第26号」が発布された。その要旨は「初等教育の拡大は不可
能でも、それの因に俸給生活者を希望する者が多数輩出されるのは阻止するべ
き。これがために教育課程を改正しなければならい。あらゆる教科教育で職業
訓練を強化するべく、特に普通学校に「職業科」を必修科目に新設する。女子
にも職業科教育を実施する。普通学校における職業科教育の内容は徒に高尚に
陥らざるべく、抽象的概念と知識ではない実際生活で構成されるべく、修身教
育と密接して関連されるべく、いわゆる個人の個性と環境に適合するべく」(6)
のであった。これと共に「普通学校規定」が改正された。その内容は第8條
'普通学校教授上の留意事項'を改正し教科目に「職業科」を導入することで
あった。第8條は普通学校における労働訓練を強化して、いわゆる'児童の将
来生活に適当な教育を実施するべく'の方針の下に普通学校の教育を終結教育
化する内容に変化された。新しく強調されたこの要素は以後1938年の「小学
校規程」、1941年の「国民学校規程」でも同様に堅持された。

2. 普通学校の職業教育学

　'教育実際化'政策は教育の目的・内容・方法をめぐる特定な教育学的談論
によって正当化された。正当化に動員された教育学はドイツのケルシェンシュ
タイナーの教育学であった。
　20世紀初、ドイツのミュンヘンで活動した教育行政家であるとともに教育学
者でもあったケルシェンシュタイナーは、実業補習教育・労作教育・公民教育

に関する著作と教育改革活動を展開した。かれの教育学は日本を通して朝鮮に導入された。特に1910年代の初め、日本の資本主義が確立され実業教育の体制が整えられながら、ケルシェンシュタイナーの職業教育学は注目され始めた。以後実業教育の沈滞によって一時停滞したが、1920年代の中半以後、ファシズム教育体制が登場しながらかれの教育学は再次復活する。それが植民地朝鮮の教育に移植されたのである。日本におけるケルシェンシュタイナーの教育学は実業補習学校制、中等教育における手工教育の強化、「公民科」の導入等文部省の教育政策を正当化するために教育学的に活用された。しかし、同時に日本の教育学界の中ではかれの学説に対する批判的検討も成り立った。たとえば、「如何に作業の価値大なりとするも、この中心教科に障碍を及ぼすやうな教科案を立てることになっては、教育の改革運動というよりは寧ろ破壊運動と見なければなるまい[7]」という根本的批判さえ提起されたのである。

しかし、朝鮮では事情が大分ちがっていた。1930年代に朝鮮総督府の学務局長や学務課長、そして京城帝国大学の教育学教授等、植民地教育のイデオローグたちはいつもケルシェンシュタイナーを前面に掲げながら'教育実際化'政策を正当化した。批判的検討や挑戦は全然提起されなかったのである。かれの教育学は、いいかえれば'官製教育学'として植民地朝鮮の初等教育を支配する独占的地位を享受した。

それなら植民地当局が標榜するところ、ケルシェンシュタイナーの教育学とはどんな内容であったのか。まず、ケルシェンシュタイナーの教育学は職業教育と一般教育、または職業陶冶と一般陶冶を同一視する主張として宣伝された。'教育実際化'政策を主導した学務局長の武部欽一の解釈によれば、ケルシェンシュタイナーは職業教育の特殊な目的と内容を主張したのではなく、職業教育を通しての人間教育を主張したというのである[8]。教育の目的が理想的人間を育てるのであれば、その理想的人間とは有用な国民を意味し、有用な国民とは職業人であるという論理であった。職業教育が人間教育であるというのはいいかえれば、一般陶冶と職業陶冶の同一視である。当時の視学官の高橋濱吉も一般陶冶は合流しなければならないとの見解が主流だと主張した[9]。この見解の代表者としてケルシェンシュタイナーが標榜されるのは勿論であった。初等教育（または中等教育まで包含し）が一般陶冶の役割をし、その教育の基礎の上に特定の職業のための教育を実施するというのは近代の学校教育の最も普遍的な原理ということができる。けれども、朝鮮では植民地当局によってこ

の原理が意図的に否定された。これは朝鮮における普通学校教育または職業教育に制限しようとする意図から始められたものである。

次に、ケルシェンシュタイナーの教育学は、反知識教育論として解釈された。これは内容の面では学校の教育課程の生活化、即ち概念的・抽象的知識を追放し、生活上の有用な内容をこれに代置しなければならないとの主張に表われ、方法の面では読書と直観を労働に代置しなければならないとの主張に表われた。「多くの書物が、社会的精神を強調し、教育の在る所に之を説かれぬことがないのに、結果は書物を読むもの程社会から離れやうとし、孤独を好み、中には反社会的な心を持つものができるのは何と皮肉なことであろう。而しこれは何も不思議なことはない。ケルシェンシュタイナーがはっきり説明してくれている。即ち品性は書物を読んだり、講義を聴いたりして得られるものではない。寧ろ不断なる、そして同じ意味に於ける仕事に励むことによって得られるものであると。[10]」これが総督府の編修官が解釈したケルシェンシュタイナーの教育学であった。頭に手を、学問の労働を代置しなければならないという極端な主張であった。理論と概念と抽象を排除し、それに労働を代置するという主張はいいかえれば知識教育の全面的否定にすぎなかった。

次に、総督府はケルシェンシュタイナー教育学を労働生産性の向上のための単純な技術教育論ではない、いわゆる'公民教育論'と連結された。労働を通じての国家意識の指導、労働訓練を通じての公民教育がケルシェンシュタイナーの教育思想の要旨でありそれはいわゆる'一視同仁'に基づく植民地朝鮮の教育で最も重要なことというのであった[11]。それなら、労働訓練がどんな点で公民教育であるか。なぜそれが植民地教育で最も重要なことであるか。総督府編修官の鎌塚扶は従来の'読書教育'がつぎのような弊端を誘発したと主張した。

> その上最も困る点は人生観の違ふことである。既従来の学校卒業者は、多く高等教育まで受けたものが筋肉的労働に携けるといふことは一つの大いなる恥辱と感じているのである。その結果立てる農民たるよりも座せる紳士たらんことを希望する。これが高等遊民の程度に止つていればよいが、閑居して不善をなすに至つけは迷惑も亦甚だしい。実際ドイツの俚諺にある通り「怠慢なる頭脳は悪魔を造る工場である」。不善を目論むだけに止らず、中に懐く所のもの

は外に現はれて種種の実行運動になる。国家は莫大の補助を興へて良国民を教育しやうとしながら、得た所のものはかやうな非国民なのである⑿。

　朝鮮で実生活に適合しない'知識'を教えるによって、入学難、就業難、社会主義運動、労働・農民運動、学生運動の激化等の社会問題が招来されたと総督府は判断していた。結局、教育によって'怠慢なる頭脳をもつ悪魔'が造られるのを阻止するために'教育実際化'政策が導入されたのである。
　労働訓練はより積極的な理由によって公民教育になることができる。農業労働訓練は皇国臣民を養成する方法でもあった。当時のある普通学校校長のつぎのような陳述はそれを露骨に表わしている。

　　我が国は皇室を中心とする一大家族主義的国家である。近来動もすると学校は恰も知識を切り売する所の如く考へて子弟の情誼が薄らぎストライキの如き不祥事が勃発する所以のものは家族主義的校風が樹立されて居ないからである。学校は家、教師は親、児童は子、子弟の情誼が親子の如くこまやかになり、職員同志に、児童相互に兄弟姉妹の如き友愛の情が溢れ、敬信愛の精神が校内に満ち満ちて居なくては真の教育魂が出来て居ないと思ふ。家族的校風が作興はれて始めて国民全体の大親であらせられる。皇室を中心とする我が国風化した日本国民教育となるわけである。我が国は神代から農を以て国の大本となし、歴代天皇之を御奨励遊ばされた。恐れ多くも九重の雲深く宮城内にも沓があり。今上陛下御自ら御田植遊ばれたことは国民等しく感激措く能はざる所である。我が皇室即農家であらせられると拝察し奉ることが出来る。この意味から申しても農村学校に於て一大家族主義的校風が作興されて居れば我が国民教育の理想場裡であると信ずる。学校の周りに畓あり、田あり、鶏舎あり、豚舎あり、堆肥舎等があつて恰も一大農家の如き形体をなし、而して親子の情と敬信愛の精神の漲れる雰囲気に育てられる者は堅実にして忠良なる古訓となることが出来ると信ずる。余は叫ぶ「国民教育者よ須らく一大農家家族主義的校風を作興せよ」と⒀。

'教育実際化' 政策は普通学校を一種の集団農場にするのであった。その集団農場の中で家父長的な人間関係が再生産される。家父長的な人間関係は天皇制イデオロギーの要諦である '家族主義的国家観' の軸である。家庭で父母の命令にしたがって労働すると同じく、よりおおきな家庭なる学校で小天皇なる教師の命令にしたがって労働する過程を通じて究極的に最も大きな家庭なる国家で天皇の命令に従順する皇民が育てられるというのであった。結局、ケルシェンシュタイナーの教育学は天皇制イデオロギーの根幹なる家族主義的国家観を朝鮮人に内面化するための思想的的外皮に転落する。'公民' は '皇民' に '換骨奪胎' されたのである。

　ケルシェンシュタイナーの教育学は西欧の教育学が朝鮮に導入される過程で起きうる '植民地的' 変形を表わす最もあきらかな例である。政務総監の今井田清徳は1935年、道学務課長会議でつぎのように演説した。

　　　由来朝鮮ニ於ケル教育ハ、沿革的ニ、又経済的ニ頗ル困難ナル事情ガ存スルノデアリマスガ、其ノ反面ニ於テ将来ノ発展性ニ富ミ、而モ必ズシモ内地ノ因襲ニ因ハレズ、其ノ貴重ナル経験ニ省ミテ採長捕短教育ノ実効ヲ昂メ得ル有利ノ地位ニ在ルコトハ、教育者トシテ最モ努力ノ甲斐アル所デアリマシテ、此處ニ朝鮮教育ノ特異性ガアルト信ズルノデアリマス。即チ実際的官製教育トシテ顕著ナル実績ヲ挙ゲツツアル職業科ニ重点ヲ置ケル公立普通学校及同附設簡易学校ノ如キ、又営農ノ体験指導ヲ主眼トスル卒業生指導ノ如キ、或ハ農村中堅青年養成ヲ目的トセル改善セラレタル農業補習学校ノ如キ、農村振興運動ニ対スル協同ノ如キ、孰レモ誇ルベキ我ガ朝鮮教育ノ異彩デアリマシテ、半島ニ於テコソ学校ノ門標ガ既ニ里門ニ掲ゲラレテ居ルト申シテモ過言デナイト信ズルノデアリマス[14]。

　かれがいうところ、'朝鮮教育の異彩' とは日本では民間部門の教育的・社会的反対に直面して全面的に実現できなかった初等教育における '反知識教育'、'低級な労働訓練' を植民地朝鮮の教育には専横的に強制することができるという植民支配権力の得意満満な宣言である。同時に、それはケルシェンシュタイナーの教育学で代表される西欧の教育学が日本を通じて植民地に移植される過程で招来された植民地的変形と歪曲を立證する証拠でもある。

3. 普通学校における職業教育の実際

'教育実際化'政策によって、普通学校の教科に「職業科」が新しい必須科目として導入された。職業科はたとえ法令上の時数の比重は少ないけれども、1930年代の普通学校の教育課程の性格を集約する核心的教科であった。1931年当時の視学官の高橋濱吉は職業科教科の導入を「普通学校に対する総督府の総体的態度が変化されたの意味[15]」で理解せざるをえないと主張した。要するに、職業科を中心に全教科目を通して職業教育を強化するのであった。

職業科は従来の普通学校の教科である実業科(農業初歩と商業初歩)とはその性格がちがった。実業科は加設科目だが、職業科は必須であった。内容においてもおおきな差異があった。実業科は農業・工業・商業の生産活動に関する知識を独自的教科で構成したのに対し、職業科は農・工・商を統合したものであった。その統合の準拠は家業労働であった。たとえば、農民が穀食を栽培する(農業)のみならず、収穫物を市場に販売し(商業)、ときには農機具を修理したり、家畜舎を建築したり(工業)する。したがって、農業や工業や商業などが分離されるのはいけない。そのあらゆる家業労働は職業に統合せざるをえない。ところで、家業労働は地方によって異なる。たとえば、蚕業を主にする地方における職業内容は蚕業労働であり、綿業を主にする地方におけるそれは綿業労働である。その郷村社会でなされている職業活動をそのままに学校の教育課程に移植して再構成したのが職業科の内容であった。したがって、職業教科は普遍的教育内容と知識を取り扱った教科書が存在し得なかった。結局、職業科は共通課程を否定する教科であり、概念的知識を否定する教科であり、また教科書も否定する教科であった[16]。

職業科の教育内容は単位学校別に構成されたため、共通的な職業科の教育内容は確認しえないが、「朝鮮教育会」では『文教の朝鮮』等の雑誌を通じて職業科の編成指針を発表し、大部分の普通学校はそれを基準に職業教科を運営した。たとえば、1930年、京畿道教育会では職業科の教授要目を〈表-1〉、〈表-2〉のように提示した。

農業中心の教授要目によれば、実際の農業労働のほとんどの事項がそのままに包含されているのが分かる。播種から栽培を経て販売にいたるまで、そして稲作のみならず田作、果樹栽培、畜産、甚だしくは農家副業にいたるまで家業労働のほとんどの内容が列挙されている。工業中心の要目においては、簡易な家財道具の製作とか手工業的内容が実習を中心に構成され、工場見学が一部の

内容に包含されている点が特徴的である。商業中心の教授要目は珠算や簿記の場合、実習を中心に構成され、一部に見学中心の内容が提示されている。

〈表-1〉 六年制　普通学校職業科〈農業中心〉教授要目：1930

第四学年	第五学年	第六学年
よい種子：種子と作物,種子の発芽,種子の選び方,種子の蒔き方	播種：播種,種子の更新	農業用の機械：農業用の機械,農具の改良
整地：整地の仕方,整地の利盆	農具：農具の種類,農具の使ひ方,農具の手入と整頓	土壌：肥えた土壌,土壌の改良
土：作土と底土,土の出来方,土の種類	主な金肥：豆粕,荏油粕,硫酸アンモニア,過燐酸石灰 等	肥料：作物の成分,肥料の要素,肥料の配合と使ひ方,肥料の良否,肥料の買ひ方
肥料：肥料と作物	苗代：稲の品種,苗代の作り方と蒔き方,苗代の手入	整地：秋耕,深耕
手間肥：堆肥の作り方,堆肥の使い方,肥,肥溜,下肥の使ひ方,糞灰,ヘヤリーベッチ,草木灰,温突灰	田植：本畓の整地,基肥,苗の植え方	米の調整と販売：玄米調整,白米調整,米の良否,販売
	稲の手入：草取,稗拔,稲の用水	稲作の収支
	稲の病虫害：稲熱病,浮塵子,螟虫	綿：綿の作り方(心摘)
	稲刈：稲刈,収量,乾燥	蔬菜の貯蔵：蔬菜の貯蔵,蔬菜の販売
麦の作り方：麦の種類,麦の蒔き方,麦の手入,麦の黒穂拔	蔬菜：温床,甘薯の作り方と収穫,茄子の作り方,連作,輪作,間作,瓜の作り方,甘藍の作り方,葱の作り方	牛：牛の飼ひ方,牛の利用
		養蜂
大豆：大豆の粒選,大豆の作り方	蔬菜の害虫：蚜虫,黄條蚕虫,金亀子,駆除の方法	秋蚕の飼ひ方：飼ひ方,蚕病の種類,蚕病,蚕具の消毒
粟：粟の蒔き方,粟の作り方(間引)	果樹：果樹の作り方,空地の利用,剪定摘果,病虫害 等	気象：気象,気象と農業
蔬菜：大根の作り方,白菜の作り方,馬鈴薯の作り方	豚：豚の種類,豚の飼ひ方,豚の利用	莞草細工：蚕網,篝荦,網袋,上履
		セメント工作：肥料溜,堆肥舎 等
	桑：桑の植え方,桑の手入,接木	金融組合と契：銀行,金融組合,契
いちご：草苺の作り方	春蚕：桑の摘み方,植え筵,蚕,蚕具	農産物の販売：市,市長,販売方法の改善
草花：草花の作り方	造林：樹木の種類,苗木の植え方,手入	農家の共同：共同作業,農会,組合,契
鶏の飼ひ方：鶏の種類,鶏舎,鶏の飼ひ方,雛の育て方	森林の保護：松蛄蟖の駆除,山火事の予防,下草の保護	農事試験場：種苗場,原蚕種製造所,林業試験場
森林の効用	藁と萩の細工：筵,春草履,簇蚕箔,籠,箒,サムテキ	農業：農は国の本,我が村(面)の農業,我が国の農業
苗園：種子の蒔付,床替		農業に従事する者の務
藁細工：縄,叺,草鞋	農家の生活：農事の改良,生活の改善	商業大意：商業の必要,商業の種類,商業の現状,商業と農業
	よい農村：都会と農村,楽しき農村	工業大意：工業の必要,工業の種類,工業の現状,工業と農業
		職業：職業の意義,職業の種類(分類)と其の必要
		職業の選び方：適職と不適職,職業選択の必要,家の職業,職業選択上の注意
		わが職業：職業と修養,職業と趣味,職業と幸福

資料：京畿道教育会（1930）、「小学校・普通学校　職業科　教授細目編成草案」、『文教の朝鮮』昭和5年4月号

〈表-2〉六年制　普通学校　職業科〈工業中心〉〈商業中心〉教授要目：1930

〈工業中心〉

実習を主としたる教材

主題	四学年	五学年	六学年
紙・布片・革	紙,封筒,写真挿,帳簿表紙,筆立,筆入,状差	製紙工業,アルバム,紙鋏,裁縫箱,立体模型,家屋模型	皮革工業,製本,人名簿,帯革,巻莨入
セルロイド	セルロイド,絲巻,靴箆,パス入	三角定規,分度器,石鹸入,完具,盆	セルロイド工業,筆入,櫛,ヘーヤピン,貼付法,歯ブラシ
粘土・セメント	粘土,茶碗,皿盃,植木鉢,水盤	陶磁器業,花瓶,徳利,摺鉢	セメント工業,ブロック,土管
竹・杞柳	竹,箸,栞,完具,簾	鹿掻,籠,筆立,萩,籠	杞柳,果物籠,バスケット,鳥籠
木材	糸巻,完具,写真掛	木材,荷札,土瓶敷帽子掛,完具	木工業,鹿取,墨箱,俎板,花臺,理科器械
金属	鎖,火箸,金網,箸,灰物	金属,ピンセット,草取,移植縁,鹿取,漏斗,筆洗,金盥	金属工業,バケツ,洗濯機,水差,ペン皿,ホーク,写真入

見学を主としたる教材

燐寸工業,家具工業,練炭工業	陶磁器工業,造船工業,製紙工業,護謀工業,建築工業	油脂工業,器械制作業,電気工業,硝子業,印刷工業,機織工業

説明を主としたる教材(六学年)
工業大意：工業の必要,工業の組織,工業の種類,工業の現状,工業と他の産業,郷土に於ける工業　工業に従事する者の務
農業大意：農業の必要,農業の種類,農業の現状,農業と工業,家庭農業
商業大意：商業の必要,商業の種類,商業の現状,商業と工業

職業指導に関する教材(六学年)
職業：職業の意義,職業の種類(分類)と其の必要
職業の選び方：適職と不適職,職業選択の必要,家の職業,職業選択上の主義
わが職業：職業と修養,職業趣味,職業と幸福

<商業中心>

教授時間(320時間)	四学年	五学年	六学年	計
商業大意	60	80	40	180
簿記	—	—	40	40
珠算	20	40	30	90
職業指導	—	—	10	10

教材	四学年	五学年	六学年
商業大意及職業指導	文具見せ,本屋,米屋,魚屋,八百屋,市場,郵便局,薪墨商,呉服屋,大売出し,貯蓄銀行,百貨店	菓子屋,雑貨店,食料品店,小売と卸売,問屋と市場,店舗,広告,仕入と販売,運送店,代金支払,郵便と電信,郵便為替と振替貯金,商品,商工奨励館,貨幣と紙幣,銀行,金融組合,産業組合と稷	倉庫,鉄道,汽船,保険,貿易,会社,株券と債券,商業会議所,我が国の商業,商業に従事する者の務,農業大意,工業大意,職業,職業の選び方,わが職業
珠算	加法：総和,三位以内 減法：三位以内の数 乗法：乗数,基数	加法：総和,四位以内 減法：四位以内の数 乗法：乗数,二位以内 除法：法,基数	加法：総和,五位以内 減法：五位以内の数 乗法：乗数,三位以内 除法：法,二位以内

簿記（六学年）	簿記：簿記の意義,簿記の効用,簿記の種類 財産：資産,土地,假玉,什器,商品,現金,預金,売掛金,負債,借用金,買掛金 帳簿及記帳：帳簿の必要,帳簿の保存,記帳上の心得,帳簿及記帳法,現金出納帳,仕入帳,売上帳,日記帳,元帳 決算：試算表,棚卸帳,決算帳 記帳練習：取引記入例,記帳例題

자료：京畿道教育会(1935)、『小学校普通学校　職業科　教授細目編成草案』『文教の朝鮮』、昭和5年4月号

　当時、全国的に普通学校で農業中心、工業中心、商業中心職業科の教育が各々どのくらい行なわれたのかを把握しえる資料はまだ発掘することができない。しかし、'教育の地方化'というモットーの下に各普通学校が位置する地域の産業構成で最もおおきな比重を占めるものを職業科の内容に為すのが基本方針であった。したがって、都市地域にある一部の少数普通学校を除外して、大部分の学校において職業科は農業中心に構成されたろう。以下、農業中心の職業科の経営事例を具体的に明かしたい。

　職業科の運営に要る実習設備は、農村地域の場合、田畓・桑園・果樹園・苗木場・実習林等の実習地、温室・蚕室・鶏舎・畜舎・農具舎・堆肥合等の附帯施設、そして各種農具と家畜等であった[17]。これらの設備は単位学校で自力で具備しなければならなかった。実習地は大部分の場合、地主の協力によって小作地の形式で確保した。他の附帯設備は実習の一環として学生たちが教師と共に直接建築した。普通学校は一種の集団農場を彷彿させた。

　職業科は普通学校の教科課程でどのくらいの比重を占めていたか。「普通学校規程」に提示された職業科の毎週教授時数は6年制の場合、男子は4学年で2時間、5学年で3時間、6学年で3時間であり、女子は各1時間、4年制の場合、男子は3学年で3時間、4学年で3時間であり、女子は各1時間であった。（女子には家事及び裁縫が別に賦課された）公式の教科目の比重上、職業科は国語（日本語）、算術、朝鮮語、体操の時間よりは少ないが、国史、地理、理科よりは多かった。ところが、公式教科時数の外に実習時間を別に賦課することができたため、全体の時間で占める実質的比重はそれより多かった。たとえば、京畿道の素砂公立普通学校の職業科の教授時間は実習時間を含めて1年40週で4学年が111時間、5学年が234時間、6学年が73時間であった。3年間、総418時間で[18]、これは職業科の公式教授時数の総320時間を118時間も超過するもので、国語（日本語）、算術教科に次いで第三位の比重を占めていた。

　職業科が賦課されない低学年の児童にも実習を賦課する場合があった[19]。

公式の職業科の時間と実習時間の外に、課外に多くの時間が学生の農業労働に割愛された。日課の前または放課後に堆肥用の草刈り、家畜飼育、実習地の清掃、放学中の家畜飼育を当番制で賦課したり、実習によって生産された農作物を販売することまで学生に行わせた[20]。実習は職業科の時数とは別に、学校長の裁量によって実施することができたため、実際に、実習が過度に強制されることが多かった。学校の日課の中で学生にして実習生産物を市場に販売させることがその一例である[21]。このような非正常的手段まで動員された理由は、職業科の実習成果がおおくなればなる程、総督府からの指導学校に対する認定と支援を多く受けることができるためであった。

　職業科の教育内容は幼稚な水準の農業労働の訓練にすぎなかった。しかし、営農技術では家庭農業とおおきな差異はなくても、職業科の教育はいくつかの点では独特であった。家庭では農業労働が非組織的・個別的に行われているのに対して、学校における職業科教育と実習は経営組織を通じて組織的に行われたのである[22]。たとえば江原道原州公立普通学校の場合、学生たちを農業関連の諸活動によって3個の組織に編成して職業科を運営した。4学年以上の各学級に経営部という組織を設けて、学級の分担実習地を経営させた。経営部は事業係・経理係・販売係等で構成された。学級の学生皆が農業実習に動員され、経営部に所属された。部署の活動は明示的に定められた「規則」によって統制された。一般学生は部員になって各係に属し、係を統率する係員は学生の代表である分担経営部の部長の指揮を受ける。部長は担任教師の指導の下に業務を管掌する[23]。

　普通学校への職業科の導入とともに、'教育実際化'政策の一つとして実施されたのが'卒業生指導'政策であった。これは農村振興運動の一環で、いわゆる'中堅人物'を養成するための政策であり、普通学校の卒業生の中で貧農子弟を選抜して卒業の後に3年乃至5年間普通学校教師が農業を指導し、かれらを自作農にする制度であった[24]。この制度は初等教育の終結教育化または職業教育化を克明に表わす例である。普通学校の職業教育は単に4年或は6年間の教育で終わらなく、卒業の以後まで職業指導という形式を通して延長されるのであった。富田晶子の研究[25]によれば、卒業生指導は自小作農の子弟を対象にして、農業指導を通じて収穫量を増加させて示範効果を収め得る目的で実施された。1932年には、指導学校947校、指導学生9,215名であり、1935年には指導学校1,402校、指導学生12,736名であった。これは1932年の全体の普

通学校の50パーセント、1935年には62パーセントに達する規模であった。卒業生指導は単に農業生産性の向上だけを目的とするのではなかった。「官力だけでは沮止しえない民族解放運動の農村への浸透、特に農村の青年層を確保しようとする工作に対抗して青年層を体制側に引き入れようとする[26]」意図をもつものであった。それは職業科教育と同じくイデオロギー的性格をもっていた。

おわりに：普通学校における職業教育の植民地的特質

　1930年代前半の普通学校の教育課程政策の要諦は'教育実際化'というモットーにしたがう普通学校の職業教育化といってもよい。それは常時の植民地朝鮮の社会的条件と無関係ではない。

　それは、植民地支配という状況下で独特な方式で作用した朝鮮人の教育行為に対する植民地における支配集団の教育政策的対応であった。植民地地主制と産米増殖計画によって全層的没落を強要された朝鮮農民においては、農業を持続するものは没落を加速化するのに過ぎない。かれらが取った一種の'生存戦略'のひとつは学校教育を通しての脱農村、即ち教育を通しての社会移動の機会の捕捉であった。このような朝鮮人の教育行為は普通学校の就学競争と上級学校への入学競争に発現された。しかし植民地朝鮮では普通学校の卒業生が移動しえる近代的部門が充分に形成されていなかった。たとえ工業化が展開されるけれども、それがもつ植民地的特殊性によって広範な産業労働者の雇用機会が創出されなかったのである。そして植民地の'愚民化'教育政策によって中等以上の教育機会もたいへん少なかった。したがって、卒業後の就業競争と中等学校への入学競争は必然的に強化される。これらの問題は植民地統治体制全般の社会的危機を惹起する可能性をもっていた。1930年代の普通学校の職業教育化はこのような社会的条件の中で総督府が取った植民地的教育政策であった。即ち、'教育実際化'政策は前近代的農業労働の強化を通じて朝鮮農民とその子弟が近代的部門へ移動することを阻止し、かれらを農村部門に残存させることによって植民地地主制を温存しようとする性格をもっていた[27]のである。

　それなら、果して'教育実際化'政策は成功したのか。普通学校の職業教育によって朝鮮人の社会移動の欲求は冷却（cooling-out）されたのか。しかし事態は逆に展開されて見えた。1930年代に中等学校の入学競争はより一層激化されていった。たとえば、1930年に中等学校の朝鮮人支援者の合格率は

（実業学校及び実業補習学校を含めて）32.9パーセントであったが、1939年にはこれが21.4パーセントに低下した。[28] 即ち、朝鮮人の社会移動欲求は普通学校の職業教育を通じて全然冷却されていなかったのである。却って中等学校への入学競争の激化によって実際に普通学校の教育現場で総督府の政策とは別に、中等入学のための準備教育が一層強化されるという一種の'意図せざる結果'（unintended consequences）も招来された [29]。いくら抑圧的な植民権力でも朝鮮人の社会移動欲求や日常的教育行為の方向を根本に変えることはできなかったのである。

【注】

(1) Kelly, Gail P, & Philip G, Altbach（1978),"Introduction," in Altbach, Philip G, & Gail P, Kelly(edts,), Education and colonialism, New York and London：Longman. pp.1-49.
(2) 李軫鎬（1928)、『教育審議委員会の状況に就いて』、『文教の朝鮮』、昭和3年9月、p.52.
(3) 朝鮮総督府学務局（1928)、『朝鮮総督府ニ於ケル一般国民ノ教育普及振興ニ関スル第一次計画』、『日本植民地教育政策史料集成（朝鮮編)』、17巻、龍渓書舎、pp.44-45.
(4) 宇垣一成（1933)、『第14回中福院会議ニ於ケル総督訓示』（昭和8年7月18日)、朝鮮総督府官房文書課（1941)、前掲書、P.17.
(5) 池上四郎（1928)、『道視学会議に於ける政務総監訓示』（昭和3年3月15日)、朝鮮総督府官房文書課（1941)、前掲書、p.455.
(6) 山梨半造（1929)、『朝鮮総督府訓令第26号』、『朝鮮総督府官報』、第739号、昭和4年6月20日、pp.197-198.
(7) 佐藤熊治郎（1913)、『作業主義の教育』、p.81、（山崎高哉（1993)、『付論 我が国におけるケルシェンシュタイナー紹介と受容－明治末期から昭和初期を中心として』、『ケルシェンシュタイナー教育学の特質と意義』、東京：玉川大学出版部、p.534で再引用)
(8) 武部欽一（1930)、『勤労教育に就いて』、『文教の朝鮮』、昭和5年7月、p.7.
(9) 高橋濱吉（1931)、『初等学校に於ける職業科の要旨とその運用』、『文教の朝鮮』、昭和6年1月、p.18.
(10) 鎌塚扶（1931)、『現今教育の弊を紋し其の改善点に論及す』、『文教の朝鮮』、昭和6年9月、p.28.
(11) 副士末之助（1929)、前掲書、p.37.

(12) 鎌塚扶（1931）、前掲書、p.21.
(13) 文鳳效（1934）、『農村学校経営の実際』、『文教の朝鮮』、昭和9年10月号、p.102.
(14) 今井田清徳（1935）、『道学務課長及視学官会同に於ける政務総監訓示』（昭和10年10月26日）、朝鮮総督官房文書課（1941）、前掲書、p.468.
(15) 高橋濱吉（1931）、前掲書、p.23.
(16) 河野卓爾（1930）、『職業教育の考察より職業科の取扱に及ふ』、『文教の朝鮮』、昭和5年3月、pp.20-21.
(17) たとえば、京畿道素砂公立普通学校の境遇、実習地で田900坪、畓660坪、桑園330坪を小作地の形態でそして、農具舎、蚕室、堆肥舎、豚舎、鶏舎、温床などの建物などを備えていった。（京畿道素砂公立普通学校（1933）、『職業科実施経営案』、『文教の朝鮮』、昭和8年10月、p.158.）.
(18) 京畿道素砂公立普通学校（1933）、前掲書、pp.160-161.
(19) 文鳳效（1934）、前掲書、pp.101-117.；京畿道素砂公立普通学校（1933）、前掲書、p.158.；p.158.；江原道原州公立普通学校（1933）、「職業科実習指導状況」、『文教の朝鮮』、昭和8年10月、p.186.
(20) たとえば、原州公立普通学校では6月中旬から9月下旬まで1週に2回、水曜日と土曜日の放課の後に一人当一回に4貫から6貫まで草刈をさせた。（江原道原州公立普通学校（1933）、上掲書、p.181.）。そして、学校実習の外に家庭実習を賦課する境遇もあった。素砂公立普通学校ではいわゆる'一坪農業'という制度を運営して、家庭に一坪の農地を設けて耕作させた。（京畿道素砂公立普通学校（1933）、前掲書、p.159.）
(21) 『東亜日報』1931.7.15
(22) 善生永助（1932）、『義州普通学校の職業科教育』、『朝鮮』、昭和7年7月、p.118.
(23) 江原道原州公立普通学校（1933）、前掲書、pp.182-183.
(24) 八尋生男（1932）、『卒業生指導と農村振興策（一）』、『朝鮮地方行政』、昭和7年5月、p.24.
(25) 富田晶子（1988）、『農村振興運動下 中堅人物の養成―準戦時体制期を中心して―』、『日帝末期ファシズムと韓国社会』、ゾンア出版社、pp.199-240.
(26) 富田晶子（1988）、上掲書、p.204.
(27) 呉成哲（2000）、『植民地 初等教育の形成』、ソウル；教育科学社、参照.
(28) 朝鮮総督府学務局学務課（1937）、『学事参考資料』、『日本植民地教育政策史料集成（朝鮮篇）』、第6巻、龍渓書舎、；朝鮮総督府学務局学務課（1941）、『朝鮮ニ於ケル教育ノ概況』、朝鮮総督府、
(29) 呉成哲（2000）、前掲書.参照

実業的理科・作業理科の二重性

——朝鮮総督府『初等理科書』『初等理科』と文部省『初等科理科』の教材観——

永田　英治＊

はじめに

　1941年の日本の「国民学校令」下の文部省『初等科理科』(1942、43年) は、「調べてみよう」「やってみよう」と呼びかける課題を多く取り上げた「作業理科」の教科書として知られている。また、飼育・栽培教材や科学の生活・生産への応用を取り上げた実業的な題材を多く取り上げた教科書としても知られている。

　筆者らは、その教材編成・課題の取り上げ方が、朝鮮総督府の『初等理科 (書)』をたたき台にしてできあがったものであることを明らかにしてきた。

　また、1943年の「朝鮮教育令」改定による「国民学校」の発足によって、朝鮮の『〔横書き〕初等理科』(1943、44年) は、4年生の教材を別にして、文部省の『初等科理科』とかなりの部分で同じような教材が採用された。それらの教材は、第二次大戦後の両国で引き継がれ続け、現在の「理科」「自然」教科の基礎を築いていることを明らかにしてきた。

　つまり、1932年に始まる「幻の『尋常小学理科書』大改定」を追跡したつぎの研究や、

　　1．長谷川純三「民間運動に屈した尋常小学理科書」『理科教室』No.108
　　　〜112、1967.7〜12

　　2．板倉聖宣「『小学理科書』の全面改定作業の顛末」(板倉聖宣・永田英治編著『理科教育史資料〈第1巻科学教育論・教育課程〉』東京法令出版、1986.12)　1.をもとに資料収集した研究。

朝鮮総督府の教材観が国民学校の教材に受け継がれ、さらに第二次大戦後の日韓両国での理科・自然教育にも影響を与えたことを明らかにしたつぎの研究がある。

　　3．永田英治「朝鮮総督府の『初等理科 (書)』と文部省編纂『初等科理

＊　宮城教育大学

科』――理科教科書の〈授業における機能〉の変遷3)――」(永田『(平成2、3年度文部省科学研究費・一般研究C報告書)〈理科教科書の授業における機能〉の変遷』1993.3)

４．永田英治・宋玟娛「일제시대（日帝時代）의 조선총독부（朝鮮總督府）편찬 이과교과서」（理科教科書）『한국과학교육학회지』〔「日帝時代の朝鮮総督府編纂理科教科書」『韓国科学教育学会雑』〕13-3、1993.12）6.のハングル訳。

５．宋玟娛・永田英治「조선총독부편찬『初等理科書』(1931-) 의 편집형식과 교재의 선택이념을 계승한 문부성편찬『初等科理科』(1942-)」『한국초등과학교육학회지』」〔朝鮮総督府編『初等理科書』1931〜の編纂形式と教材の選択理念を継承した文部省編『初等科理科』1942〜」（『韓国初等科学教育学会誌』〕12-2、1993.12）3.のハングル訳、表記、記述法に多少の斟酌がある。

６．永田英治・宋玟娛「朝鮮総督府下の理科教科書―〈理科教科書の授業における機能〉の変遷」（『理科の教育』No.503、1994.6）学部、朝鮮総督府初期の教科書の収集は、宋玟娛による所が大きい。

７．永田英治「国民学校期、生活単元学習期の教科書と理科教材」（永田『日本理科教材史―理科教材の誕生・普及・消滅・復活、その研究の方法と基礎的ないくつかの教材についての教材史研究の成果―』東京法令出版、1994.12) 3.を含めて、朝鮮総督府の教材、理念が国民学校、戦後の日本に受け継がれたことを論じた研究。

８．永田英治・宋玟娛「文部省編『初等科理科』（1942、43）の編集作業と朝鮮総督府編『初等理科書』（1931〜33）（『日本理科教育学会研究紀要』36-3、1996.3）3.を縮小、一部訂正（初投稿は1993年）。

９．宋玟娛「第二次大戦後の自然科・理科教育の源流にみる韓日比較教育―韓国科学教育史研究の視点の確立をめざして―」（『人文学報』No.270、1996.3) 宋玟娛・永田英治「朝鮮総督府編纂の理科教科書と韓国の理科教科書の変遷」（第44回日本理科教育学会全国大会、於宮城教育大学）などを発展させた研究。

10．宋玟娛『韓国理科教育の成立と展開』1997年東京都立大学人文科学研究科提出博士請求論文 4.5.6.9.を含めて、韓国の科学教育史全般に及んだ研究。

ところが、近年の日本においては、理科教材の「生活」化、「総合」化、「活動する理科」が叫ばれて、国民学校時代の教材のとらえ方が、結果として復活している。「自ら調べる」学習とか、「活動して工夫する」授業が広がり、「指導でなく支援を」という標語が広がる中で、国民学校の作業理科への回帰が唱えられることすらある。

 そのような教育の現状にあって、本稿は、国民学校の作業理科の教材観が、現在の日本の理科教育、総合学習の基礎となっていると同時に、現在の理科教育が抱えている困難の出発点でもあることを明らかにしようとするものである。

1. 国民学校の「卵の殻の潜水艦」教材をめぐって

 国民学校の作業理科は、〈軍事教材を含むなどの問題はあったが、児童・生徒が興味をもって取り組む作業課題〉を設けたり、〈理科工作・もの作り〉教材を多く取り上げた試みだったとされることが少なくない。

 板倉聖宣は、旧制の『尋常小学理科書』による小学校教育を受けていたが、『初等科理科』で学ぶ弟の「卵の殻で潜水艦の模型を作る授業」を羨ましく思った思い出を、「私の受けた理科教育」（板倉聖宣・長谷川純三編著『理科教育史資料〈第3巻－理科教授法・実践史〉』東京法令出版、1986年、638、639頁）に書き起こしている。職人である父のように、「有用な物を作るのに役立つ知識」を重んずるところがあったというから、「おしべやめしべの数を数えたり、その写生などさせられた」旧制の理科の授業と対比して印象づけられたのもうなずける。

 ところが、永田は、「卵の殻の潜水艦は浮かび上がるように作成するのが困難で、それを使って浮力を学習するのは難しい」という疑問をもっていた。そこで、坂本忠芳の「自主編成の課題と思想」（『（子どもと教育別冊）授業の計画と実践』1976年）に記された、〈卵の潜水艦がなかなか作成できなかった〉思い出を、板倉聖宣・永田英治他編著の『理科教育資料〈第5巻－物理・化学教材史〉』（東京法令出版、1987年）の資料に採用した。

 この卵の殻の潜水艦は、「カーテシアン・ダイバー（デカルトの潜水夫）」とか「浮沈子」と呼ばれた実験具（R.Descartesが17世紀に考案したとされる）を変形したものだといってよいだろう。浮沈子は、ひょうたん形に細工したガラス管などに、空気を残して水を入れ、水を満たしたガラスびんの水中に静止するように管の水量を調整する。そして、びんの上部をゴム膜でおおい、膜を押

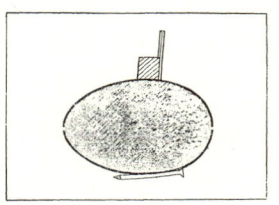

植民地朝鮮の教育と教育内容　101

○卵ノ横ニ小サナアナヲ二ツアケテ, ナカミヲ出スコト。

○卵ノカラノ中ニ水ヲ入レ, 潜望鏡ノ先ガ水ノ上ニ出ルヤウニカゲンシテ, アナハフサガナイデオク。

○水ノ温度ガ變ルト, 潜水艦ノ浮キ方ガドンナニ變ルカ。ソノワケハ, 次ノ問題ヲ研究シテ考ヘヨウ。

2　ビンガ浮イタリ沈ンダリスルヤウニシテミヨウ。

○ビンニ, 次ノ圖ノヤウニ, ガラス管ヲツケル。

図１．卵の殻の潜水艦：朝鮮総督府『〔横書き〕初等理科（第六学年）』1944年、56、57頁（文部省『初等科理科三』1943年、23、24頁と同じ）．

すとびんの中の圧力が増すようにする。圧力の変化で浮沈子が沈んだり浮いたりする。ガラス管を細工するかわりに、弁当用の醤油さしなどを使って、現在でも、もの作りの授業に取り上げられることが多い。

「潜水艦」教材（「3.海と船［2］潜水艦」－文部省『初等科理科（三）』児童書1943年20-26頁、教師用書1943年、41-50頁．「第五船［1］潜水艦」－朝鮮総督府『〔横書き〕初等理科（六年）』児童書1944年、53-59頁．六学年教材、展開ともに同じ）は、4時間が配当されて、大要つぎのような展開とされている。

①卵の殻が浮く様子、沈めた手応え、沈めた卵の殻を離すとどんなになるか観察。

②殻に砂を少しづつ入れて、重さの違いと浮き沈みとをくらべ、浮力と体積とを工夫して計る。大小の卵の殻の違いから、浮力と体積との関係を調べる。

③キビガラとマッチ棒とで司令塔と潜望鏡を作り、パラフィンで取り付けさせる。

④「軍艦の排水トン数」の意味。
　⑤浮き沈みする卵の殻の潜水艦作りを誘う「研究」。〔③を使うのだろう〕
　⑥ビンで作る不沈子を作らせ、それを使ってこれまでの実験をくりかえす。
　⑦⑥の浮沈子を温度計に変える工夫をして作らせる。

　卵の殻（の潜水艦）の浮き沈みで、〈浮力の大きさが水をおしのける体積で決まる〉ことを学習させるために、達成すべき学習項目が多くなっている。また、〈空気の体積の温度による変化〉を利用したついでに、温度計作りまで含めてしまっている。
　⑤の「研究」の潜水艦作り（図1－総督府のものの57頁を採用）は、中身を吸い取った卵の殻の頂点と底とに小さな孔を2つあけ、釘の重りをパラフィンで取りつける。孔はふさがずに、潜望鏡の先が水から出て静止するようにかげんしておく。そこで、お湯を入れると、殻の中の空気が膨張して中の水を追い出して浮くという。
　しかし、〈潜水艦が水の少しの温度差で浮くようになる〉重りの最適値がなかなか見つけられない。また、熱湯を注いで熱くして浮かせようとすると、釘を固定しているパラフィンが融けてしまう。坂本の思い出には、そのことによる苦心が綴られていた。
　じつは、『初等科理科』の教師用書の48頁には、「もっと高い温度にしたい時は、封　のやうなものを使ふ」とよいとし、「浮き沈みする理由は、これ〔卵の殻の潜水艦〕ではわかりにくい」ので、びんで作る不沈子で実験をくりかえす（⑥）とある。潜水艦作りと浮力の学習とを連動させることは、当初から困難視されていたのである。「時局」に沿って膨れ上がってしまった教材だといわざるをえない。
　〈教科書に例示された浮き沈みする潜水艦⑤の不都合を工夫して改良する〉課題だけに、時間の制約なしに取り組めたら、子どもは夢中になるかもしれない。板倉が羨ましく思ったのは弟が、卵の殻の潜水艦を〈家に持ち帰って取り組んでいる〉のを見たからだろう。
　三石初雄は、「国民学校理数科における〈総合カリキュラム〉原理の実証的研究」（平成8、9年度文部省科学研究補助金報告書、1998年）の「はじめに」で、卵の殻の潜水艦に触れてつぎのようにいう。「うまく作れないことがあるというが、多くの子どもたちは工作を楽しみ……なぜ卵潜水艦は浮き沈みするのかに、

興味をそそられたのではないだろうか」と。『理科教育史資料』によったのだろうが、その教材に対する思い出が記された状況の検討がないまま、「総合」としての「塩野直道の理数思想」の例にあげると、国民学校の教育への回帰を唱えているかのような印象を与える。

板倉は、「私にとって科学教育とは」(『理科教室』・536、1999年、36頁) で、再び、弟が「持って帰った」卵の潜水艦を羨ましく思った思い出を語り、「もの作り教材」を論じた。それは、学習事項と切り離して論じられているのだが、上述のようにそう読まない人もいて、誤解を与えかねない。軍事的な題材である以上に、「もの作り」を浮力学習の中心にして煩雑な展開にしてしまったことが、その後の理科教材に深刻な影響を与える。それは、時局にかなった教材の多くに共通していて、その後、第二次大戦後の理科教育に批判的な人々によって、「教材の整理」「教材の系統化」が叫ばれる原因の一つになるのである。

2. 実業教育を視野に入れて理科教育研究を進めた朝鮮総督府の教材

〈朝鮮総督府の『初等理科書』は、文部省の『初等科理科』の先駆としてもっとも参考にされただろう〉という見方は、筆者ら以前の理科教育史研究者の間でも、ほぼ間違いないだろうとされてきた。それに結論を出すことができなかったのは、「学習・作業課題を全面に出した『初等理科書』が1931年になって突然生まれた」という認識があって、「その『初等理科書』の先駆となった理科学習帳類がほかにあったに違いない」という仮説が存在しえたからである。

『初等理科書』発行の前、1922年から発行された朝鮮総督府の『普通学校理科書』は、4学年用の植物教材にわずかの変更を加えて、他の学年は文部省の『尋常小学理科書』とほとんど同じ教材にされていたからなおさらである。

しかし、朝鮮総督府が、理科の独自な教材編成に着手したのは、1913年の『普通学校理科書』からである (「はじめに」の6.の文献など)。その教科書では、各課末の多くに、実験観察事項や学習内容の要点などを問う「練習問題」が加えられて、「理科学習帳」としての機能も有するように作られていた。その意味で、日本内地の「理科学習帳」の自主編纂に先駆けた試みだったといってよい。

教材項目では、「人参と煙草」や「草綿」、「大麻と楮」のように、1908年から使用された文部省の『尋常小学理科書』には取り上げられていない課が置かれている。また、『尋常小学理科書』で五学年に55課、六学年に53課置かれたのに対して、同『普通学校理科書』では五学年に40課、六学年に38課と少な

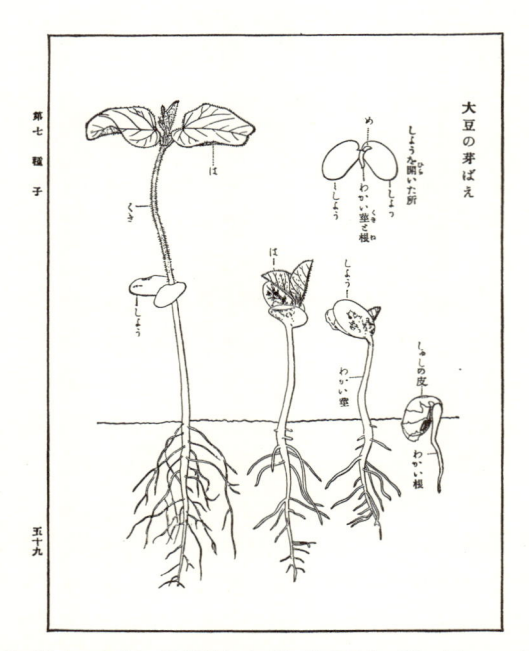

図2．「大豆の芽ばえ」の図版：朝鮮総督府『初等理科書（巻一）』1931年、58頁．

い。ところが、『尋常小学理科書』の「蠶の発生／蠶」の2課が、『普通学校理科書』の「桑／蠶／養蠶」の3課に対応していたりして、所々に実業的な教材を重視した跡が見られる。（当時、朝鮮総督府学務局編集課長であった小田省吾は、1917年の『朝鮮総督府編纂教科書概要』に、〈普通学校理科書の教材編成の方針〉を記した。「朝鮮に適切なるものを選択し、若干農業に関するものを加ふ」などとある。本稿、「はじめに」の文献各種を参照。）

さらに、『普通学校理科書（巻二）』の巻末には、「洗濯と漂白／染色／救急法／病気と薬用」と題する「付録」が付けられている。実生活や実業に役立つ教材は、学習事項が多岐にわたり、それらの基礎となる科学の系統が不明なことが多い。だからこそ、それらの要点を再確認させる「問題」の必要を強く感じたに違いない。

1921年には、この『普通学校理科書』に大幅な改訂が加えられた。1918年から文部省の『尋常小学理科書』が改訂されていたので、それに対応したとも考えられるが、その比ではない。農業教材のかなりのものが削除されたが、植物

学的な教材や物理的な教材が加えられている。それは、各地の学校で「農業科」の加設が定着するようになったからだ（朝鮮総督府の『普通学校農業書』の発行は1914年から）とも考えられるが、それだけにとどまらない。

その典型例が、同書最初の課に置かれた「種子の発芽」に見られる。旧版の巻一の第3課の「種子と苗」は、（豆）もやし作りに取り組ませて発芽について学ぶ。1908年の文部省『尋常小学理科書（第六学年）』の第2課の「たねの発芽」では、インゲン豆の「種々に発芽した」ものを観察させて、発芽には「暖かなること／水」が要件だとまとめさせる。それが、1919年の第2期改訂の文部省『尋常小学理科書』で、地方によっては入手しにくいインゲン豆が大豆に変えられた。その大豆に変えられた教材が、もっとも最初の課に配置されたのである。

ところが、その1921年の『普通学校理科書』に付けられた「練習問題」は、『尋常小学理科書』の学習事項とは違っている。「大豆の種子はどうなっていますか／大豆の種子の発芽する有り様をお話しなさい／種子が発芽するには、どんなことが必要ですか／種子が発芽するときには、どこから養分をとりますか」とされて、種々に発芽したものの形態観察にとどまらないものとなっている。

この課題（練習問題）は、1931年の朝鮮総督府の『初等理科書（一）』の第7課の「種子」で、さらに発展させられた。

「種子の皮は芽生えではどんなになってはいっているか／芽ばえの子葉は種子の時にはどんなにはいっているか／芽ばえの茎・芽・根は種子のどこがのびたものか」などといった観察の視点を与える6つの問題に増やされた。そして、芽ばえの図も、〈発芽したて・本葉が出始めたところ〉の『尋常小学理科書』と同じ2図に加えて、〈子葉を開いて見たところ、発芽したてから本葉が開くまでと順を追った〉計5図（『尋常小学理科書』の最初の改訂では子葉を開いた図を加えて計3図）にされている（図2参照）。

『初等理科書』の教師用書に記されたように、発芽の教材は、植物の入門教材とされて、〈タネと植物の繁殖〉を短期に継続的に追跡できるものへとされたのである。

大森平生（1917年生まれ）は、1936年に京城師範学校を卒業して、朝鮮各地の「国民学校」に勤め、第二次大戦後は東京都内の小学校に勤めて、科学教育研究協議会の中で研究を精力的に進めた。その大森は、1958年に「試験管でする発芽実験」を『理科教室』創刊号に発表して注目された。じつは、その実験

そのものは、中等学校株式会社『生物Ⅰ（中学校用）』（1943年）にもあったのだが、発芽の観察を入門的教材とする発想は、朝鮮での教育実践を通して得たものだろう。

　大森の発表がきっかけとなって、高橋金三郎ら多くの人が、発芽の実験教材を検討発展させている。（『普通学校理科書』『初等理科書』を含む〈日本における発芽教材の研究史〉は、永田「アブラナ、アサガオと〈花と実〉、発芽教材」『日本理科教材史』東京法令出版1994年に詳しい。）実業を重視する教材の再検討を通して最初に置かれた発芽教材は、編纂者の意図はどうであったにしても、〈植物学の初歩を子どもの興味に合わせて教材化する〉試みだったのである。

3.「科学の基礎」と対立させられた「子供の学習題目」、「総合的」教材

　1933年、文部省図書局は、『尋常小学理科書』の大改訂作業に着手したが、35年、36年には、理科の実践で指導的な位置にあった人たちの意見を徴集した。当時奈良女子高等師範学校教授兼訓導であった神戸伊三郎（1884〜1964）は、アメリカの中等学校を中心にして興った「ジェネラルサイエンス」を、これからの理科教育のあるべき姿として模索していた。その神戸の提言は、文部省図書局に多大の影響を与えた。『尋常小学理科書』の大改訂は、国民学校の発足によって実現しなかったが、その作業は国民学校用の『初等科理科』に受け継がれることになる（本稿「はじめに」の文献各種参照）。

　「小学理科書内容改善に関する意見報告方の件」への神戸の回答草稿（1935年）は、板倉・永田編著『理科教育史資料〈第1巻科学教育論・教育課程〉』（1986年）に載録されている。その教材編成に関する15項目の回答は、大要つぎの提言で始められている〔用語は原文に従う〕。

　　①生物は形態観察中心でなく生態観察を増やすこと。
　　②生物の形態、習性、発育、人生関係などを個別にではなく連絡的に扱うこと。
　　③振り子、摩擦、慣性などは、ぶらんこ、氷すべりといった児童の学習題目に近づけること。〔朝鮮総督府『初等理科書』の課題目が取られた。〕
　　④『尋常小学理科書』には学習問題がないが、適当な問題を挿入せよ。

　ほかに、〈学術的用語を減らす／発明発見の記事を加える／国定理科書は植物

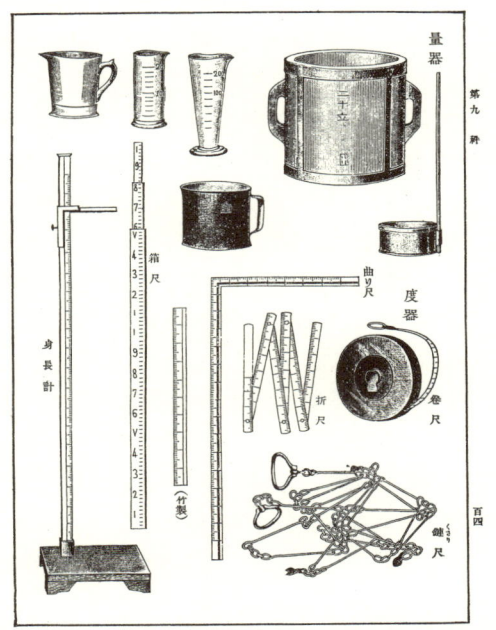

図3．重さの学習に入り込んだ量器・度器：朝鮮総督府『初等理科書（巻二）』1932年、58頁．

教材が多すぎる〉などといったものもある。

　この神戸の提言は、1935年の「理科書改編の問題と理科課程の内容研究」（『学習研究』15-5）で展開された。そこでは、1934年に神戸が発表した「台湾朝鮮の理科書を通して理科教育の動向を見る」（『学習研究』13-5）が引用され、ことに朝鮮総督府のものが〈初等教育で一般理科が具体化されている〉として、その教材編成の特徴を整理している。上の神戸の回答草稿は、同論文の要点項目に相当している。

　『初等理科書（巻一）』の「ぶらんこ」教材（82-87頁）は、生活の中に「児童の学習題目」を求めた典型として、その後の理科教育研究者にも知られることになった。板倉聖宣の『日本理科教育史（付・年表）』（第一法規1968年）でも、329-330頁に全文の2／3が引用されて、同書の特徴が解説されている。

　「ぶらんこ」教材は、ぶらんこ遊びを誘う短い文のあとに、「ぶらんこの一回振る時間はいつも同じか／自分ひとりで乗ったときと、友だちと一しょに乗っ

たときとは、一回振る時間にかわりはないか」とする問題を投げかける。その上で、振り子の実験に取り組ませ、振り子時計の仕組みとその調整法とテンプに触れて終わる。

〈児童の生活に問題を見つけ、その科学を取り上げる〉という新しい教材の提案となったが、〈柱時計のネジを巻いたり振り子の長さを調整する〉手伝いを誘う教材にもなっている。

神戸は、こうした新しい教材と対比して、『尋常小学理科書』の教材を、「科学に偏りすぎている」と批判した（神戸伊三郎『日本理科教育発達史』啓文社1938年でさらに力説された）。つまり、〈児童の学習題材〉と〈科学の基礎的な題材〉とを対立するものとしてとらえたのである。その見方では、ぶらんこに始まり、〈振り子を始めとして、物には固有な振動数がある〉と展開する学習の可能性は追求されないことになる。

同じことは、『初等理科書（巻二）』の「秤」（117-126頁）にも見られる。それは、1922年から使用された『尋常小学理科書』の「物の重さ／重力／梃子／秤」の4つの課に相当して、〈秤／てこ／重力と重心〉を取り上げる3つの節で構成されている。

最初の節は、物の重さを測る色々な秤を知らせ、竿ばかりを実際に使う作業課題が置かれて、「度器や量器にはどんなものがあるかしらべておかう」という課題で終わる。その図には、5種の重さをはかる秤と證印・検定證印が1頁に掲載されているほか、6種の量器と7種の度器がほかの1頁に掲載されている（1937年の『初等理科（巻二）』では、量器・度器は削除された）。（図3）

『尋常小学理科書』の「物の重さ」は、「物はどれでも重さがある」ことを、「石を手の上に載せて支ふれば、手は押されて重さを感ず」ということから、物はすべて重力によって引かれるという理詰めで結論づけて、物の軽重に進む（教師用書）。そこで、神戸伊三郎は、『（指導詳案教材精説）理科学習各論（尋四）』（1926年）で、「無味乾燥な」「物の重さ」はあっさりとかたづけ、色々な物の浮き沈みや秤の使い方を扱った方が良いとした。さらに『日本理科教育発達史』では、「物の重さ」の課は、「物理の通論」に偏りすぎた教材だとした。当時の理科の実践家の多くも、同じ考えを表明していた。『初等理科書』は、〈秤の色々〉を取り上げて、そのような世論を徹底したことになる。

「物の重さ」を『尋常小学理科書』のように扱うのなら、たしかに物の浮き沈みを調べたり、秤を使ってみる学習の方が、児童の関心をひく。しかし、「重さ

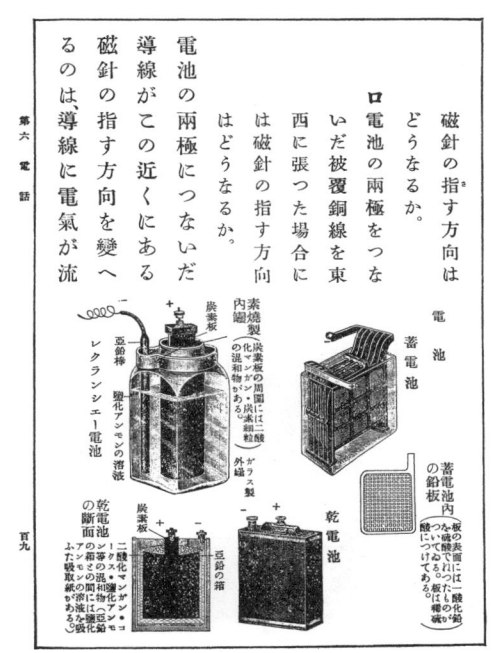

図4．「電話」で取り上げられた電池：朝鮮総督府『初等理科書（巻三）』1933年、109頁．

がない」と思う空気にも重さがあることを確かめたり、〈砂糖と水との重さが砂糖水になっても減らない〉といった、子どもの予想に反する問題を中心にして、「物の重さ」を扱うこともできる。しかし、その後の日本の理科教科書はそうしなかったのである。（永田「初等教育における〈重さ〉の教材研究史から学ぶもの」『理科教室』No.393、1988年、『日本理科教材史』に編集載録を参照。）

　神戸が、「科学の基礎」と「児童の学習」とを対立させてとらえた背後には、当時の理科教育界での動向もあった。つまり、国定理科書の編纂は、帝国大学を中心とする自然科学の専門家、大家があたり、師範学校の附属学校や有名私立学校で取り組まれていた新しい試みは一切受け入れられなかった。国民学校の『初等理科』の出現によって、第二次大戦後の日本の理科教育界は、その立場が逆転することになったが、対立した教材観と人脈の対立とはそのまま引き継がれてしまった。

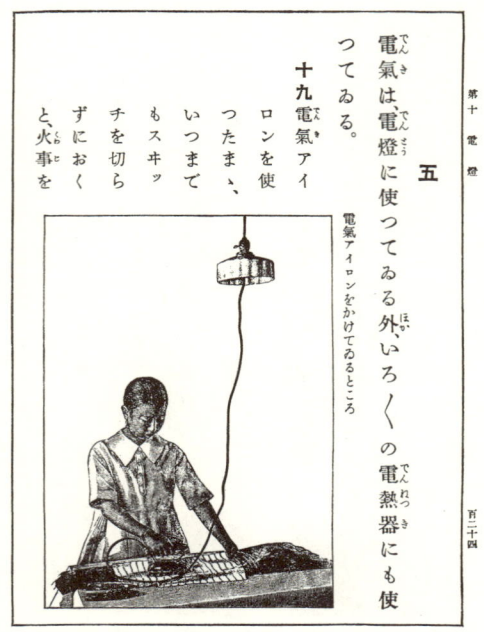

図5．アイロンがけ：朝鮮総督府『初等理科（巻三）』1938年、124頁.

4.「電話」教材から「電燈／電話」教材への変化

　朝鮮総督府『初等理科書（巻三）』（1933年）の「電話」教材は、生活の中に普及し始めた新しい電化製品・素材を教材化する仕方として注目に値する。いつの時代でも、科学技術の成果である新製品や新素材は、子どもの関心をひく。

　それを強調するのも、第二次大戦後の日本の理科教科書では、豆電球、電鈴、モーターといった戦前から受け継がれ続けた製品・素材の教材に終始していたからである。光電池（太陽電池）が、日本の小学校教科書にごく普通に登場するようになったのは、1989年に発表された『小学校学習指導要領』以後とかなり遅かったのである。

　『初等理科書』の「電話」は、児童用書で30頁（105-134頁）に及び、「生活の改善」と題する巻末の教材（5頁分）につなげられている。それは、3節構成で、19の作業的な課題が置かれている。永田による要約見出しで内容を列記するとつぎのようになる。［用語は原文に従う］

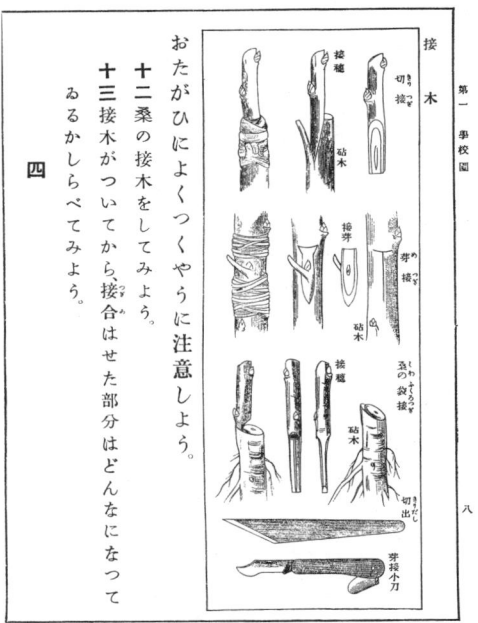

図6．接ぎ木法のいろいろ：朝鮮総督府『初等理科書（巻二）』1932年、8頁．

1．（1）電話のかけかた、料金／電話機の構造〔観察中心〕／電池〔3種（図4）〕－電流が作る磁場／回路と導体・不導体、電圧計〔作業・実験中心〕．
　　（2）雷・放電・避雷針．
　　（3）コイルと電磁石〔作業・実験中心〕．
　　（4）電鈴〔観察〕／電信機／電信符号．
2．（1）電流計〔作業中心〕／針金の太さと抵抗／〈炭素粒を入れた試験管に炭素棒を押し込んだもの〉の押し込む強さによる電流の変化を測定〔電話器のモデル実験〕／電流の発熱と電気器具／電球・ソケット・コード〔観察中心〕／電力計／フューズ／直流と交流・変圧器・変流器・電車．
　　（2）発電所／配電／発電機の構造．
3．電気と文明の進歩－ラジオ放送．

観察、作業、実験と付記した項目には課題が含まれているが、それがない項目は、読み物中心となっている。

その要約見出しを見ると、電気や回路の基礎を学ぶというよりも、電気機械・器具に親しむ実業的な教材だといえる。同時に、電気機械の仕組みや使い方を知って、「電気と文明の進歩」に思いを馳せる〈読み物〉教材にもなっていることが分かる。

1924年の文部省『尋常小学理科書（第六学年）』の電磁気教材は、「じしゃく／電気／電流／電燈／電信機・でんれい／電話機」の6課が並べて置かれているが、それらを連絡する配慮は見られない。「電燈」は、1919年の第2期国定理科書で加えられ、「電話機」は、1924年の上記理科書で加えられた教材である。朝鮮総督府の『初等理科書』の電話のモデル実験は、その「電話機」の実験と同じもの（文部省のものにあっては、試験管よりも大きな円柱ガラス容器を使う）である。

普及し始めた新しい電気製品の構造などを調べながら電磁気を学ぶ教材は、朝鮮総督府の教材に限らず、第二次大戦前の日本の理科教育界に広がっていたことが分かる。

1938年の朝鮮総督府の『初等理科』では「電燈／電話」という2つの課に分けられた。全体のページ数は30頁強と変わらず、取り上げられた教材の各小項目も似ている。しかし、電燈が独立させられて、そのしくみを調べる課題が11も置かれた。〈電話のモデル実験〉が削除され、色々な電池（図4）に変えて〈懐中電灯調べ〉が加わっている。また、〈電流の発熱と電気器具〉には、〈アイロンを使用する時の注意〉が加わり（図5）、児童が直接触れる電気器具についての学習項目が増やされている。（ただし、課末の1頁に「電送写真の原理」の図入り解説が付加。）

それらの変化は、児童の生活により密着するものに変わって、「電気と文明の進歩」を知る読み物としては後退しているものといわなければならない。

5. 実業を重視して煩雑になった〈接ぎ木〉、昆虫教材

挿し木や接ぎ木を取り上げるのも、〈花は生殖器官で、そのタネで植物が繁殖する〉ことを学んでいる子どもにとっては、新鮮な驚きとなる。人類が、〈植物の増殖〉を調べ活用してきた技術の一端に触れることにもなる。

『初等理科書（巻二）』（1932年）の第1課「学校園」は、学校園の手入れを呼

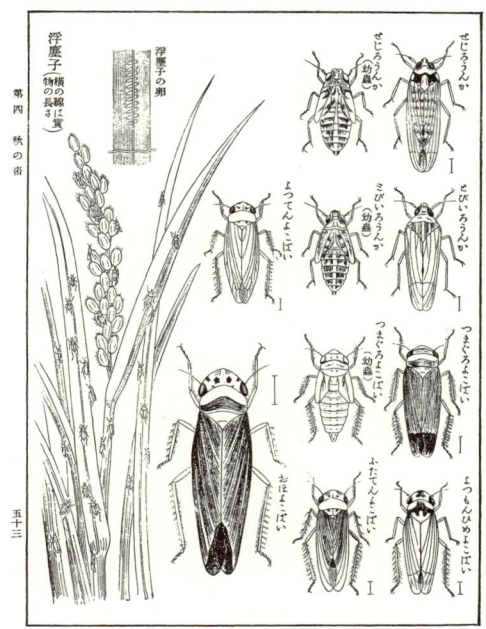

図7．浮塵子（ふじんし）のいろいろ：朝鮮総督府『初等理科書（巻二）』1932年、53頁．

びかける短文のあとに、つぎの題材を取り上げる4つの節からなる。つまり、〈植樹する木の選び方／土づくり／挿し木・接ぎ木／赤松の観察・赤松の害虫・山の話〉〔永田による見出し〕である。接ぎ木、赤松の観察・害虫に多くのページが割かれている。

その挿し木では、「レンゲウ・柳・ポプラなどの枝を切って挿してみよう／たんぽぽの根を短く切って挿してみよう」という課題や、それらの切り口の変化を観察させる課題が置かれている。根の付きやすい素材が選ばれている。

ところが、接ぎ木では、「桑の接木をしてみよう／接木がついてから、接合はせた部分はどんなになってゐるかしらべてみよう」という課題が置かれて、接ぎ木の各種方法を示す図が掲載されている（図6）。赤松は、「赤松はどんな土地に生えてゐるか」から始まり、「幹の切り口はどんなになってゐるか」で終わる8項目の観察課題からなる。害虫は、まつけむしを観察してその一生と駆除方法とを学ぶものになっている。

子どもが興味をもつ〈植物の増殖〉についての学習から始まるのだが、松林

を維持管理する技術を育てる学習にされている。

　さすがに、『初等理科（巻二）』の改訂版では、桑の接ぎ木の実際は削除された。ところが、接ぎ木の各種方法を示す図は残されて、赤松の〈松かさの解剖／種子の観察／樹皮の観察〉の3つの課題が削除されて、赤松の手入れに必要な課題のみが残されている。

　まつけむしの学習も、赤松の生態を学習する範囲であれば、煩雑なものになるとは限らないが、教科書の全学年で取り上げられた昆虫のすべてを一覧すると、その学習が、児童の昆虫に対する興味・関心を超えていることが分かる。
　つまり、『初等理科書』（1931～1933年）の各課で取り上げられる昆虫は、つぎのものですべてとなっている。（〔　〕書きは永田の注記）

　　四学年の昆虫教材
　　2．春の野——もんしろ蝶〔生態、青虫が葉を食う〕、蜜蜂〔生態、食用〕
　　3．虫の一生——蠶　蠅　蚊
　　4．夏の池——とんぼ（やご）、げんごろう、まつむし〔観察事項少ない〕
　　5．田の作物——こがねむし〔種類あげ葉を食う虫として扱う〕、あぶらむし、ねきりむし、よとうむし、わたのあかみむし
　　6．秋の野——こうろぎ〔卵管の観察のみ〕
　　8．家畜——鶏のはじらみ〔砂あびする理由〕
　　五学年の昆虫教材
　　1．学校園——まつけむし〔一生と誘蛾燈〕
　　4．秋沓（とう）——浮塵子〔ウンカ4種、ヨコバイ6種－図7〕、いなご、螟虫（ズイムシ）
　　六学年の昆虫教材
　　4．衣服——織物の害虫〔小衣蛾、もうせん蛾、ひめかつをぶしむし、ひめまるかつをぶしむし、しみ〕

コガネムシも害虫としてしか扱われておらず、〈トンボ／ゲンゴロウ／マツムシ〉でも、観察事項が少ない。それに反して、害虫とされたものには、駆除法が詳しく記されている。昆虫教材を、益害のどちらにされたかと取り上げ方とで分類して整理すると次の表のようになる。

『初等理科書』（1931〜1933年）で扱われる昆虫の分類

学年	4学年			5学年			6学年		
分類	害虫	益虫	他	害虫	益虫	他	害虫	益虫	他
観察多い	5	2	—	3(11)	—	—	—	—	—
一部観察	1	—	1	—	—	—	5	—	—
説明中心	3	—	3	1	—	—	—	—	—
計	15			4(12)			5		

　その表によると、昆虫の観察が、害虫の駆除のためにその生態を知るものになっていることが分かるだろう。『初等理科』の改訂版でも、図に幼虫を加え、その分掲載する種類を減らすといった変化はあっても、基本的な変更は見あたらない。

　ところで、『初等理科書（巻二）』（1932年）の「岩石」から、『初等理科（巻二）』（1937年）の「岩石／鉱物」への変更は、岩石の性質を鉱物化学的に見る教材から、鉱山業を知る教材への変化となっている。生活に児童の問題を見つける教材も、実業上の問題に収束させるものにすると、基礎的な学習事項があいまいになり、児童にとって煩雑な知識や技能を強いられることになりかねない。

　『初等理科書』から『初等理科』への変化は、本稿の「はじめに」の各文献では、〈課のいくつかが小分けされ、本文が短くなり課題が増やされてスモールステップに変えられた〉変化だと指摘してきた。教材を具体的に見ると、子どもの生活や実業に密着するものに変えられたものに、その編集上の変化が見られることが少なくないのである。

6. 今必要となっている〈1940年代国民学校の作業理科教材〉の総括

　朝鮮総督府の『初等理科書』の教材編成の理念と教材は、1942、43年に発行された文部省の『初等科理科』や、1943、44年に発行された朝鮮総督府の『〔横書き〕初等理科』に受け継がれている。戦時下の教科書として、軍事的な関心と関連づける教材も少なくなかった。しかし、その題目を変えたり軍事に関する部分を削除すれば、〈生活に問題を見いだす〉教材として適当かというと、問題はそう単純ではない。これまで見たように、子どもの生活に密着するように工夫するほど、〈子どもがすぐに使える生活上の技能へと収束する〉教材になりがちなのである。

筆者は、長い間、高橋金三郎（1956〜1991年）の提案に、国民学校期の教材理念と同質のものを感じていた。植物や昆虫などを観察させては報告させる授業も、「はしり物・変わりだね」を探させると、子どもは生き生きと活動するという。「花暦」の学習を発展させたのではないかとも思えたのである。

　他方、高橋は、「戦後の理科教育論争史」（『現代教育科学』No.69-71、1964年）を始めとして、国民学校の理科教材を鋭く批判した数少ない人でもあった。その事を不思議に感じながら、筆者は、「高橋金三郎の〈授業分析論〉」（『教育』No.589、1995年）などに取り組んだが、永田の「〈自己否定〉こそ技術の本質とする高橋金三郎の教授学論」（『授業分析センター研究紀要』No.14、1998年）と「〈電気技術〉を追求する回路学習での〈技術〉」（『理科教室』No.536、1999年）とでその謎を解くことができた。

　技術や技能は、基礎科学以上に、思想や制度を超えて有効だとする見方がある。異なる目的に活用できるが、問題なのは、その技術の背後にある目的・願いが何かということだ。高橋は、その願いの質によって、技術は、高貴にも下劣にもなるという。そうした技術観で、実業や技術的な活動を重んじる教材を検討していたのである。

　国民学校では、「銃後の守り」として生産をささえる教育が重視された。ところが、その目標には、「皇国民の練成」という大前提があった。たとえ不合理に思えても、増産のためには耐え忍んで勤労に励むことが要求される。

　高橋は、時局に沿い生産を奨励することを急いで、不合理な課題や作業過程が含まれた教材を批判した。連載「理科教育はなぜだめなのか」の第1、2回（『（教育科学）理科教育』No.144-145、1980年）で指摘された教材を一覧すると、つぎのようになる〔永田による要約〕。

五年5．夏ノ衛生［1］カビ〔総督府の教科書には無い〕
　教師用書で〈食物を、容器に入れてふたをしたものは、乾きにくいのでカビがよく生える〉とされるが、天気や物の腐り具合によってそうならない事がある。アルコールのような殺菌剤を入れてふたをしたり、ふたをしたまま加熱殺菌する方が大事。

5．夏ノ衛生［3］石ケン作り〔総督府の教科書には無い〕
　牛脂から作るのは「代用品」、せめてヤシ油を使いたい。

6．油シボリ〔の中の豆腐作り〕〔総督府は、六年9.油シボリ［2］油シボリ〕

豆腐作りはおもしろいが、〈大豆を一晩水に浸しておく／つぶす／煮る／袋に入れて絞る／汁に苦汁を注いで汁を布でこす〉全行程は難しい。教科書のように少量ではうまく作れない。豆乳を一端高温加熱させないと凝固しないのに、その指摘がない。

7. 夏ノ天気［3］ツユノコロ〔セロハンの湿度計作り〕〔総督府は、5.夏ノ天気［4］夏の雨〕

湿ったセロハンは縮むが、湿度の大小とあまり対応せず湿度計にならない。

12. 火と空気［2］マッチ〔総督府は、10.火と空気［2］マッチ〕

塩素酸カリウム・イオウ・二酸化マンガンというもっとも危険な薬品の組み合わせを〈材料の粉をよく混ぜあわせる〉としか書いていない。

15. 甘酒とアルコール〔総督府は、六年10.水飴［麦芽で作り行程は簡易］〕

〈餅のかびの研究／麹作り／甘酒作り／澱粉テスト／（蒸留）アルコール〉と、各課題は面白くても、つぎつぎと達成しないと先へ進まない構成は無理。カビの研究はできるが麹カビ作りは難しい。甘酒作りは楽しいが酸っぱいものがよくできる。アルコール蒸留は、焼酎に素材を限れば面白い。

六年11. メッキ（総督府は、五年14.メッキ）

硫酸銅溶液に鉄を浸しても、イオン化傾向の違いで金属銅が表面に析出するだけ。シアン化カリウムのような猛毒を使用しないと鉄に銅メッキはできない。

高橋は、第二次大戦後まもない時期に、現職教員の「実技講習」を担当している。その時、「マッチ」教材がいくら危険だといっても、〈教師用書にのっていたその方法で今まで事故を起こしたことがない〉とやめない教師に憤りを感じたという。〈上意下達〉の強い教育界にあって、時局に沿うことを急いだ教材が、一度権威ある教科書に採用されると、その後に受け継がれ続けて、多大の混乱を与えることになったのである。

おわりに

高橋が、指摘した〈検討が足りない国民学校の教材〉は、彼の専門を反映して化学的なものが主だが、同じように指摘される教材は、他にも少なくない。第1節で触れた「卵の殻の潜水艦」もそうであるし、南洋諸島や台湾への日本の進出に思いを馳せて作成させる「南洋ノ鼻ブエ」「台湾ノ一節ブエ」（「コト・フエ・タイコ」六年）などは、音を鳴らすのが構造上難しい。朝鮮総督府

の同課は、五年に置かれて「南洋ノ鼻ブエ」と雅楽の「ヒチリキ」とされている。

　また、「金物の研究」(文部省は六年「金物」、総督府は六年「鉱石」中で節見出しなし)には、〈方鉛鉱、黄鉄鉱を砕いてルツボに入れて熱するとどんな金属が取れるか〉という2つの課題がある。この方法で、金属が取り出せるのなら感激は大きいが、純度の高い方鉛鉱でも、ルツボの容器内側がかすかに銀色づけばましな方である。黄鉄鉱では、イオウの焦げた匂いと煙りが確認できるにすぎない。専門家が鉱石を試験するように、吹管分析法で析出する金属を確かめざるをえないが、迫力がない。

　じつは、専門家によって十分検討された研究や実験を教材化するのとは違って、生活や実業に子どもの学習課題を見つけ、それに対応する科学上の研究成果をあてはめるのは容易ではない。身の回りの物や現象の多くは、複雑であったり、専門家が研究・実験するようには単純化できない場合が多い。

　それで、教育理念や教育課程が変更されても、かつての教材を、新しいねらいに合わせてわずかの変更を加えるだけの教材ができあがり、不適切な課題や展開までも受け継がれることになる。それを、〈教育思潮の流行や時局に沿う〉ことを急いで検討が不十分になると、思いもよらない困難を抱え込むことになる。新しい教育標語が叫ばれる時ほど、それまでの教材の研究成果を検討し直して、着実な前進をめざす必要があるといえるのかもしれない。

＊本稿は、2000.1.22に開かれた「植民地教科書に関する日韓シンポジウム」(於東京、朝鮮奨学会) での永田の講演原稿を発展させたものである。

研究動向

歴史認識と研究方法

－植民地教育史研究とかかわって－

弘谷　多喜夫[*]

はじめに

　私に与えられた頁のタイトルは研究動向となっているが、昨年末の大連シンポジウムに参加して感じたことを研究方法論とかかわらせて論じればよいとの編集部からの依頼だったので、そのようにさせていただいたことを最初にお断りしておきたいと思う。

一、歴史の共通認識について

　ここでは戦前の日本の植民地教育についての、中国の研究者と私たち日本の研究者との間での共通認識の問題にしぼって述べたい。まず、一般的に言えば、研究者の歴史認識は、研究者の問題認識とそれを論証する歴史的情報の二つによって成り立っていると思われる。そこで、問題認識だが、それは第一に研究者の生きている国と時代の規定と、第二に、彼の生きてきた経験と知識の規定を受け、第三に性格を含む、人格的なものとも関係している。今は、一応、反動的な人格などというものを度外視して第一と第二の規定要因についてのみ考えてみるとしても、中国の研究者と日本の研究者とでは次のように具体的に異なっている。

　①植民地という歴史関係における侵略と被支配の側という両国における歴史的経験　②社会主義国と資本主義国という両国の国家体制　③政治・経済・文化の諸事象についての概念、思想（例えば、教育について）、などである。

　問題認識を裏づける歴史的情報にかかわることについてはどうであろうか。これも具体的にあげれば次のような点で異なっている。①史的唯物論の方法論　②日本の近現代史の情報　③資料の批判、などである。

　このように歴史認識を支えている問題認識と歴史的情報が同じでないから、中国の研究者と私たちの歴史認識は立ち入って議論しようとすればする程かえ

---

[*]　熊本県立大学

って一致が難しくなるのだと思う。そこで、議論をある程度かみ合わせるためには、まず、お互いの歴史的情報にかかわることとして資料の批判ということになってくると思う。ただ、歴史的情報はどうしても問題認識によって操作されるので、資料批判ということだけでは問題認識の修正や更には歴史認識まで大きく変えることにはなかなかならない。

とはいえ、植民地をめぐる研究の交流を通じて互いの他者の目に気づかされることの意義は決して小さくない。自らの問題認識の絶えざる問い直しと、新たな歴史的情報とが歴史認識の広がりをもたらすからである。そして、歴史の共通認識とはこのお互いの広がりの重なる部分を共有していくことに他ならないのではないかと、思う。

国民的な歴史認識の形成は、他の多くの要因を含んで成立するからここではふれない方がよかろう。

二、研究の方法論

ここでは、日本の研究者に限定して述べる。

研究の方法論も、もとは問題認識に結びついている。だから問題認識に対して有効な方法であるかが問われるであろうが、方法論はそれ自体でいくつかの制約をもっていることに自覚的でなければならないと思う。一つは、方法論を導いた問題認識そのものが前節で述べたように時代からの規定を受けているということ。つまり、研究者の生きた特定の時代の問題認識に規定された方法論は、決して通時的な方法論ではないということである。研究者の生きた時代のつきつけた問題をどのように認識し、どのように応えようとしたのかということの歴史的な意義は問われるにしても。

従って、現代のある方法論は現代の問題認識に対してその有効性が問われるのであって、過去の方法論に対する優位性を主張することによってではないと思われる。

それと、もう一つ。立てられた方法論は、問題認識の一面に対して有効なのであって全面的なものではないことである。これは、方法論が実際には手にすることができる資料から大きな制約を受けるということと、私たちの研究は、どんな方法論でも歴史の一面しか明らかにすることはできないという根本的な理由によるものである。

以上について例えば、最近読ませていただいたある学会誌の投稿論文につい

てふれてみよう。(当該論文は未刊だが、既に掲載が決まっているので取りあげさせてもらったことをお断りしておく)

そこでの問題認識を私なりに受けとめれば、現在の私たちの日常性のうちに見えにくい領域で、しかし確実に進行している人間破壊への危機感といったものは、確かに私が日々接している大学生について、あるいは、自分を含む大学の日常性のうちに感じるもので、現在の社会状況をとらえる共時的な認識の一つといえよう。又、そこで強調されている、主体的側面ということについても、連帯や運動ということにほとんど実感を持てない世代と時代にあって当然であろう。そんな中で、自分は何をしているのだということを問いつめる自らの存在証明ともいうべき営為を、歴史の中で体制に否応なしにのまれていった被支配の側の市井の人間の営為とを重ねながら考えていこうとしているものと理解することができる。そうした現代的な問題認識から、被支配者の側のライフヒストリーの聞き取りとその読み解きが重要な方法論としてとりあげられている。今、この方法論について私の見解に照らしてみれば、それが極めて時代的な方法論であることと、そこで明らかにできることは問題認識のある部分であり、更に言えば、歴史の一側面でしかないことに充分自戒的であるべきであろう。(著者が自戒的でないというのではなく方法論をみる私の評価である)

問題認識についても、具体的な歴史研究へ対象化されたものとして例えば、政策と受容の側の矛盾といったことを大きな問題認識とされているが、①政策の意図と受容者の現実との矛盾 ②政策意図と意図外の矛盾 ③政策の意図と受容者の側のライフヒストリーにおける矛盾、などはそれぞれ明らかにされることの意義が相対的に区別されるものとして、自らの方法論がどの部分に対応して限定されるのかに自覚的でありたい、と思う。

三、植民地教育史研究

前述の学会で、教育史(研究)の有効性を問うというシンポジウムがあり、私は「教育史研究によって、結局、教育とは何かということが明らかになるのでなければならないと思うので、教育とは何かということに常に自覚的であることが求められていると思う」という意見を述べた。

私は、植民地教育史研究をしていて、いつも感じていたのは、この研究が現代のさまざまな教育課題とどう関係があるのだろうかということであった。

「歴史は現在との対話である」というように、歴史の評価は、結局、私たち

が現在をどう認識するかということと切り離せないものである。後世の人々にとって、歴史は結果から評価するしかないものだし、その結果を現在どう認識するのかという問題だからである。従って、私が植民地統治を天皇制国家の他民族支配としてみる認識は、私の現代の日本をどう認識するのかということと結びついている。その意味では、植民地教育が、他民族支配に奉仕するものであったということは、研究の帰結点であると同時に出発点なのだった。

　ただ私は、一教育研究者として、教育学が教育とは何かということをどのように明らかにしてきているのか、又、現代の教育課題にどのように応えようとしているかということに自覚的であろうと思い、又そうした教育に対する洞察をもって、植民地教育史に切り込んでいく研究をと考えつづけてきた。人間の教育的営為について、現在の私の教育認識をもって、過去の植民地における教育と対話をすることで、歴史的過去を評価するだけでなく、現在の教育認識が深まり、そのことによって現代の教育問題にいくらかでも応えうる知見をつくり出せるような植民地教育史研究をと考えてきた。

　例えば、植民地で使用された教科書の分析研究について、同じ方法で現代の日本の子ども達が使用している教科書を分析できるかと問うてみる、方法が同じでないとすれば何故なのか、言葉をかえれば、教育と教科書という教育問題について現代の課題認識と切り結ぶ、対話を繰り返すことによってはじめて、植民地で使用された教科書の分析が過去を歴史として評価することにとどまらない、教育の本質についての認識の深まりに貢献できるのではないかと思った。

　又、例えば植民地と伝統的な教育機関について、それが近代学校と比較して論じられるとき言うところの近代学校は、免許をもった教師、教科書、クラス、近代的な知識などの諸価値をあげることができよう。しかし、近代学校そのものが、既に歴史的存在であることが明らかになりつつあるのではないか。だとすれば、教育の本質にかかわることとしての教育と学校という現代的諸課題と教育学の蓄積とに切り結ぶ（対話する）ことなしには、教育的事象の過去の歴史を明らかにしたということでしかないのではないか、という思いがあった。

　植民地教育史研究は、現代の歴史と教育への問題認識とともに歴史学と教育学の学問的な蓄積によって支えられている研究である。

　問題認識は、既に述べたように大きく二つの要因からの規定を受け、最終的には研究者の研究スタンスといってよいものと重なるものである。しかしこのことは歴史学と教育学の研究蓄積の上に積み上げられるべきもので、そのこと

に自覚的でなければならないと思う。

　現代のあれこれの新しい研究の方法論は、既に述べたように過去の方法論への批判によって正当性を主張できるのではなく、まさに現代にもっている有効性の主張こそ問われるべきことなのである。そして、その有効性の主張は、歴史と教育に対する現実への深い認識とともに、歴史学と教育学の蓄積に対する研究の客観化へのまなざしによる、絶えざる研究方法の再構築への努力によって裏づけられるものであろう。

　なお、最後の点にかかわって、自らが対象とする研究が教育史研究において、あるいは同一対象を扱う研究のなかでどのような位置を占めているかということに関して、自分にとって、自分の生き方とかかわってどうかということが問題なのだ、とする方法意識について一言述べたい。勿論、研究のスタンスと関わって一面ではその通りである。しかし、研究という営為自体についてどう有効性を問うてゆくのかということは、研究が明らかにしようとしていることの有効性とは区別されるべき問題である。それは、学問的蓄積とその学問が現実の課題とどう立ち向かっているかということを無視した傲慢な主張ではないかと思う。私たちは、自分以外の全ての生きざまについて何も批判する権利をもたないのは、当然なのだから。

植民地期教科書復刻(朝鮮編)の取組とその意義

井上　薫[*]

復刻事業計画のはじめ

　何故、私がこの項目を担当することになったか、その経緯についてまず記しておかねばならないだろう。そもそも、この計画を知ったのは、私がこの日本植民地教育史研究会の第1回研究集会(1998年3月28、29日)に参加したのち、研究集会時に案内された「日本植民地教科書大系」の編纂・復刻に関する会合を覗いてみたことに始まる。この日は、B5版コピー4枚の資料「日本植民地教科書大系の編纂・復刻を一諸にしませんか」が配られ、小沢氏より壮大な構想が紹介された。

　その編纂「趣旨」は4つあり、第一は、何故今なのかにかかわること。「敗戦(解放)後、半世紀」というタイミングは、「教科書の散逸を思うと、今がラストチャンス」でもある。第二は「教科書研究の蓄積」のため。この復刻で「植民地教育の基礎資料の共有化」をはかるとある。直接の契機としては竹村文庫所蔵の植民地教科書がまとまってみつかり、この復刻事業の「見通しが立」ったことが大きい。第三には「国際共同研究の進展」のため。既に行われている関係個別研究をもとにした国際シンポジウムや相互に歴史認識を共有する試みとしても重要な意味がある。そして第四に、「20世紀の不始末を20世紀で片をつける」。本来はもっと早い段階で「始末」すべきであったろう。

　さて、肝腎の復刻教科書は、「初等学校教科書を中心にする」とはいうものの、対象地域は台湾、朝鮮、南洋群島、「満州国」、中国占領地、東南アジア占領地を網羅し、これを全期、全教科にわたって復刻すると示された。さらに意見交換では、アイヌ人や沖縄人に対する教科書、在満日本人に対する教科書など補完読本的なものも含める方向が出て、膨らむばかり。そのスケールの大きさに感心する一方、正直、意義はあれど、それほど時間的に余裕のあるメンバーがいるはずもなく、また、調査のための予算も差し当たりはないわけだから、

[*]　釧路短期大学講師

どう見ても夢のまた夢であると感じざるを得なかった。

　前掲資料によれば、この呼び掛けは小沢有作氏をはじめとする3名であった。これは5月17日の第1回編集委員会（準備会）のために作られた同年4月15日付の「《植民地・占領地教科書大系》編集について」でも同じであったが、5月の時点で一人が病気辞退されて（「日本植民地・占領地教科書」編集委員会、「日本植民地．占領地教科書大系」1998年5月〈A4版コピー3枚〉）、編集委員会の代表は小沢氏に決まっている。このあたりは、小沢有作「植民地教科書（朝鮮編）の復刻をめざして＝歴史認識の共有化と日韓共同編集＝」（『解放教育』1999年8月。佐野通夫氏の提供により入手）に明らかにされている。

「朝鮮編」編纂グループの始動

　そもそも復刻にあたっては、教科書刊行の全体像が把握されていることと、それらの原本が確認されていることが必要である。先に掲げた趣旨の中で、復刻の「見通しが立」ったことを示したが、これは朝鮮総督府発行教科書原本約800冊を含む長野県某図書館竹村文庫所蔵内容の判明が大きい。皓星社藤巻氏によると、このコレクションは竹村氏が植民地・占領地を含めた教科書を網羅的に収集し、後に寄贈したもの。大半の評価額が千円となっており、当時、二足三文で購入できたということからみても、その時代には「ありふれていた」がゆえに価値を見い出しにくく、たとえ使用者が個人的に所有していても本人が使用していた特定期間のものに限られやすいことから、散逸は免れ難かったといえる。

　刊行の全体像については、植民地統治期全期を通して発行された『朝鮮総督府官報』が存在しており、この広告欄にある「教科用図書定価改正」・「検定教科用図書」の項目で教科書関係事項の詳細を確認できる。手はかかるが、この悉皆調査により刊行目録作成は可能だ。しかし、140余巻もある『朝鮮総督府官報』をどのように調査するのか。この間、朝鮮教科書関係の刊行目録・蔵書目録のための諸調査、解題担当の打診があったが、まとまった時間作りの困難さゆえに何一つ動けないまま時間が経過した。結局は、首都圏在住の金泰勲（キム・テフン）氏、黒川直美氏が1999年1月、皓星社の依頼により『朝鮮総督府官報』の悉皆調査に基づく刊行目録作成を開始され（「日本側経過報告」1999年1月韓・日共同会議資料）、2000年1月の韓日合同シンポジウムでこれを完了したとの報告があった。これは大きな前進である。関わった方々のご苦労に感

謝するほかはない。

　そして、所蔵調査。既に、日本語教育史研究会の作成した所蔵目録『第二次大戦前・戦時期の日本語教育関係文献目録』（文部省科学研究費補助金による総合研究（A）「戦前・戦時期における日本語教育史に関する調査研究」研究成果報告書、1993年3月）があり、当初は、これに竹村文庫、斉藤実記念館所蔵等のものを補うとしていた。所蔵確認は、刊行目録と照合させる必要があるため、刊行目録ができた今後の課題となる。実際に「散在」分を集約する作業は人手と金銭がかかるであろう。予算と人手の確保はその他一連の調査・編集作業を通して必要であるが、この問題解決の突破口がなかなか見えないというのが日本側の現状である。

国際共同研究の動き

　一方、共同研究の方面では大きな進展があった。韓国との共同会議が1999年5月22日、ソウルにて開かれた。私は欠席したが、事務局長佐野通夫氏から送付された資料によると、1999年2月2日付で小沢氏が宋珉煐（ソン・ミニョン）氏宛に共同研究、韓国側編集委員会設置の依頼を行い、韓国側がこれを受けて、3月21日「韓国教科用図書復刻発行委員会」が発足したことで韓日両国の共同研究の窓口が開かれた。そして、日本との最初の協議の場がこの5月の共同会議となった。黒川氏、本間千景氏による会議記録を見ると、韓国側は、本による出版ではなくCD-ROM化を想定している。編集については、初等教科書を中心とし、1905〜1945年を5期に区分し各期別に編纂すること、編纂趣意書および教師用図書を含むこと、解説をつけること、が鄭圭永（チョン・ギュヨン）氏によって提案された。解説の難しさが指摘されている。あわせて、韓国国内図書館数カ所の所蔵目録作成に着手した。

　また、金基奭（キム・ギソク）氏によると、韓国委員会は開港以後の時期を4つの時期〔(1) 開港期〈1882〜1910〉、(2) 日帝期〈1910〜1945〉、(3) 軍政期〈1945〜1948〉、(4) 分断期〈1948〜現在〉〕に分けて教科用図書を収集し復刻することを計画しており、このうち「日本側と共同で作業する時期は1905年より1945年まで」としている。つまり、当初の小沢氏の編集の意図を越えて、韓国側は別個の時期区分を考え、韓国側の意義付けにより現代に至るまでの教科書復刻という全く新しい構想による教科書所在調査が始められたわけである。趣旨にあった「国際共同研究の進展」は、この韓国側の積極的な対

応により、以後、着実な歩みを見せることになる。2000年1月22日、東京・新宿の朝鮮奨学会で共同シンポジウムが開かれた。

編集にあたって解決すべき諸課題
1）植民地朝鮮における教科書の時期区分
　朝鮮総督府発行の国語読本の場合、上田崇仁氏の「国語」教科書の研究によれば、①旧学部期学徒本（1909年〜）、②朝鮮第一期読本（1912年〜）、③朝鮮第二期読本（1923年〜）、④朝鮮第三期読本（1930年〜）、⑤朝鮮第四期読本（1939年〜）、⑥朝鮮第五期読本（1942年〜）という分け方が可能である（上田崇仁『植民地朝鮮における言語政策と「国語」普及に関する研究』広島大学審査学位論文《博士（学術）》1999年度、p.16）。
　しかし、さらに、同じ期の各版や「部分改訂」をどう扱うかについては未解決である。例えば、①では少なくとも学部本、大倉本、学徒本、訂正本の異本があり、これらは仮名遣い等が異なる。同時期の国内文部省教科書との比較をすると国内の「標準語」形成過程の流れに朝鮮で使用された教科書が影響を与えた可能性を指摘できるなどたいへん興味深い事実関係もわかってくる（上田、pp.22-23）。しかし、復刻教科書作成経費をなるべく安くし、「売れる」ものを作ろうとするならば、いくら4頁（見開き2つ）分を1頁に縮小する予定とはいえ、これらの異本は対照表の提示程度に抑えられる可能性が高くなる。

2）解説・解題の必要性
　復刻版教科書が解説・解題なしに世に出ることは問題である。教科書が用いられた歴史的文脈なしに、「良い部分もある」と'一人歩き'する可能性があるからだ。
　このことは、2000年1月、韓日共同シンポジウムで行われた永田英治氏の報告でも指摘されていた。永田氏は戦時期理科教科書を朝鮮と本国の関係で分析されたが、冒頭で御自身の研究の今日的意義について語られた部分が大変重要な重みを持っていた。そもそも今日、教育改革の中で語られる理科教材の「生活」化、「総合」化、「自ら調べる学習」等は、戦時下朝鮮および国内の国民学校における理科教科書と一見通じるところがある。偶然にも、報告当日（1月22日）、宮城教大で開催される大学向け伝達講習会で、この「国民学校理科への回帰・称賛」が行われるという中、単純に国民学校理科へ回帰・称賛するに

は相当な問題があるとして以下の点を指摘し、戦前植民地教科書復権の動きを批判された。

（1）「卵の潜水艦」の原理的難しさ。より適当な教材「デカルトの浮沈子」は敵国のものとして排除された可能性がある。

（2）「マッチノ先端ニツケル薬」の実験は、火薬の原料を混ぜるもの。これは学者たちの危険警告にもかかわらず、文部省公認の教科書に載っているからと戦後も続けられ爆発惨事を招いた。

（3）「接ぎ木」教材では、最も身近で簡単なむくげ（朝鮮を象徴する花）は登場しない。意図的に排除された可能性がある。

（4）「電話器」を通した最新技術の紹介が「電話と電燈」に替わり、身近な器具の使用法とお手伝いの教材になりさがった等々。

総じて、「時局」と「上意下達」に教材が振り回され、科学性の教育では問題が多いというものであった。この報告からは多くを学ばされた。

また、同じシンポジウムで、韓国・清州教育大学校の呉成哲（オ・ソンチョル）氏が、'教科書だけではわからないこと'の例として、1929年に公立普通学校で必修化した'教科書を使わない'「職業科」に関して論じられたことも、教科書の単なる復刻だけからは見えないことである。

関わる研究者達とその研究-植民地教育政策をどう見るか

解説が必要となれば、次に重要な問題となってくるのは、それがどのような視点からなされるかである。どのような形でまとめられるようになるかはまだわからないが、韓国側の編集委員会メンバーの最近の研究成果から、ある程度の方向性が見えてくる。本来、この原稿を依頼されたとき、メンバーの研究内容を韓国での研究動向に位置付けてほしいということであったが、私には資料的にも時間的にも能力的にも身に余ることであるので、これは在韓の研究者にお任せするしかない。その代わりにはならないことを百も承知で、この間、接することができた韓国側メンバーの成果から今後の研究に大きな影響を与えると思われる論調を二、三紹介しておくことにしたい。

韓国側編集委員会は正式名称を「韓国教科用図書影印本発行委員会」というが、その中でも、ごく近年「韓国教育史庫」から続けて出版された3名に注目したい。まずは、実質的な担当者である金基奭氏（『교육역사사회학（教育歴史社会学）』、韓国教育史庫研究叢書4、教育科学社、ソウル、1999年6月）。1月シン

ポジウムの後、3月にもお一人で日本との共同研究の協議のため来日された（1月の時点ではソウル大韓国教育史庫、3月にはソウル大アジア太平洋教育発展研究団団長になっておられた）。1月に報告もされた清州教育大学校、韓国教育史庫研究部長の呉成哲氏（『식민지 초등교육의 형성（植民地初等教育の形成）』、韓国教育史庫研究叢書3、教育科学社、ソウル、2000年2月）。そして、1月シンポで司会をされたソウル大学校師範大学で韓国教育史庫長でもある禹龍濟（ウ・ヨンジェ）氏（『조선후기 교육개혁론 연구（朝鮮後期教育改革論研究）』、韓国教育史庫研究叢書02、教育科学社、ソウル、1999年3月）である。

　金基奭氏のⅥ章は「韓国と日本の教育歴史社会学」である。この韓国の部分で、近年の研究動向が紹介され、その特徴として、歴史の「起源」探究から「移行」探究による「起源」の再照明への深まりが注目されていると論述する。「『起源』は『移行』という観点から再照明することができる。すなわち、『韓国の伝統教育は開港期に、なぜ、どのように近代的形態の教育へ移行したのか？』という質問には、既に起源に対する質問を含意している。」（金基奭、pp.136-137）というように。

　続いて、金基奭氏は「移行探究の出発点は、韓国の伝統教育の、または最小限開港期前後の伝統教育の、特質を明らかにする」（p.137）とし、この時期の研究に禹龍濟氏の一連の研究を挙げる。禹龍濟研究に対する評価は、それまで「最初の学校」事例の研究は伝統教育との断絶がほぼ前提となっていたが、禹龍濟氏の研究には「朝鮮後期の伝統教育の特質に対する説明は、そのような障碍を克服し、起源探究を移行の探究へ発展させる転換点を提供してくれる意義がある」（p.138）とする。

　また「伝統教育から近代教育への移行」に植民地時代が深く関わるが、「『近代』の形態を見せる植民地教育を、果たして近代教育と見ることができるのか？」（p.139）という問いを掲げながら、この時代では「植民地収奪とは、劣悪な条件で『韓国人らは彼等の尊厳性を守るため、近代教育をどのように活用しようとし、その結果は何か？』」が「もっと重要な争点」だとする（p.140）。そして、ここへ切り込むものに、呉成哲氏の研究を取り上げ、「植民地初等教育研究は、民族矛盾と階級矛盾が折り重なったなか、植民地初等教育の場面で実際にどのような変化が起こったのかを明らかにした研究」（p.140）だと評価する。また、呉成哲氏の研究は、やはり同委員会のメンバーでもある鄭圭永氏によって、以下のように紹介されてもいる。

今日の韓国における植民地教育史研究の新動向を表す一例が呉成哲である。呉は、植民地期を「断絶の時期」と捉える従来の研究視点に異議を唱える。彼は、「……先験的に植民地期とその後の時期を互いに断絶するものとして捉えるとき、歴史的過程を過度に単純化する危険がある」と指摘し、両時期の質的違いを認める論法を避けるべきだと主張する。…植民地期の教育現象の中には解放後の教育的変化に通じるものがあることに注意を向ける（たとえば1920年代以降の初等教育の膨張。彼によると、植民地期に量的発展を遂げた初等教育の変化は日本帝国主義の恩恵によるものではなく、韓国人の積極的な教育機会拡大運動の成果である）

（「植民地教育史と植民地期教育史の間——公開シンポジウムの『提案』の報告に代えて」『植民地教育史認識を問う；植民地教育史研究年報◎1999年…02』日本植民地教育史研究会、皓星社、1999年11月、p.42-43）

　　上述二人の紹介のように、呉成哲氏の研究は、俗にいう植民地近代化論とは異なる。呉氏は『植民地初等教育の形成』の序論において、「普通学校は植民教育機関であると同時に'新式学校'という二重性を備えている」（呉、p.2）とし、あえて「近代」という用語を用いない。そして、1930年代を「'新式学校'としての普通学校が韓国社会に定着した時期」（p.2）であるとし、普通学校を分析対象とした。
　「'近代教育'または'近代学校'という概念の代わりに'新式学校'という概念を使用した理由」は、「'近代教育'概念について厳密な整理がまだ確立されていない」からである。朝鮮の場合、「開港以後、急激な社会変化を経験するようになったが、その相当部分は植民支配の経験と重疊している」ため、「変化した社会の現象と要素の中で、どれが近代的で、どれが植民主義的なのかを鮮明に区分することが難しくなっている」現実を強調する。そこで、呉氏の研究は、例えば「初等教育の膨張が発展なのか退歩なのかを規定するに先立ち、その実像を厳密に明らかにする必要がある」（p.4）とし、普通学校を「大多数の朝鮮人」と「日帝」の「同床異夢の場」（p.5）とみた。そして、叙述の主語には「韓国人」を用いる。「植民地時期の朝鮮人は、普通学校教育に対してどのように認識し行為したのか、普通学校の膨張はどのような規模でどのように展開され、それを可能にした導因は何であり、また実際に普通学校でなさ

れた教育の性格は何なのかを糾明」(p.5) することへと展開していく。
　以上、呉成哲氏をはじめとするこれらの研究者は、これまで比較的簡単に結び付けられてきた「近代」と「植民地支配」を一旦切り離した上で、支配構造の中でも朝鮮人自らが苦悩しながらも能動的に決断していった一つ一つの史実の検討を行い、厳密に再評価していこうという姿勢であり、実証的な研究スタイルである。

鄭圭永氏の問題提起
　一方、似たような実証的なスタイルを持つ日本の植民地教育史研究に対して、メンバーの鄭圭永氏は、前年の年報で以下のように厳しい評価をされていた。
　「今日の日本における植民地教育史研究は非常に進んでいる。植民地教育に関する膨大な基礎的史・資料集の刊行、緻密な実証的研究成果の蓄積、そして、その担い手である厚い研究者層。しかし、現実にはそのような学問的研究活動とその成果とは無関係に、名望ある知識人たちによる明白な嘘の流布が行われているのはなぜだろう。このような「ギャップ」はいったいどこに起因するのだろう。」(前掲、鄭、p.40)
　「近年、日本で植民地教育史研究が非常に活発で発展しているのは確(か)だが、その反面、ある本質的な要素を欠いているのではないか……中略……だいたい事実偏重のように見えるし、植民地主義と知の関係の本質を衝いたものとは言いがたい。」(p.41)
　すべての研究がこれにあてはまるとは思わないが、氏の言う「各々の研究者が何のために、誰のために、そして、誰に向かって、研究しまた語るのか、という問題と関わっている」(p.41) 部分については、もっと自覚的であらねばならないと感じている。真摯に受けとめていくべきであろう。
　おそらくは、新たな試みをしている韓国側メンバーの研究姿勢とその成果が日本側にも影響を与え、「解説」執筆の際の視角にも反映されるのではないかと思われる。既に行われている多くの史料群をもとにした植民地教育に関する分析・研究が、植民地教科書復刻事業への協同のかかわりを契機に共同シンポジウムのような国際的な研究交流を生み出したが、これらを通して、今後、確実に韓国・日本両国研究者が歴史認識を深めていくことは間違いなかろう。願わくは、これらの体制が発展的に進められるよう、財政的な支えが確保されんことを。

書　評

ファッシズムと反ファッシズムの中で

－大串隆吉著『青年団と国際交流の歴史』
（有信堂、1999年3月、A5版211頁）を読む－

小林　文人[*]

　本書は「大正デモクラシーから戦時体制下」へ至る「青年団」と「国際交流の歴史」を取りあげている。大きく（第1章）「共産主義青年インターと日本」、（第3章）「青年会自主化運動の発生と展開」、（第2章）「ヒトラー・ユーゲントと朝鮮連合青年団の間」の三部構成である。この三テーマを柱にして、序章として「青年運動・青年団・国際交流」についてのプロローグが、終章には「受容・離脱・支配・連携」というタイトルによるまとめが付されている。著者のこれまでの青年運動・青年団に関する地道な資料探求の旅と、それに基づく諸論稿の蓄積がこのように1冊の本に凝縮されたわけで、敬意を表しつつ、興味深く通読することが出来た。

　評者は、この分野の研究についてはほとんど素人であり、書評する資格などないに等しい（書評を引き受けていま後悔している）。しかし、社会教育という膨大な―その領域さえ定まらない―森に分け入って、ときに呻吟しながら調査・研究の仕事に取り組んできた同行者への思いもあり、また未知・未見の事実探求にチャレンジしようとする情熱に打たれるものがあって、不充分ながら以下に書評らしきものを記すことにした。しっかりと読み切れていないところもあるに違いないが、お許しをいただきたい。

　本にはやはり"表情"というものがある。なかにはまったく無表情なものもあって、学生向けの教科書などそういうものが多く、反省させられる。本の表情というのは、おそらく著者のその本にかける思いのようなもの、その現れではないかと思う。本の内容もまた表情となって表出するに違いない。

　本書ではまず、カバーに刷られた新聞と写真に注目させられた。初めて見る

---

[*]　和光大学

記事、写真だ。記事の方は、日本語、朝鮮語、中国語、モンゴル語で「万国の無産者聯合よ立ち上がれ！」などの檄が読みとれる（説明によれば第1回極東革命的青年大会の記事）。これに重なって「ヒトラー・ユーゲント代表団員に卵を差し入れる日本女子青年」の写真。ファッシズム体制のなかで（おそらく）ナチズムの世界観に鍛え上げられたドイツ青年の精悍な顔が印象的だ。笑みをうかべるその表情にしばし見入った。そして扉の写真では「日独青少年団交歓記念」の日の丸と鈎十字の両国旗が目にとびこんでくる。この本が取りあげる時代「ファッシズムと反ファッシズムの中」の青年運動・青年団についての、これまでにない国際的な関係の究明を予感させるものがあった。

　私事にわたって恐縮だが、戦後（アメリカ占領下）沖縄社会教育史研究にたずさわり、不充分ながらその成果を1冊の本にしたことがある（小林・平良編『民衆と社会教育』エイデル研究所、1988）。本のカバーには、アメリカ民政府（USCAR）資料の中から沖縄占領を象徴する「太平洋の要石」図を、あえてまわりをビリビリと引き裂いて、印刷した。裏カバーには、占領支配に抗する視点をもって、沖縄独自の地域おこしの拠点である集落公民館の構想図を、また扉の最初のページには沖縄青年の躍動的な「エイサー」写真を、掲載した。本にかけた想いに何か共通するものがあるのではないか、当時のことを思いおこしながら、本書を読み始めた。（図書館で本の整理・収蔵の際に、これらのカバーはすべて棄てさられる運命にあり、残念至極！）

　私の本のような単純な問題意識（占領下社会教育の事実復元）と違って、本書は大きな問題の構図をもっている。実は一瞥したときは、本書はこれまで発表されてきた諸論文によるオムニバス的な構成という印象がつよかった。序章から読み進めていくうちに、そうではないことにすぐ気づいた。表紙・カバーと標題にこだわって言えば、（1）「青年団」と青年運動の展開を歴史的にとらえようとする課題意識、（2）私などこれまで充分の認識がなかったその間の「国際交流」の事実解明、（3）それらを「ファッシズムと反ファッシズムの中で」（カバーの帯にも白くあざやかに特記されている）立体的に究明していこうとする視点、が基本になっている。本格的な問題の設定である。

　主要には、反ファッシズム側からの運動として、共産主義青年インターと日本の青年運動および青年団自主化運動への影響が取りあげられている。ファッシズム体制側からの動きとしては、日本の青年団とヒトラー・ユーゲントとの

交流、関連して植民地支配下の朝鮮連合青年団結成との関係、が明らかにされる。著者が1980年代から、主に信州をフィールドとして取り組んできた青年会自主化運動に関する諸研究が、同じくまた生活記録運動の歴史研究が、最近のドイツ研究（ヒトラー・ユーゲント）や朝鮮の植民地支配下の青年団研究と、一すじの糸で結ばれたのである。大正デモクラシーから戦時体制下へ至る時代的背景を考えれば、そこに当然「ファッシズムと反ファッシズムの中」でとらえるという分析視角が重要な意味をもってくる。多くの文献資料と細かな事実発掘についても（個々に書く紙数がないが）、興味深いものがあった。

　しかし「大正デモクラシーから戦時体制下」にいたる「ファッシズムと反ファッシズムの中」の日本の青年運動ないし「青年会」「青年団」の展開が、またその「国際交流」の歴史が、全体像として明らかにされたかどうか。そこにはまだ残された課題が少なくないように思われる。本書には、その全体的な構図を解く見取り図、それを読みとる貴重な事実、が先鋭的に提示されているということであろう。読み終えて、新しい事実解明に出会うことができた充実感と、最後まで茫漠としてクリヤーな全体認識に至らないもどかしさのようなものが残った。もちろん評者の読み方が不充分の故であるが、あらためて上記・視点によるトータルな理解を深めていく作業の必要を感じたのである。ここではあえて『植民地教育史』研究に引き寄せて、本書から触発されつつ、評者なりの関心・課題をいくつか挙げてみることにする。

　一つは、青年運動と青年会・青年団との関係をどう考えるか、という問題である。青年会・青年団自体は本来、地域の青年運動である。概念的に両者は調和的な関係にある。しかしここで取りあげられた時代の歴史的な展開は、社会主義的な反ファッシズム青年運動と、ファッシズム体制下（あるいは植民地支配下）に強く拘束され、積極的にその一翼に組み込まれてきた翼賛的な青年団、という対置の構図が一般的な理解であろう。青年運動の固有性や世代性の問題（序章）とともに、現実の歴史展開における両者の厳しい対抗と矛盾の関係をダイナミックに解明していく必要がある。本書では、むしろそれらがどのように交錯してきたのか、その接点としての信州「青年会自主化運動」が描かれている。きわめて興味深いものがある。しかし同時に、この事例がどの程度に一般化されうるか、他の地域（あるいは地域をこえる事例）を含めて、青年運動的な展開と体制のなかに深く組み込まれた青年団の関係を全体的かつ歴史的な

構図のなかでどうとらえていくかが問われるところであろう。本書が標題として『青年団』にこだわっているだけに、ファッシズム体制ないし植民地支配体制下における青年団と青年運動の関係が、あとひとつ立体的に把握される必要があるのではないだろうか。

第二に、本書では青年団の「国際交流」が主要なテーマとなっている。国際的な「共産主義青年インター」の青年運動への影響と、とくに「ヒトラー・ユーゲント」と日本の青年団との「国際交流」が本書の大きな目玉である。両者の国際交流は質的に対極的な位置にあり、あらためて「国際交流」とはなにか、を考えさせられた。ファッシズム体制下の日独青少年団の交歓・相互派遣については、前に上平泰博の仕事（上平・田中・中島共著『少年団の歴史』萌文社、1996年）に学ぶところがあったが、本書ではドイツ現地調査による資料・証言に基づき、さらに詳細な事実が明らかにされている。

それだけに、ヒトラー・ユーゲントと日本の青年団が、ファッシズム体制下においてどのように共通性をもち、また相互にいかなる特性をもっていたのか。ナチス独裁下における強力な教育・統制組織（たとえば原田一美『ナチ独裁下の子どもたち』講談社、1999年）としてのヒトラー・ユーゲントと、日本の軍国主義体制下における軍事「動員」「錬成」的な青年団組織との、いわば内面的な比較と異同について興味をかき立てられた。それらが両青年団の相互交流の内実にも関係してくるのではないだろうか。

第三に、朝鮮連合青年団の結成（ヒトラー・ユーゲントの訪日を契機として、1938年）にいたる経過が興味深い。日本植民地統治下の朝鮮青年団・運動についての研究的空白を埋める貴重な作業であろう。いまそれは始まったといえる。また同時に、体制的に組織された官製「連合青年団」に対して、歴史的に同時期ではないが、民族解放運動の側面をもつ朝鮮連合青年会、朝鮮青年総同盟、キリスト教系青年会その他の地域青年会の活動（152ページ）をもっと詳細に知りたいし、それらとの関係で皇民化教育・国家総動員体制下における朝鮮連合青年団結成による統制と支配の（強制連行等の問題を含む）実態が明らかにされていく必要があろう。本書は重要な課題を明らかにしている。

あと一つは、関連して、台湾聯合青年団（朝鮮連合青年団と同時期の結成、1938年）がどのような歴史と活動を展開してきたのか、興味をそそられる。台湾については、本書ではほとんど触れられていないが、1910年代以降の地域青年会の歴史（たとえば台湾総督府『台湾の社会教育』、1938年）を含めて、

そこにおける民族主義的な「運動」と植民地体制下「青年団」の対抗関係はどのようなものであったのか、そして台湾と朝鮮と日本の青年団運動の間では、いかなる植民地的「国際交流」が演じられてきたのか、など究明していきたい課題である。同時に東アジアという視座からみれば、大東亜共栄圏政策による「興亜青年連盟」「大東亜青少年指導会議」（本書p.183-186）等が開かれ、旧中国・満州、ビルマ等を含むアジア青年の「国際交流」の展開がみられたわけで、さらなる研究課題が提示されていると言えよう。

　われわれはまだ多くのことを知らない。本書は「青年団と国際交流」の側面から「ファッシズムと反ファッシズムの中」でのいくつもの研究的空白を浮きぼりにし、こんごの重要な課題を明示してくれた。

王智新編著
『日本の植民地教育―中国からの視点』
横山　宏[*]

　わが国の近代史上における最大の汚点は、朝鮮や中国をはじめとする近隣諸国への侵略であることは揺るがすことが出来ない歴然たる事実である。
　この本は今日なおその一部に根強く残っている「日本は中国を軍事・政治では侵略し、経済的には略奪したが、文化・教育の面では援助した」と言う歪説が今なお罷り通っていることに対して真っ向から、事実をもって歯向かうべく、その実態を余す所なく論破した他に類を見ない快著である。
　特にその執筆の全てが中国側二十余名の学者・研究者にってなされたものであり、その点でも出色で、さらに実に丹念に収集された広範な史・資料による実証的な研究を基に論述解明されたものであって「事実をもって俀説を論破せよ！」とはこのようなことを言うのであろう。
　またその訳文もそれに共鳴賛同した日本側の新進気鋭の研究者に一部中国側の研究者が加わっての国境を超えての複数の著者と多数の訳者の共同作業による研究成果である。
　本書の内容構成は次の通りである。
　まえがき～あわせて用語の問題について～王智新
　第Ⅰ部　侵華教育研究の課題と方法。
　　　　中国における「日本侵華教育史」研究の動向と課題　王智新
　　　　皇民化教育、同化教育と奴隷化教育　斉紅深
　　　　日本による中国植民地教育研究の概念と方法　関世華・李放
　第Ⅱ部　「淪陥区」における植民地教育
　　　　侵華期における植民地教育政策　武強
　　　　中国淪陥区における奴隷化教育について　呉洪成・彭沢平
　　　　関東州教育の典型的な特色――双軌制　楊暁
　　　　蒙疆政権の教育政策について　祁建民

[*]　日中教育研究交流会議代表

第Ⅲ部　偽満州国の諸相。
　　　　　　「九・一八」事変以前の中国東北教育　黄利群
　　　　　　偽満州国の成立と教育政策の展開　王紹海
　　　　　　偽満州国「学制要綱」批判　王桂・白家瑤
　　　　　　初等教育——奴隷化の第一歩　王野平
　　　　　　中等教育——侵略協力者の養成　王野平
　　　　　　高等教育——建国大学の場合　王智新
　　　　　　職業教育——分析と評価　公亞男
　　　　　　儒教・仏教に対する偽満州国の方略について　劉兆偉
　　　　　　偽満州国教育と教会学校教育－他国との比較　宋恩栄・熊賢君
　　　　　　東北地方における日本人の教育について　斉紅深
　　　第Ⅳ部　教育支配・浸透と抵抗
　　　　　　反満抗日教育運動の展開　勝健
　　　　　　「私塾」の静かなる抵抗　于逢春
　　　　　　「関東州教育」体験記　陳丕忠
　　　　　　教育の交流から対立へ　魏正書
　　本書の刊行によせて　海老原治善
となっており、当然のことながら第Ⅲ部が量的にも質的にも一入濃くなっている。何処から読みはじめても良い訳だが、全体を把握するためには巻頭の「まえがき」（王智新）、「本書の刊行によせて」（海老原治善）に先ず目を通して全体を把握してから本論に入れば理解し易いであろう。また第Ⅳ部の「教育の交流から対立へ」は全体をグローバルに捉えており、より一層理解を助けてくれるのではなかろうか。

　いずれにもせよ全編を通して、その植民地化の過程がわれわれ日本人の胸には痛いほど突き刺さって来て猛省を促される。

　しかしこの共同研究者達は、そのことをもって日本そして日本人を責めると言うのではなく消すことの出来ない史実を詳らかにすることによって、却って永世に向けての友好と平和への途を探ろうとの熱情に溢れたものであるあることを特に記しておきたい。

以下私なりに気付いた点を挙げて置く。
　★　既に記した通り論述は十二分に学究的になされているが、「文字を同じく

する」が故に却って「通じ難い」言葉・用語・表現があり、折角一項を設けて解説を加えてはいるのであるからには、もう一歩突く込んでの解説が欲しかった。

即ち本書のいたる所に出てくる「偽」「奴化」と言う言葉にしても、多少とも事情の通じている者を除けば、とくに日本側の読者が受ける言葉としては、確かに厳しいそれであって、感情的に瞬時戸惑いを覚える向きがあったとしても不思議では無い。

しかし仮初めにも事実を事実として捉え、学問・歴史の流れで理解するためには、あくまでも冷静かつ客観的・科学的に認識していかなければならない事なのである。

いまここでは敢えて「用語」に限って言及したが、歴史的事実に対しても我々「日本方」は、既に誤った教育や認識をもっており、その点でも乗り越えなければならない課題を背負っていると言わなければならないのが厳しい試練・関門である。

既に触れてはいるが日中両国（民）間には「文字」を同じくすると言う好都合の面と、そのまた正反対のすこぶる「不都合」な面が存在することの克服が、すべてに先立ってなされなければならない一つの障害である。

この点で敢えて付言すれば、もしそれが英・仏（法）・独・露語との関係であったとすれば、却って相互の流れはスムースとなるかも知れず、その克服が望まれる。

★ 本書の構成から言って当然のことではあるが、同じ日本の植民地教育ではあっても韓国・朝鮮支配のもっとも苛酷（そこでは文字はもちろんのこと、「皇化」の名においてその氏名（姓名）を易えさせるなど「個人の尊厳」を抹殺させた）なことまでが歴然と行われていた事実に目を覆うことは出来ないことを考えると、敢えて本書に於いてとは言わないまでも、その比較研究がなされる事が触発させられる。

それと同時にもう一つのわが国の海外侵略による植民地となっていた「台湾」に於けるそれが除かれていることも「画龍点晴を欠くものであり、将来に向けて、同学の士によってなされるべきであることを指摘して置きたい。

★ またそれのみならず、この研究が一つの契機となって特に今日、諸外国に比し「過去の戦争〜侵略〜」についての科学的・実証的な研究に疎く、さらには敢えてそれを避けての異論と曲説が公然となされている現状を考えると、本

書の成果を基にさらに一歩を踏み込んで、欧米諸国の東亜侵略との比較研究にまで高めていくラジカル（根源的）なそれがなされる必要があるのではなかろうか。

　かって筆者は「ある国の教育を識ろう（理解しよう）とすれば、その国の植民地の教育を理解することなしには不可能である。「その国」の教育の最もの恥部は、かえって「植民地」に存在する。イギリスの教育はインドで、フランスのそれは仏領インドシナで、オランダのそれは蘭領の諸国で…ということを学んだことがあるが、確かにそれは真実を含んだそれであるような気がしてならない。その意味でこの機会に特に「植民地での教育」を洋の東西を通じての「植民地教育」と言う、より根源的な研究が一段と活発に始められる事を期待してやまない。

　特に筆者は幼少時から満州・朝鮮・中国本土で過ごした者であり、改めてその犯した罪の深さに戦くと共にそれを乗り越え、如何に勉むべきかを篤と考えさせられる書であった。

★　本書の研究・執筆の全員が「中国方」であるあることに鑑み、従来のわが国の教育研究がともすると微に入り細に亘り、克明そして丹念になされる傾向があり、それはそれとして評価されるとしても、もっと大胆な線の太い「教育研究」がなされることが「木を見て森を見ず」の誹りを免れるためにも必要であるように思われてならない。

　その様な意味で謂わば「他流試合」とでも言うべき国境を越えての相互・共同研究がなされることを期待したい。

★　最後にこの研究に対して自らは病床に臥しながら、援助協力を惜しまず特に「刊行に寄せて」の一文を寄せておられる海老原治善氏への敬意と謝意を表し、その快癒の早からんことを翼ってやまない。

藤澤健一著

『近代沖縄教育史の視角』

近藤　健一郎[*]

1　『近代沖縄教育史の視角』のねらいと構成

　藤澤健一氏（以下、著者）による『近代沖縄教育史の視角』（以下、本書）は、次の書き出しで始まる。

　「近代沖縄における教育史とは何だったのか。それはどのように記述され、解釈されるべきものなのか。」（本書、9頁。以下、本書からの引用は頁数のみ記す。）

　ここに端的に示されているように、著者の主なねらいは近代沖縄教育の歴史解釈を論じることにある。それを通じて、「近代国民国家の枠組みを越え出る」（46頁）ことをめざしているといえよう。著者のねらいを確認するために、まず本書の構成を掲げておく。

　　メタヒストリーとしての近代沖縄教育史研究──序にかえて──
　第Ⅰ部　問題構成──課題と方法──
　　第一章　戦後教育学との結節点──課題──
　　第二章　ナショナルヒストリーと「沖縄人」──方法──
　第Ⅱ部　近代沖縄教育史研究批判──学説史と展望──
　　第三章　学説史の概括
　　第四章　近代沖縄教育史研究批判の基礎視角──価値前提としての〈復帰運
　　　　　　動〉〈国民教育論〉〈Nation〉──
　　第五章　近代沖縄教育史研究の限界とその克服のために
　第Ⅲ部　近代沖縄教育制度史
　　第六章　「特別の教育制度論」──政策意図──
　　第七章　『沖縄対話』『沖縄県用尋常小学読本』の解読──教育内容──
　　第八章　「同化」の論理と教員像──運営実態（Ⅰ）──

---

[*]　愛知県立大学

第九章　初等・師範教育制度における人的組織構成——運営実態（Ⅱ）——
結語（試論）
おわりに

　以上のように、「近代沖縄教育史に関する従来の歴史解釈の在り方を批判的に検討する」（9頁）第Ⅰ部・第Ⅱ部と、「制度史的視点からの検証を通じた、歴史像の再構成」（9頁）をめざした第Ⅲ部とから、本書は成り立っている。以下、この二点——先行研究の歴史解釈の在り方についての批判的検討と、制度史の検証による歴史像の再構成——に絞って検討する。

2　先行研究の歴史解釈への批判について

　著者による先行研究への批判の核心は、「『近代的民族』概念を所与のものとした上で近代沖縄史を把握しようとする思考の様式そのものが、批判的に問い直される必要がある」（89頁）という点にある。
　この点について、近代沖縄教育史研究が本格的に行なわれ始めた1960年代以降の政治、教育状況、すなわち「復帰運動」「国民教育論」の状況をふまえて、具体的に述べたのが第四章である。「復帰運動」「国民教育論」の検討を経て、「近代沖縄教育史研究における価値前提批判」（122頁）として、次のように述べている。

　　　沖縄に関する事象を無前提に〈Nation〉内部の問題に還元して捉えており（より正確には捉えたいと強く願望しており）、沖縄に関する事象が〈Nation〉の枠内には必ずしも先験的に収まりえないという課題意識に基づく歴史分析は、予め回避されていたと判断し得るのではないか。（124頁）

　この指摘は先行研究に照らして妥当だが、二つの点で検討すべきだと考える。
　一つは、批判すべきものは「価値前提」でよいのかという点である。後から続く研究者として、そのような価値前提をもっている歴史記述が具体的にどのような問題点をもっているかをこそ批判すべきなのではないだろうか。換言すれば、1960、70年代に近代沖縄教育史研究を進めた代表的研究——阿波根直誠、田港朝昭などによる『沖縄県史　第4巻　教育』、あるいは森田俊男、上沼八郎など——を具体的に批判すべきであろう。残念ながら第三章、第四章にも、第Ⅲ部の各章の序論に該当する箇所にも、具体的な記述への批判は見当たらない。

なお関連して、歴史記述もアメリカ占領と「復帰運動」という政治、社会状況を反映した歴史的産物にほかならないので、歴史家の出自が沖縄なのか大和なのかは大きな意味があると考えるが、著者はこの点についてはどう考えるだろうか。

もう一つは、「沖縄に関する事象が〈Nation〉の枠内には必ずしも先験的に収まりえないという課題意識」についてであるが、これは著者の提示した新しさとの関連で後述する。

それでは著者は、先行研究を批判してどのような新しい歴史解釈を示そうとしたか。

著者の意図は、次のように整理できよう。「近代沖縄教育制度史は、歴史解釈においては植民地教育政策史との連関の位相において再構成される必要がある」(32頁)という視点から、「新たな近代沖縄教育史像を提示することである」(32頁)。まず著者は植民地教育史との連関で沖縄教育史を把握する研究について、「形式的な指摘、印象論の域に止まっており、具体的に沖縄と植民地教育政策とがどのように連関するものなのかについての内実には迫り得ていない」(140頁)と批判的に整理した。そして近代沖縄は法規定上の「植民地」ではないが、政策策定上の意図、政策実施過程の内実という「ふたつの視点から再検討することによって、先行研究の限界を克服するための動態的な『植民地』概念が設定できる」(143頁)として、第Ⅲ部の具体的な歴史検証につながるのである。

「近代国民国家の枠組みを越え出る」ために、植民地教育史との連関で沖縄教育史についての歴史解釈を行なおうとする著者のねらいを理解しつつも、以下の二点を指摘したい。

第一点。著者の提示した植民地概念に従えば、植民地は、第一に法規定上の「植民地」、第二に法規定上の「植民地」ではないが制度上の格差などが存在する「植民地」とがある。著者のいう植民地教育史との連関で沖縄教育史の歴史解釈を行なうということの意味は、第二の植民地概念で沖縄教育史をとらえるということである。そのために「エスニシティとしての『沖縄人』」(51頁)という方法を著者は取り入れている。

さて論理的に考えれば、ここでは語られていない第三の概念として、「非植民地」があることになる。前引した文章を応用して、「〈Nation〉の枠内に先験的に収まりうる」地域ということもできよう。このような地域を想定しなけれ

ば、第二の植民地概念は考えられない。たしかに琉球王国の存在という前近代史などを考えれば「〈Nation〉の枠内には必ずしも先験的に収まりえない」とし、また近代史においても大和との間に法制度上などの格差がある。そのことは確認し続けなければならない。しかしながら、著者の提起する動態的な植民地概念は、その意図に反して、江戸幕府の版図であった地域の一体性を実態以上に強固なものとして捉えることになるのではないだろうか。大和とて近代において作られるのであり、そして〈Nation〉のなかにも格差はあるのである。上述のことを考慮すれば、沖縄教育史研究を起点とする者がめざすべきものは法規定上の「植民地」の教育史をも包含しうるような日本教育史ではないだろうかと私は考えている。

　第二点。本書が対象とする時期は、「主として1879年から1900年前後に至るまでの時期の近代沖縄」(32頁)である。1900年前後の沖縄は、それまでの琉球王国時代の制度的慣習に依拠した統治、いわゆる旧慣温存政策が変更され、徴兵令施行、沖縄県区制による地方制度、土地整理事業による土地・租税制度など、「帝国の一地方」化政策[1]が実施され始めた時期である。著者は1900年前後から1945年の近代沖縄教育史をどのように歴史解釈しようとするのであろうか。近代沖縄教育史の時期区分論が必要とされよう。著者は本書「おわりに」で今後の研究課題について述べているが、制度上の格差が無くなりつつも実態上の格差があり続けるこの時期についての言及はなかったため、ないものねだりの感もあるが敢えて指摘しておく。

3　制度史の検証による歴史像の再構成について

　第Ⅲ部の四つの章は、近代沖縄教育制度史を植民地教育政策史との連関の位相において再構成するための「目的意識的な解明の試み」(247頁)である。ここでは興味深い事実を解明している第九章を中心に述べたい。

　第九章では、『沖縄県師範学校一覧』(1914年)により、沖縄県師範学校[2]の教員出身地の変動を明らかにしている。そして、浅野誠による沖縄県内の小学校教員出身地に関する研究を参照しつつ[3]、次のような事実を導き出した。すなわち、日清戦争以後の「沖縄における小学校運営は、ほぼ沖縄人自身の手で行なわれるようになったと判断してよい」(244頁)のに対し、1900年頃の時期に「師範教育制度における沖縄人教員の比率は確かに一割を占めるには至ったものの、初等教育制度におけるように、決して学校における中心的な役割

を担ったものではなかった」(245頁) ことを指摘し、「『沖縄人』が教員として直接に担うことのできる公教育制度は、初等教育制度に限定されていた」(247頁) ことを明らかにしたのである。

　これまで明らかにされていなかった、どのような集団が教員として沖縄における学校教育を担っていたのかを著者は明らかにしたのであり、その点で沖縄教育史研究を前進させたことは十分評価に値する。

　ただし、第九章を含む第Ⅲ部などの「具体的な個々の事例に即した歴史検証（中略）を集積していく」(140頁) ことによって、「近代沖縄教育政策・制度史を植民地教育との連関の位相において、着実に把握する」(140頁) という著者の意図が達成されているかどうかについて、私は判断を保留せざるをえない。これは著者自らが本書第九章の弱点として述べているような「同時代の他府県での教育制度史における人的組織の統計と詳細に類比される形」(247頁) になっていないためではない。これまで述べてきたように著者が提示した歴史解釈の在り方に疑問が残るからである。

　沖縄での教育は大和での教育と同一ではなく、格差がある。私もそのような基本認識でこれまでの論文を発表してきた。しかしそれだからといって、広義の「植民地」として、近代沖縄教育史の歴史解釈を行なうという歴史像には納得しきれないのである。具体的に言えば、どのような状態が「植民地」であり、どのような状態が「植民地」でないのか、その境界となる基準は何なのであろうか。

　これまで私が指摘した諸点は、直ちに私にもはね返ってくる。その当然なことを確認して、稿を閉じたい。

【注】
（1）田港朝昭「社会教育」、琉球政府『沖縄県史』第4巻、1966年、583頁。
（2）学校名称は、次のように変わっていた。1880年6月に沖縄師範学校、1886年11月に沖縄県尋常師範学校、そして1898年4月に沖縄県師範学校。沖縄県師範学校『沖縄県師範学校一覧』1914年、1〜3頁。
（3）浅野誠・佐久川紀成「沖縄における置県直後の小学校設立普及に関する研究」、『琉球大学教育学部紀要』第20集、1976年。

多仁安代著
『大東亜共栄圏と日本語』
宮脇　弘幸[*]

　植民地・占領地においては、例外なく統治者の言語が教授用言語（媒介言語）あるいは教育科目とされた。植民地・占領地教育史研究では、統治者が被統治地者にどのような教育方針の元にどのような言語教育を実施したのか、その検証が極めて重要である。何故ならば、教育は必ず特定の言語（変種）を教授言語とし、その言語を媒体として教育の理念、思想、教育内容を伝えるからである。また、統治手段（言語）がその結果（人間形成・世界観）に大きく影響を及ぼすからである。

　統治者言語が教授用言語とされた植民地・占領地における教育では、被統治者の言語使用は制限あるいは禁止され、全く異種異質の言語・文化が押し付けられてきた。その結果、コミュニケーション不全（ピジン・クレオール現象、母語衰退・喪失など）、アイデンテイフィケーション不全（民族性希薄、民族意識喪失など）など、言語的、文化的、心理的に不正常な現象が生起した。

　明治期後半以降、近隣諸国に支配地域拡大の触手を伸ばしてきた日本帝国主義は、台湾、朝鮮、「関東州」、南洋群島、中国、東南アジアなどを植民地あるいは占領地として統治した。その統治手段として重要視されたのが「国語」あるいは日本語の教育であった。特に中国大陸で全面戦争を展開しだした1930年代後半から45年の日本敗戦まで、日本帝国の支配下にあった「大東亜共栄圏」地域では「国語」・日本語の普及教育は加速度的に強化された。本書は、この「大東亜共栄圏」内の主要な地域において日本語教育がどのように導入・展開されてきたか、それに関する資料、関係者の証言引用、及び著者自身の聞き取りによってその特質を相対的に捉えようとしたものである。

　著者は序の中で、従来の植民地研究・占領地における教育政策及び日本語教

[*]　宮城学院女子大学

育の研究は、ある種の偏った視点（＝「皇民化」教育）を抽出し、「言語侵略」の側面から捉えがちであったと指摘している。また、従来の研究は各地域の個別研究が主であり、地域間格差の比較検討がほとんどなされてこなかった、と指摘している。本書は、そのような従来の一面的な捉え方を克服し、植民地・占領地間の比較検討を試みることをねらいとすると述べている。

第一部第一章では、1938年以降の「大東亜共栄圏」構想下における外地向け日本語をめぐるさまざまな問題の対処を考察する。それは、「国語審議会」「国語対策協議会」「日本語教育振興会」などが提起した日本語の簡易化、国語・国字の整理統一問題、日本語の普及施策などである。外地拡大は日本語普及の急務を生むが、肝心の日本語の表記法（歴史的仮名遣いと表音式仮名遣い）は国内でも一定しておらず、外地ではそれが統一されずに地域によって適用が異なった。また、漢字圏以外の異民族地域に対しては漢字の制限が検討された。著者はこれらの問題についてどのように検討されたか、その経緯を解説している。

第二章では、日本語教授法をめぐる論争を論じている。早くから日本統治下にあった台湾、朝鮮、南洋群島、「関東州」、及び「満洲」では伝統的に直接法が継承され、南方占領地でも実施されていたが、中国占領地では大出正篤が「速正式教授法」（一種の対訳教授法）を提唱したが、全面的な支持は得られなかった、という。「外国語/第二言語」教育における教授法というものは、一を採って他を完全に排することは言語教育の体をなし得ない。段階に応じて両者採り交えて実行しなければバランスのよい言語習得は成り立たない。言語活動は、通例音声（理解と表現）と文字（理解と表現）を伴うからである。ただ、植民地、特に占領地においては速成・即戦力という戦略的要請があったため、文字ことばより音声ことばを優先させる方向に落ち着いたものと思われる。

第二部は台湾における日本語教育の罪と功に投射する。まず第三章は、日本語教育の創始・変遷、及び近年台湾側に植民地教育に対する二面性（功と罪）の評価があることを解説する。この二面性は李登輝政権下台湾の中学校用歴史教科書『認識台湾』（1997年出版）の「指導書」で取り上げられ、植民地教育を「奴隷化」「愚民化」であったと罪の側面に言及する一方、近代教育制度の

確立、技術教育、職業教育の導入、応用科学・学術研究の重視など、台湾の近代化に貢献した側面があったと肯定的評価を下していることを紹介している。戦後半世紀を経て経済発展してきた台湾において、台湾の歴史を客観的に捉えようとする思潮、つまり台湾歴史を台湾化する近年の傾向の表れであろう。

　第四章では、台湾の社会教育としてさまざまな日本語普及の試みがなされていたことを紹介している。ラジオ放送、国語講習所設置、青年団組織、国語普及会、『台湾青年』の発行などを通じてもっぱら日本語の普及を図ったことである。さらに著者は、青年団による日本語劇（総督府は日本語劇によって日本語普及と皇民化を浸透させようとしていた）の台本を紹介しているが、「日本化」の課題が日常化していた生活場面を題材にしていて大変興味深い掘り起し、考察である。

　第五章では、特に日中全面戦争期から太平洋戦争期においてさらに強化された皇民化運動と日本語普及の諸施策が論じられている。この戦時期には、日本に大政翼賛会、台湾に皇民奉公会、朝鮮に国民総力連盟、などが結成されるが、これらの組織が戦時体制を支え、外地においてはいっそうの皇国精神の体得と「国語」の常用が求められた。裏返せば、極度に達した政治的要件が現地民の伝統文化と母語の抹殺を図ろうとした、ということになる。著者は「北支事変を通して観たる本島人皇民化の程度」と「支那事変と本島人の動向」という官憲側の調査資料を紹介し、時局体制に対する現地民の「生の声」を掘り起し考察している。

　第三部は南洋群島を取り上げている。第六章は、朝鮮総督府編纂『朝鮮国語読本』及び南洋庁第二次編纂『国語読本』の編纂者芦田恵之助の日本語教育での功績を辿っている。芦田の教育理念は、著者が引用しているように、「外より教えこむよりも、内よりも萌え出ずるを導くのが真の意義である」であった。そして、芦田は難語、難字、いいまわしの難しいものを避け、口語を重視し、表音通りに表記し、聞くことを重視した南洋群島向け『国語読本』を編纂した。時代がやや下って、「大東亜共栄圏」構想期に、中国占領地及び南方占領地に対する日本語教育のあり方（仮名遣い、日本語の簡易化、国語・国字の整理統一など）をめぐって議論百出するが、芦田はこの時期より早く合理的な日本語を教材化したといえよう。著者は、芦田のこの実践を「日本語教育の歴史を再検討する上で、重要な事実の一つであろう」と指摘している。

第七章は、南洋群島の歴史的背景、及びその一角ポナペ島における日本語教育の実態を著者自身のフィールドワークを織り交ぜて考察している。著者は旧南洋群島島民の日本語力を「発音、運用力ともに日本生まれの日本人と区別がつかない人が多い」と観察している。筆者も群島内のあちこちの島で3回聞き取り調査を行ったが、年輩島民の日本語運用力が高かったことを観察している。教育制度は、公学校が3年、その上の補修科が2年（さらに2－3年制の職業教育施設が群島内に2ヶ所あったが生徒数は合計20－30名で極めて少なかった）があり、授業時間は毎日2－3時間程度であった。このように学習年数、授業時数が決して多くなかった群島公学校卒業生はなぜあのような流暢な日本語を習得し、戦後も長らく維持しつづけているのであろうか。著者は「公学校における日本語教育の成果というより、『ボーイ』として働いた中での日本人との接触による成果かと思われる」と分析しているが、筆者はもう少し拡大分析したい。つまり南洋開拓が拡張するにつれて多くの日本企業、農業移民、商人が進出し、また太平洋戦争期には多くの日本軍人が駐屯し、島によっては住民の半数以上が日本人であり、それが日本語氾濫の言語環境を作り、小さな島内で日本人との接触は日常的であったったため、コミュニケーション言語はおのずと日本語になっていた。また、公学校卒業後の就職口は、村に帰って農業をやる人を除いて日本人の職場・家庭で働いた。このような学校教育外の要因、つまり地勢的、社会的に特殊な要因が日本語に流暢な島民を作り出し、さらに外界との交流、移動が比較的少なかった戦後の状態が日本語の保持をもたらしたのではないか。

　第四部は、南方占領地マラヤ、シンガポール（第八章）、インドネシア（第九章）、フィリピン（第十章）、ビルマ（第十一章）に対する教育施策、日本語普及方針、現地軍政部の対応、現地民の反応などが考察されている。これらの占領地における日本語教育は、日本軍政部が「大東亜建設審議会」の答申に示された「大東亜の共通語としての日本語の普及」に沿って、日本語学校、教員養成所、各種訓練学校・専門学校などの開設、講習会、現地学校再開などによって実行した。しかし各占領地域は、政治的・歴史的・文化的背景、占領後の扱い（独立か恒久的領有か）、軍政組織、戦略、戦況などがそれぞれに異なり、従って軍政下の日本語教育も実施方法が地域により異なっていた。

著者は、マラヤ、シンガポールの日本語教育は、教育方針の変更による現場の混乱、表記法の混用、教育現場での現地語使用の容認、歓迎されざる日本語の地位などから、ビルマやインドネシアに比べると、低調に終始した、と評している。一方、インドネシアの場合は、日本語を初等・中等教育で必修にした、短期講習によって現地人日本語教員を養成したが、どこまで充実した日本語教育が行われたかは疑わしく、かえって教育現場に混乱をもたらしたのではないかと分析しながらも、最後まで日本語を通して知識や技術を学び、独立後に備えようとしていた姿勢が窺える、と評している。また、激戦地フィリッピンの場合は、語学教育としての水準が高かったにもかかわらず、学習者のほうに明確な動機付けがなかったため、皮肉にも捕虜となった日本人に罵声を浴びせる言葉となって返ってきたのである、と評している。さらにビルマについては、他の占領地とは異なり、既存の学校で日本語が必修にされなかったことが特徴であるとし、親日色が強かったせいか、「ビルマ民衆の日本語熱はきわめて高かった」反面、早期に独立が与えられたため「教育施策が総体的に弱かった」との考察を引用している。

　以上が本書の概要、及び筆者の若干のコメントであるが、さらに全体的コメントを加えてみよう。著者は、実に多くの文献資料を駆使し、また関係者・体験者の聞き取りを交えて「大東亜共栄圏」内の日本語教育の実像を明らかにし、教育施策、及び地域間の共通性・差異性を捉えようとしている。共通しているのは、日本語に特別な地位が与えられていたことである。しかしその地位は地域によって呼称・扱い（「国語」、公用語、教授用言語、必修/選択科目）が異なったことを明らかにした。（これを序の「表1」で表しているが大変わかりやすい。）他方、日本語の普及を優先させたため、現地語の使用・教育には消極的な対応しかなし得なかった。

　本書の記述内容について筆者が若干疑問を抱いた点や著者と見解を異にする点がある。それはポナペ調査の結果として「神社参拝の強要はなかった」（120頁）と記されているが、「強要はなかったが、奨励はあった」という含みがあるのか、「参拝は全く自由意志」であったのか不明である。また、マラヤ・シンガポールの日本語教育を「低調であった」（150頁）と考察しているが、筆者も初等教育では制度不備のためそうであっただろうと捉えているが、昭南日本学園を引き継いだ軍政監部国語学校、師範学校、上級師範学校（及び著者が例

示している興亜訓練所)での教育は、日本語教育はもとより日本精神教育が行われており、全体的には「低調であった」と言い切れないのではないか。ビルマにおける日本語教育について、著者は、「日本人教員が充足していた事情もあって……直接法を採用し易い条件が整っていた」と分析しているが、日本から派遣された日本語要員は既存の学校ではなくもっぱら日本語学校へ配置されたのではないか、また直接法を採用した要因は「(日本語学校用教科書が)直接教授法、漸進法向きに編纂」されたのであり、「直接教授法を助ける文型、語彙、用字の能率的な配列のほかに文の魅力、内容の楽しさ」を追求したためではなかろうか(じっこくおさむ(本名草薙正典)著『ミャンマー物語』159頁)。また、「宮城遥拝、君が代斉唱などの皇民化のための儀式は、教育の場では実施されなかった」と記述されているが(208頁)、筆者が日本語学校で学んだ体験者への聞き取り調査では、これらは授業開始前に行われていた、と述べているので本書の記述に合致しない。

　上記のように、細部においてさらなる調査研究・確認をまたなければならない点が若干あるが、全体としては「大東亜共栄圏」各地域の日本語教育の実象がよく検証され、また相関的、比較的に考察されており、貴重な労作が世に出たといえよう。殖民地教育史研究者だけでなく一般読者にも勧めたい書である。

(勁草書房、2000年、249頁)

磯田一雄著
『「皇国の姿」を追って』
佐藤　尚子[*]

　「皇国の姿」は「みくにの姿」と読む。それは、通称「サクラ読本」系統の第六学年前期用国語教科書第十一課のことである。もう一つは、在満・関東国民学校用「国史地理」教科書の『皇国の姿』のことである。しかし、それだけではない。本書16頁によると、三重の意味があるという。一つは実際の教科書としての意味である。二つ目は皇国史観のもとに育てられた内なる民族意識や歴史意識を追うことである。三つ目は、植民地教育をめぐる今日の日本の現状と戦中教育との連続性を追求することである。

　この三重の意味を検討するため、本書は第Ⅰ部石森国語の成立と「満洲」で、『満洲補充読本』の成立と改訂、廃止の過程をつづっている。「満洲国」における日本人児童教育用に現地で補充教科書が作られたことはよく知られている。その一つが国語副読本『満洲補充読本』である。この読本の編集者石森延男は1923年3月に東京高師を卒業後、愛知県成章中学校、香川県師範学校を経て1926年、南満洲教育会教科書編輯部に赴任し、『満洲補充読本』八巻を完成させて1939年、42歳で文部省図書局図書監修官に任命されて日本に帰った人である。帰ってから第五期国定国語教科書を編纂し、戦後も最後の国定国語教科書を編纂している。また、「満洲国」で教科書編集と同時に石森は児童読み物の創作に従事しており、戦時下の石森の児童文学作品も本書で取り上げられている。

　このように第Ⅰ部では国語教育や児童文学の分析が行われているが、基調として描かれているのは日本人教育の理念が「内地延長主義」から「現地適応主義」へと変わる中で、いくつかの補充教科書が生まれたということである。「満洲」における日本人教育の歴史を追って見ていくと、1906年に相次いで設置された関東州と満鉄附属地の小学校では、日本人児童であるから内地の国定教科書に全面的に依拠し「基本的には内地延長主義で行われていた」（28頁）

[*]　広島大学教育学部

という。なぜかというと、「内地同様にして児童の転出入に不便を感ぜしめざる様」(28頁)とある。このような「満洲」一時滞在を前提とする教育が保護者に歓迎された面があった。また、「外地で一旗」(30頁)組の内地延長主義もあった。

一方、大陸浪人に歓迎されるような心情的「現地主義」もあった。その中で、1914年公布の「満鉄附属地小学校児童訓練要目」では、「満洲」における日本人として培われるべき資質が規定されるようになり、附属地教育の特色が主張されるようになった。たとえば、第三条「帝国ノ地位ヲ了解セシメ土地ト相親シムノ念ヲ養ヒ質素ニ安ンジ勤労ヲ楽シマシムベシ」がそうである。もっともこの訓練要目は常に「満洲」の学校現場で尊重され、意識的に実践されたわけではないらしい。しかし、1920年に着任した満鉄地方部保々学務課長は次のように言ったという。

> 特に満洲の地に将来大活躍をなし国家の第一線に先達となって働くべき人間を預る日本人教育は特に意を用ふべきものがあるべきだ。換言すれば同じ日本人教育には内地教育内容に加ふるに満洲特有のXが加はらなければならぬ。

こうして、満鉄教育は現地適応主義教育へと展開し、各種の補充教科書が編纂されることになった。ここで興味深いのは、本書でも指摘されているが保々が大正デモクラシーの申し子とも評されるリベラリストである点であろう。そして、現地適応主義が日本国内で見られた画一的な教育から脱しようとする教育の地方化や郷土化と同じ改革の流れのなかで生まれてきたという点である。

『満洲補充読本』がきわめて人間性を帯び、自由さをもち、子どもたちからの歓迎をうけた様子が本書で詳しく述べられているが、日本人教育はもう一度展開する。「満州国」以後のことである。「建国」以後、1934年から日本人教育は駐満洲国日本大使館内に設置された関東局が監督するようになった。1937年、治外法権撤廃により満鉄は教育から手を引いた。その後、石森延男が去った1914年、関東局に在満教務部が設けられると共に文部省から官僚が送り込まれるようになった。それは年を追って増加しつつあった開拓地の教育を重視する方針をとったためと思われる。『満洲補充読本』が廃止され、「国民科大陸事情」の教科書(一学年用は「マンシウ　一」、二学年用は「まんしう　二」、三学年用は「満洲　三」、四学年用は「初等科大陸事情　第四学年」)が編纂され、1941年度から使用された。これらは、開拓地の実態に合わせた正教科書

であり、著者は野村章氏がこれを「新しい現地主義」と呼んだと紹介している。つまり、『満洲補充読本』の「一　マンシウ」は牧歌的な大地に感動しているだけなのであるが、新教科書『マンシウ　一』には開拓地に暮らす子どもの雄大ではあるが同時に厳しい実際の生活そのものが描かれているという（89頁）。

　新しい現地主義は、日本人教育について周囲の異民族や異文化に対応して、支配者の立場からの最低限度必要な修正を施そうとしたものであると言う。そして、ここに「大東亜教育」の具体的な萌芽が見られると言う。ここにさまざまな戦略的要求にしたがって、軍国主義的な超国家主義的なむき出しの皇国主義が登場したとする。著者は、90頁で「生活科・郷土科的なものに代わって」としているが、もとはと言えば、現地適応主義のかけ声であった地方化や生活化、郷土化から変わってきたものであろう。だから、96頁の「さらに国民科大陸事情の教科書は植民地であるかぎり、「満州」は本来の「郷土」にはなりえないという立場で作られていた」という部分はわかりにくい。国民科大陸事情の教科書は、先に述べた「満鉄附属地小学校児童訓練要目」原案にあったとされる「殖民的思想及永住的意思の養成に努む」（27頁）をまさに実現したものと思われるからである。「満州」が日本人にとって「郷土」になること、これが「大東亜教育」なのではないだろうか。

　このように現地適応主義や現地理解、今で言えば国際理解であろうか、その二面性が本書第一部でよく示されている。現代でいえば、国際親善のための国際理解とともに、国際進出のための国際理解もまた存在するということであろう。ところで、本書のテーマである「皇国の姿」はどうなったのであろうか。現地適応主義のカリキュラムとして「国民科大陸事情」（正式には及満語と続くが）と同時に国史地理の統合教科書『皇国の姿』が誕生した。『皇国の姿』については第Ⅲ部で検討されている。第Ⅰ部で展開されたその前史について感じることが多かったのだが、本書のテーマについてはどう考えたらよいのだろうか。

　第Ⅱ部輸出された皇国史観の諸相の第一章では、「皇国の姿」の源泉が本居宣長にあること、皇国史観に立つ教材として「神宮皇后と三韓征伐」の日本における起源と普及をきわめて実証的に取り扱っている。そして、「つまり皇国史観は圧倒的な外来先進文化に接した後進国の劣等感の裏返し的要素をたぶんに持っていた」（180頁）と鋭く指摘している。第二章以下、朝鮮と台湾における歴史教科書をさまざまな点から比較し、植民地の子どもたちに与えられた

「皇国の姿」が画一でなかった事を示している。

　第Ⅲ部『皇国の姿』を追ってでは、1942年度から「満州国」で使用された『皇国の姿』の寿命が短かったこと、にもかかわらず、「教科書としてはそのタイトルからして異例であるが、内容的にも国定ないし官製としては前例のない」（315頁）ユニークな教科書であったことを明らかにしている。また、「満州国」教科書『皇国の姿』の直接のルーツが朝鮮総督府の『国史地理』（上下二巻、1938年）であるらしいこと、戦後社会科の先駆だと言えるのではないかという指摘もおもしろい。本国日本への影響もあったのである。

　しかし、16頁で書かれた本書題名の三つの意味は明らかにされたのであろうか。本書で明らかにされた一つ一つの事実には納得できるものが多いが、残念ながら全体としての「皇国の姿」にはなっていないように思われる。「皇国の姿」とは何か。冒頭「序にかえて」部分の「わけはわからないでもいい。いやわけなど問わない方がいい。ただかたじけなさに涙こぼるるという気持ちにさえなってくれればいい。それをあるときは遠慮がちにほんのすこしずつ、あるときにはなりふり構わず強引に教え込んでいく」姿のことであろうか。そうであるなら、「皇国の姿」を児童に見させるのは植民地でも日本国内でもきわめて困難な仕事であったと思う。「皇国の姿」教育は失敗だったのか。だれがこの無謀な試みを考案したのであろうか。本書から多くの示唆を受けたが、著者があとがきで述べているように、植民地教育史研究の課題はなお多いのである。

編者自身の資料紹介

日本植民地教育の絶頂期の言説を示す中核資料・『興亜教育』

佐藤　広美[*]

『興亜教育』を復刻しよう

　今回、復刻版『興亜教育』『(改題誌)教育維新』(全8巻・別冊1、緑蔭書房)を監修・解説する仕事をさせていただいた。表題の「日本植民地教育の絶頂期の言説を示す中核資料」は、この資料集を紹介する広告のキャッチ・コピーである。広告文は、以下のようにのべている。

　「本誌は、太平洋戦争下のいわゆる「大東亜共栄圏」の教育の理論や政策を論じ、当時の日本やアジア各地の教育事情を詳しく報じた雑誌。今回小社は『興亜教育』とその改題誌『教育維新』全39冊を完全収録した。」

　『興亜教育』は、1942年1月に創刊された。改題誌『教育維新』(第3巻第9号から)が終刊となるのは、1945年4月(第4巻第4号)であるから、文字通り大東亜共栄圏建設のための教育とその崩壊を扱った雑誌ということになる。刊行主宰は、東亜教育協会である。

　この雑誌のことは、小沢有作氏の「「大東亜共栄圏」と教育」『全書　国民教育　激動するアジアと国民教育』(明治図書、1973年)で、はじめて知った。東大教育学部図書館に第1巻第1号から第3巻の途中まで揃っていたので、「これは！」と思われる論文をコピーしていた。たとえば、

　海後宗臣の「大東亜の教育体制」(第1巻第4号)は、『大東亜戦争と教育』(教学叢書第12輯、1942年)とともに大東亜新秩序建設と教育の関連を扱った海後の重要論文。倉沢剛の「大東亜教育建設の現段階」(第1巻第9号)は、彼の大部の著作『総力戦教育の理論』(1944年)に収まった大東亜新秩序教育の段階的建設論(アジア植民地教育支配の青写真)であった。後藤文夫の「師範学校の改革に就いて」(第1巻第2号)は、師範学校の「学校植民地の学園」構想の披瀝であった。

　藤原喜代蔵の『明治大正昭和教育思想学説人物史　昭和前期篇』(1944年)

[*]　東京家政学院大学

は、当時の多くの教育雑誌が国内の教育問題にだけ目がいき、アジア教育全体の問題に十分な関心を示していないことに比べ、『興亜教育』は東亜教育全般を論じており、大東亜教育論の発展を期する上で貴重であるとの評価を示していた。植民地教育および理論に関心をもつものにとって、『興亜教育』は大切な研究資料であるとの確信を持ちはじめていた。この点は、本誌解説の「大東亜共栄圏と『興亜教育』－教育学とアジア侵略との関係を問う」に書いておいた。

不明であった『教育維新』の2冊が見つかる

『興亜教育』の復刻は、以前にも企画があった。エムティ出版社からの復刻だ。1996年頃の話であり、下村哲夫と大江健の両氏による監修・解説によるものであったと記憶している。両氏は、「『興亜教育』・『(改題)教育維新』・『(改題)教育文化』－目録及び解題」(『筑波大学教育学系論集』第17巻第1号、1992年)を書いている。

すぐに手に入れたかったので、直接出版社に問い合わせてみると、この出版は中止になったという。その後、「どうしても不明・欠本分が埋まらなかった」、との事情を関係者から聞いた。

『興亜教育』は、太平洋戦争下の教育を考える上で大切な資料であり、とくにアジア植民地教育を分析するためには欠かしてはならないものであることを、緑蔭書房代表の南里知樹氏と話しあい、「では、やってみましょう」ということになった。

インターネットのNACSIS Webcatで調べると、さいわいそのほとんどが東京にある大学図書館、東京大学教育学部図書館、日本大学文理学部図書館、お茶の水女子大学図書館にそれぞれ分散して所蔵していることが分かり、写しを撮った。しかし、『教育維新』の第4巻第2号と第3号は不明のままだった。先の下村・大江「解説」は、この2冊を「不詳」扱いにしており、「編集作業終了後、同社の手を離れてから発行日までの間の印刷段階もしくは配給直前に焼失したとみるのが最も真実に近いのではないか」とのべていた。「欠本やむなし」と判断した。

ところが、南里氏が日本教育会館附設教育図書館で、偶然にもこの2冊を見つけだしたのである。南里氏は筆者の手紙でつぎのようにのべている。

「教育会館に別の資料を調べに行った折り、偶然見つけました。しかも、欠

本の4-2、4-3のみしかないという全くの幸運でした。改めて足での調査が大切なことを痛感しました。」

　不詳とされた同誌には、細谷俊夫「工場教育体制の進展」（第4巻第2号）や梅根悟「中等教育の戦力化」（第4巻第3号）など、重要な論文が載っている。細谷は企業協同体論的発想による職業技術教育の再編を説き、梅根は中等教育を青年学校に一元化する構想を主張していた。

戦後の後継誌『教育文化』について

　『興亜教育』には、多数の教育学者・研究者が登場している。その少なくない部分は、戦後の教育学形成を担っている。彼らは戦時下、どのような論説を試みていたのか、それはどのように戦後に継承されているのか、いないのか。また、その点で反省はあるのかどうか、重要な課題であると思う。まずはじっくり彼らが残した戦時下の言説を分析する必要があるのではないか。

　『興亜教育』は、多くの日本精神主義教育論、大東亜教育論（植民地教育論）、戦時教育改革論を載せている。とくに大東亜教育論（植民地教育論）が多数掲載されており、これらが植民地教育史研究にとって重要であることは間違いない。本誌を活用したいものである。

　なお、本誌は戦後『教育文化』と改題して、継続発行される。1946年1月（第5巻第1号）から、1947年5月（第6巻第5号）までである。今回の復刻では、この『教育文化』ははずした。

　今思うと、この『教育文化』を復刻できなかったのは、ちょっと残念な気がしている。この雑誌は海後宗臣が中心になって編集している。ほぼ毎回、海後が「巻頭言」を書いている。海後が書いた論文として、「教育における民主的なもの」（第5巻第1号）、「農村のもつ教育魅力」（第5巻第2号）、「結論　女子教育の着眼」（第5巻第12号）、「これからの教育展望」（第6巻第2・3合併号）などがある。

　戦時下、大東亜共栄圏の教育建設の論陣を張った『興亜教育』『教育維新』が、敗戦後、半年も経たない1946年1月から教育の民主化を論じはじめる。この1946年からの1年数ヶ月は、戦前の教育学の反省と戦後の教育学の出発と形成を考えるうえで、一体どのような意味をもっているのだろうか。『興亜教育』→『教育維新』→『教育文化』の流れにみる教育学の連続と断絶問題が大いに気にかかる。

この問題は、他の教育雑誌にも同じようにあてはまる。帝国教育会の『帝国教育』『大日本教育』は、1945年1月に休刊となり、再刊は1945年8月、その後、日本教育会と改称し、1946年9月に『教育界』と改題、1947年3月まで発行される。国民学校綜合雑誌『日本教育』は、1945年1月に休刊となり、再刊は1945年10月からである。終刊号は1947年8月であった。
　戦前、同じようにアジア侵略教育の論説を多数掲載した教育雑誌が、敗戦直後にどのように生き返り、1947年の中頃まで如何なる教育論を展開したのだろう。これはほとんど未解明な問題ではないだろうか。

　『興亜教育』をいろいろな視点から分析していただければと思っている。

(『興亜教育』全8巻・別冊1、緑蔭書房、2000年5月刊行、140,000円)

第一期『普通學校國語讀本』覆刻について

朝鮮総督府編纂

朴英淑[*]

「蒐集した資料は善本破損本等雑多でした」が収集に収集を重ねて次第に「破損本は善本に取り換えることができ」、その成果として今日の福岡教育大学附属図書館の教科書室(私たちは教科書文庫と呼んでいるが)に善本蔵書がある──当時教科書収集に献身的ご尽力をなさった図書館司書高田源蔵先生からお手紙をいただいた。損傷汚濁の本は全くない、しかも初版により近い一本を求め続けた図書館司書の慧眼とたゆむことない努力の集積結晶であることを知る度に感謝の念がふつふつとに湧いてくる。

ソウル中央図書館・ソウル大学図書館、或いは東書文庫・成城学園大学を始めとして多くの公的機関の蔵書を複写コピーで集める一方、韓国の古本屋・骨董屋等を訪ね購入もした。天安の古本屋では、あらゆる所から集められたほこりだらけの古書の山から数冊の教科書を探し出した事もあった。数年かけて集めた本を整理してみると同じ本が何冊もあったりで、結局全巻を揃えるには至り得なかった。教科書収集が思うにまかせず、教科書研究もあきらめかかった丁度その時、福岡教育大学の教科書文庫を思い出した。第一期に当たる『普通學校國語讀本』全8巻を見つけた時は鳥肌が立つほど感動を覚えた。指導教授である笠栄治先生のご尽力とご指導と蔵書者のご厚意とを得て、全巻の写真撮影、覆製出版許可申請、印刷所との交渉がスムーズに進み、刊行の運びとなった。

解題に朝鮮総督府編纂の第一期『普通學校國語讀本』の漢字分析表を入れたり、保護期の『普通學校學徒用日語讀本』を日韓併合により新たに修正編纂された『訂正普通學校學徒用國語讀本』、第二期『普通學校國語讀本』(1923－1924、大正12－13年)との三本対照漢字表、使用頻度表(総出現漢字表)等を収録することができたのも笠先生のご激励によるものである。第一期『普通

---

[*] 久留米大学大学院比較文化研究所研究員

學校國語讀本』は初出漢字数1641字、総出現漢字数30071字となり、その一覧表だけでも30頁に及んだ。因みに『訂正普通學校學徒用國語讀本』の初出漢字数は1023字、総出現漢字数は19469字、第二期『普通學校國語讀本』の初出漢字数は1266字、総出現漢字数は17725字であり、その表も37頁に及ぶのである。

第一期『普通學校國語讀本』は日本に併合された朝鮮に於いて、日本臣民たらしむべしの国策によって施行された初等教育機関「普通学校」の「国語読本」である。朝鮮児童に国語教育の名を冠して実施された入門期日本語教科書である。

筆者は『普通學校國語讀本』を第一期と認め『朝一』の略号をもって表すものである。日韓併合後、最初に使用された国語教科書は『訂正普通學校學徒用國語讀本』で1911年（明治44年）に刊行を見た。日韓併合に先立つ日本の保護統治期に語学教科書として編纂された『普通學校學徒用日語讀本』（1907-1908年、明治40-41年）を日韓併合によって「日語」は「国語」に訂正され、新教科書の編纂を見るまでの過渡期国語教育の教科書として使用されることになった。その『訂正普通學校學徒用國語讀本』は「旧学部にて編纂したる教科書に訂正出版を速に完了」した新編纂教科書への繋ぎと位置づけ、朝鮮総督府が新たに編纂した『普通學校國語讀本』を第一期に認定するのである。

日韓併合後も、統監府以来の初等教育「普通学校」は4年制を継承し、3年修了を視野に入れた4年制教科書として『朝一』は編纂された。当時、台湾では漢民族系のいわゆる本島人には公学校が6年制初等教育として施行され、その第一期国語教科書は1901年（明治34年）に『臺灣教科用書國民讀本』12巻として編纂使用されていた。続いて、日本国内も国定教科書の時代となり、その第一期『尋常小學讀本』8巻が1903年（明治36年）に4年制小学校教科書として、初等教育6年制に伴う改編第二期『尋常小學讀本』12巻が1909年（明治42年）から編纂供用されている。なお、台湾の公学校第二期教科書『公學校用國民讀本』12巻が編纂供用されるのは1913年（大正2年）からである。

『朝一』は本文（緒言、目録を除く、附録は本文に入れる）のみでも944頁である。日本の同じ4年制の第一期国定国語教科書『尋常小學讀本』は本文のみで593頁、第二期国定国語教科書『尋常小學讀本』は6年制用で全12巻、その頁数は本文のみで1072頁である。『臺灣教科用書國民讀本』は和装本ながらも12巻仕立てで、390丁、780頁である。先にあげた漢字学習でも『朝一』の程度の高さが認められた。しかも、『朝一』は第3年次完成を視野に入れて、巻

5・6の本文頁数（巻5は126頁と附録12頁の計138頁、巻6は126頁と附録18頁の計144頁）に比べ、巻7の本文124頁（附録16頁を含む）、巻8は本文133頁（附録15頁を含む）で少なくなっている。これは漢字学習についても言え、初出漢字は巻5は280字、巻6は369字であるのに対し、巻7は220字、巻8は240字と減っている。巻7・8にはむずかしい候文や漢文訓読、文語文或いは変体仮名等が取り入れられている。第3年次と第4年次の格差は大きいのである。

『朝一』の教科書は低学年より助詞の「は」「を」を除いて表音的仮名遣を用いる（巻1～巻6）が、巻7第18課「仮名遣」を経て後は歴史的仮名遣が採用されている。内地の『尋常小學讀本』第一期から歴史的仮名遣であるが、台湾の『臺灣教科用書國民讀本』は表音的仮名遣で全巻が通してある。ただ、台湾の第二期教科書に当たる『公學校用國民讀本』では総てが歴史的仮名遣の編纂をするなど歴史的展開も想定できよう。『朝一』の日本語入門に当たっては表音的仮名遣を「は」と「を」とを除いてまず導入し、高学年の仕上げ段階に至って歴史的仮名遣学習を付加したのである。短い初等教育4年間という修業機関の中に十分な日本語修得と引続き展開が予測できる日本語普及への深慮された編纂と考えられよう。台湾で実験済みの植民地国語教育の実証を踏まえ、その得失をよく吸収し、朝鮮人児童を対象とした教科書に、自ら「第一期を劃せむ」の意気込をもって、朝鮮総督府によって本格的に編纂された成果なのである。

『朝一』はかくて、植民地教育政策を基本とする思想と時代背景が垣間見られる国語教科書で、当然ながら内地の小学校入門期国語教科書とも異なった教科書編纂があったと理解できよう。かくて、修業年限4年課程の全8巻仕立て『朝一』教科書は、分量（頁数）に於いても、内容構成においても、バラエティーに富んだ編纂を生んだのである。

『朝一』のもう一つの特徴は、全課の課末に練習問題を設けている各課の学習内容に関する問答を通じて読方、語法、活用、作文などの訓練或いは練習を行うためである。内地の第一期・第二期『尋常小學讀本』にも、台湾の『臺灣教科用書國民讀本』や『公學校用國民讀本』に全く見えない所であり、①本文②練習という構成で、学習知識の定着をはかり、本文にも言葉の意味を理解しやすくするため、実物提示、動作説明、挿し絵等による直接的教授法を採用している。練習は練習を通して本文内容を確認する方法で、本文内容の把握の他、単語の読み、意味の学習と作文の訓練とを兼ねている。本文内容では重要な事柄については問答形式の練習問題を用意するなど、練習問題を高からしめる工

夫がある。

　更に、内地の第一・二期『尋常小學讀本』や台湾の『臺灣教科用書國民讀本』や『公學校用國民讀本』に見えなかった特徴に「附録」を挙げることができよう。例えば、巻8の附録は「一．神代御略系及ビ天皇御歴代表」（4頁）と「二．本字振仮名」（5頁）は各課難読文字の読み方が記され、「三．語句解釈」（6頁）では、例えば第22課「暦」で「干支 十干十二支、コトデ、之ヲ配合シテ、年ト日ニ当テ用ヒル。十干トハ甲（キノエ、コウ）、乙（キノト、オツ）（以下略）、十二支トハ子（ネ、シ）、丑（ウシ、チウ）（以下略）」のように懇切な注釈が施されている。附録は巻1に2頁、巻2に4頁、巻3に4頁、巻4に4頁、巻5に12頁、巻6に18頁、巻7に16頁と「本邦行政區劃圖」（2頁）、巻8に15頁が編纂され学習の手助けをなしている。

　『朝一』の覆刻にあたり、この教科書の研究上の価値について次の四点を結
　　論として挙げた。
　第一に朝鮮統治の基本姿勢である同化について具体的に示してあること。
　第二に国語（日本語）教科書として台湾の国語教科書との比較ができること。
　第三に修業年限を四年とする特殊なものであること。
　第四に母語を異とする児童への植民地教育を目的としたものであること。
　教育の中で欠かすことのできないものは教科書であり、教科書は国民に大きな影響を与えて来た。唐澤富太郎は『教科書の歴史』の序で、教科書が「日本人を形成してきた」のであり、明治以降は「国家が教育にかけた期待が大きかった。それだけ教科書は、国家政策推進の一翼という重要な使命を担わせられつつ発展してきた。」と述べている。子供の人間形成にかかわる教科書、その教科書がどのような思想の元で編纂されたかは教科書の内容を調査することで明らかにすることができる。日本植民地期の統治者側により編纂された教科書を通して、朝鮮児童の教育が行われた。それは教育の力をかり、教科書を通して、統治者側の意図を反映したと考えられよう。

　このようなことから、『朝一』国語教科書は、朝鮮児童にどのような目的で、どのような影響を及ぼし、役割を果たしているかを知りうる貴重な資料としての価値が認められる。また、現在の日本語教育研究に貴重な基本資料を提供すると考えられる。一方、朝鮮の日本植民地下の植民地教育史研究上の貴重な資料として当時の日本化教育の最先端をゆく国語（日本語）教育方針・言語政策が具体化されている国語（日本語）教科書として覆刻の意義があると考える。

朝鮮総督府編纂
教科用図書刊行目録稿

朝鮮総督府編纂教科用図書刊行目録稿

(2000.10.25　S.Fujimaki)

【凡例】
(1) この目録は、朝鮮総督府（旧学部を含む）が、刊行した教科用図書（教科書）の刊行目録である。
(2) 出典、根拠は明示したもの以外は、『朝鮮総督府官報』によった。左端の数字と年月日がそれである。
(3) 刊行年月日は、換算による誤りをさけ、資料の原記載通り日本の年号を用いた。
(4) 官報は、国会図書館所蔵のマイクロフィルムを用いた。これは完全な揃いではないため、官報記載の情報をすべてチェックしたとは言いがたい。
(5) 教科書は、改訂を加えてもタイトルの変更が無いことが普通なので、官報記載の情報のみでは正確な分類は期しがたい。
(6) このため、正確な時代区分は困難であるが、上田崇にさん（県立広島女子大学）に従って(註)、便宜的に区分し整理した。
(8) 4、5、6の理由により、既に作成されている『所蔵目録』との照合はもちろん（これらの理由により、完全ではない）、現物との照合によって、完全な目録作成を期さなければならない。本稿はそれまでの過渡的な役割を担うにすぎない。
　(註) http://www.hirojo-u.ac.jp/~tueda/index.htm

「旧學部」期

學部編纂教科用図書　『教科用図書発賣人一覧學部編纂教科用図書発賣規程』學部編輯局隆熙4年1月増補第4版

修身書	4冊	各10錢　普通學校用
國語讀本	8冊	各12錢　普通學校
日語讀本	8冊	各12錢　普通學校
漢文讀本	4冊	各10錢　普通學校
理科書（日文）	2冊	各13錢　普通學校
圖畫臨本	4冊	各12錢　普通學校
習字帖	4冊	各8錢　普通學校
算術書（教員用）	4冊	各24錢　普通學校

1910 日韓「併合」

朝鮮総督府編纂教科用図書刊行目録稿　171

1911.8 朝鮮教育令（第1次）
「併合」直後の教科用図書

【総督府官報】明治44年2月2日　○印は訂正を加え、表紙に「訂正」の文字を記し「學部編纂」の文字を削る。定價改定は明治44年3月15日より。
○普通學校學徒使用國語讀本　全8冊　各6錢　旧學部編纂圖書定價改定 44.2.22・旧「普通學校學徒使用日語讀本」
○普通學校學徒使用朝鮮語讀本　全8冊　各6錢　旧學部編纂圖書定價改定 44.2.22・旧「普通學校學徒使用國語讀本」
○普通學校學徒使用漢文讀本　全4冊　各6錢　旧學部編纂圖書定價改定 44.2.22
○普通學校學徒使用修身書　全4冊　各6錢　旧學部編纂圖書定價改定 44.2.22
○普通學校學徒使用理科書　全2冊　各6錢　旧學部編纂圖書定價改定 44.2.22
○普通學校學徒使用習字帖　全4冊　各6錢　旧學部編纂圖書定價改定 44.2.22
○圖畫臨本　全4冊　各8錢　旧學部編纂圖書定價改定 44.2.22
普通學校教員用算術書　全4冊　各6錢　旧學部編纂圖書定價改定 44.2.22
普通教育唱歌集　第一輯　6錢　旧學部編纂圖書定價改定 44.2.22
普通教育學　全1冊　13錢　旧學部編纂圖書定價改定 44.2.22
學校體操教授書　全1冊　13錢　旧學部編纂圖書定價改定 44.2.22

朝鮮総督府出版教科用圖書一覧（明治四十四年十二月二十八日調）【教科用圖書一覧】朝鮮総督府明治45年1月改訂第6版
（以下のリストは、上記「官報」明治44年3月15日とおなじ。）
修身書　4冊　各6錢　普通學校兒童用
國語讀本　8冊　各6錢　普通學校兒童用
國語補充教材　1冊　6錢　普通學校兒童用
朝鮮語讀本　8冊　各6錢　普通學校兒童用
漢文讀本　4冊　各6錢　普通學校兒童用
理科書　2冊　各6錢　普通學校兒童用
習字帖　4冊　各6錢　普通學校兒童用
圖畫臨本　4冊　各8錢　普通學校兒童用
算術書　4冊　各6錢　普通學校教員用
普通教育唱歌集　第一輯　6錢　普通學校及諸學校兒童生徒並教員用

普通教育學	1冊	13錢	諸學校生徒用竝普通學校教員参考用	
學校體操教授書	1冊	13錢	諸學校教員参考用	

第1期
明治45年以降、大正4年までに刊行された教科用図書 典拠は朝鮮総督府「官報」による

◇□印の図書は私立學校中「國語」で教授しがたい場合にかぎり使用する

普通學校修身書	巻一〜三	6錢	大正2.12.15	生徒用	大正2.12.15
普通學校修身書	巻三	6錢	大正3.11.13	生徒用	685 大正3.11.13
普通學校修身書	巻四	6錢	大正4.4.6		大正4.3.25
◇普通學校修身書(諺文訳)	巻一、二	各6錢	大正3.11.13	普通學校生徒用	685 大正3.11.13
□普通學校修身書(諺文訳)	巻三	6錢	大正4.4.6.		
普通學校修身書	巻一	6錢	大正2.12.15	教師用	大正2.12.16
普通學校修身書	巻二	6錢	大正3.4.11	教師用	507 大正3.4.11
普通學校修身掛圖第一學年用一綴		2圓40錢	大正3.4.11		507 大正3.4.11
普通學校修身掛圖第二學年用一綴		2圓20錢	大正4.4.6	普通學校用	大正4.3.25
普通學校國語讀本	巻一〜四	各6錢	大正2.3.24		191 大正2.3.24
普通學校國語讀本	巻五	6錢	大正3.2.23		
普通學校國語讀本	巻六	6錢	大正3.12.19		
普通學校國語讀本	巻七	6錢	大正4.4.6	普通學校用	大正4.3.25
普通學校國語讀本	巻八	6錢	大正4.11.20		989 大正4.11.2
普通學校國語補充教材	全1冊 最高売價6錢		明治45.1.9	普通學校第4學年兒童用	407 明治45.1.9
普通學校習字帖	巻一〜二	各6錢	大正2.3.24		191 大正2.3.24
普通學校習字帖	巻三	6錢	大正3.4.11		507 大正3.4.11
普通學校習字帖	巻四	6錢	大正4.3.25	普通學校用	790 大正4.3.25
普通學校朝鮮語及漢文讀本	巻一	6錢	大正4.4.6		大正4.3.25
普通學校朝鮮語及漢文讀本	巻二		未確認		
普通學校算術書	巻二	6錢	大正3.9.10	教師用	634 大正3.9.11

朝鮮総督府編纂教科用図書刊行目録稿　173

書名	巻	定価	日付	用途	頁・日付
普通學校算術書	巻三	6錢	大正4.3.25	普通學校教師用	大正4.3.25
普通學校理科書	巻一	6錢	大正2.3.24		191 大正2.3.24
普通學校理科書	巻二	6錢	大正2.8.18	生徒用	大正2.8.18
新編唱歌集	全	6錢	大正3.4.11		507 大正3.4.11
□羅馬字新編唱歌集	全1冊	6錢	大正4.4.6		大正4.3.25
普通學校新編農業書	巻一、二	各6錢	大正3.4.11		507 大正3.4.11
□普通學校農業書（朝鮮訳文）	全2冊	各6錢	大正4.4.6		大正4.3.25
速修國語讀本	全1冊	15錢	大正4.2.3	國語講習會用	
高等國語讀本	巻一	13錢	明治45.4.8	高等普通學校用	481 明治45.4.8
高等國語讀本	巻二		未確認		
高等國語讀本	巻三	13錢	明治45.5.27	高等程度學校用	523 明治45.5.27
高等國語讀本	巻四	13錢	大正2.1.18	高等程度學校用	138 大正2.1.18
高等國語讀本	巻五	13錢	大正2.6.16	高等程度學校用	大正2.6.16
高等國語讀本	巻六	13錢	大正3.1.8	高等程度諸學校用	
高等國語讀本	巻七	13錢	大正2.10.21	高等程度諸學校用	大正2.10.22
高等國語讀本	巻八	13錢	大正3.4.11	高等程度學校用	507 大正3.4.11
高等習字帖	全二		未確認		
高等朝鮮語及漢文讀本	巻一		未確認		
高等朝鮮語及漢文讀本	巻二		未確認		
高等朝鮮語及漢文讀本	巻三	13錢	大正2.7.11	高等程度學校用	
高等朝鮮語及漢文讀本	巻四	13錢	大正2.10.21	高等普通學校諸學校	大正2.10.22
日本地理教科書	全	15錢	大正3.4.11	高等程度學校用	507 大正3.4.11
◇日本地理教科書（朝鮮訳文）	15錢	大正3.11.13		高等程度學校等	685 大正3.11.13
日文地理教科書附圖	全	28錢	大正3.4.11	高等程度學校用	507 大正3.4.11
地文學教科書	全	16錢	大正3.4.11	高等程度學校用	507 大正3.4.11
外國歴史教科書	全	30錢	大正3.6.29		
教育學教科書	全	18錢	大正1.12.21	高等程度學校用	120 大正1.12.23

書名	冊数	定価	発行年月日	摘要	頁数
作物教科書作物通論ノ部	全	13錢	大正3.4.11	公立農業學校用	507 大正3.4.11
作物教科書作物各論ノ部	全	13錢	大正3.4.11	公立農業學校用	507 大正3.4.11
作物教科書園藝作物ノ部	全	13錢	大正3.4.11	公立農業學校用	507 大正3.4.11
作物病虫害教科書	全	13錢	大正3.4.11	公立農業學校用	507 大正3.4.11
肥料教科書	全	13錢	大正3.4.11	公立農業學校用	507 大正3.4.11
土壤及農具教科書	全	13錢	大正3.4.11	公立農業學校用	507 大正3.4.11
養蠶教科書桑樹飼育ノ部	全	13錢	大正3.4.11	公立農業學校用	507 大正3.4.11
養蠶教科書					
蠶體生理及病理ノ部	全	13錢	大正3.4.11	公立農業學校用	507 大正3.4.11
畜産教科書	全	13錢	大正3.4.11	公立農業學校用	507 大正3.4.11
農産製造教科書	全	13錢	大正3.4.11	公立農業學校用	507 大正3.4.11
森林教科書造林ノ部	全	13錢	大正3.4.11	公立農業學校用	507 大正3.4.11
森林教科書					
森林保護及測樹ノ部	全	13錢	大正3.4.11	公立農業學校用	507 大正3.4.11
測量教科書	全	13錢	大正3.4.11	公立農業學校用	507 大正3.4.11
農業経済及法規教科書	全1冊	13錢	大正4.4.6	農業學校用	大正4.3.25
農業理科教科書					
植物動物及人體生理ノ部		13錢	大正4.11.26		大正4.11.27
水産教科書水産概論ノ部		13錢	大正4.12.27		
水産教科書水産各論ノ部	全1冊	13錢	大正4.4.6	農業學校用	大正4.3.25
大日本帝國分圖朝鮮地方	1軸	95錢	大正2.8.18		大正2.8.18
大日本帝國分圖朝鮮地方ノ部軸仕立		1圓15錢	大正4.4.	諸學校用	大正4.3.25
大日本帝國分圖朝鮮地方ノ部天地袋仕立		1圓	大正4.4.6	諸學校用	大正4.3.25
教育勅語衍義	全1冊	16錢	明治45.3.20		469 明治45.3.22
國語教授法	全1冊	10錢	大正1.8.15		14 大正1.8.15

朝鮮総督府総督府編纂教科用圖書『教科用圖書一覧』朝鮮総督府大正四年十二月改訂九版

朝鮮総督府編纂教科用図書刊行目録稿　175

(一) 普通學校及同程度學校教科用圖書
普通學校修身書　　　　　　　　　全4冊　　　　　　　　　6錢
普通學校修身書生徒用（諺文譯）　　　　　　　　　　　　卷一、二、三各冊6錢　　卷四近刊（注1）
普通學校修身書教師用　　　　　　卷一、二　　　　　　　各6錢
普通學校修身書掛圖　　　　　　　第一、二　　　　　　　二綴第一學年用2圓40錢第二學年用2圓20錢　卷三、四近刊（注2）
普通學校國語讀本　　　　　　　　全8　　　　　　　　　各6錢
普通學校習字帖　　　　　　　　　全4　　　　　　　　　各6錢
普通學校朝鮮語及漢文讀本　　　　卷一、二　　　　　　　各6錢　　　　　　　卷三、四出版時期未定（注3）
普通學校算術書教師用　　　　　　卷一、二、三各6錢　　　　　　　　　　　　卷四近刊（生徒用編纂中ナルモ出版時期未定）
　　　　　　　　　　　　　　　　（注4）
普通學校理科書生徒用　　　　　　全二　　　　　　　　　各6錢　　　　　　　教師用近刊（注5）
新編唱歌集　　　　　　　　　　　全一　　　　　　　　　6錢　　　　　　　　普通學校及諸學校生徒並教師用
羅馬字新編唱歌集　　　　　　　　全一　　　　　　　　　6錢
普通學校農業書　　　　　　　　　全二　　　　　　　　　各6錢
普通學校農業書（朝鮮譯文）　　　全一　　　　　　　　　6錢
速修國語讀本　　　　　　　　　　　　　　　　　　　　　15錢　　　　　　　國語講習會用

備考未出版のものは下記の旧編纂の圖書を充用する
朝鮮文の圖書は私立學校中「國語」にて教授しがたい場合にかぎり使用する
羅馬字唱歌集は、「國語」によって教授しがたい學校で使用

充用旧編纂教科用圖書
朝鮮語讀本　　　　　　　　　　　卷五〜八　　　　　　　各6錢
漢文讀本　　　　　　　　　　　　卷三、四　　　　　　　各6錢
圖畫臨本　　　　　　　　　　　　全四　　　　　　　　　各8錢
算術書教師用　　　　　　　　　　卷四　　　　　　　　　6錢

(二) 高等普通學校教科用圖書
高等國語讀本　　　　　　　　　　全八　　　　　　　　　各13錢　　高等普通學校、女子高等普通學校、實業學校其他同程度學校用
高等習字帖　　　　　　　　　　　全二　　　　　　　　　各13錢　　高等普通學校、女子高等普通學校、實業學校其他同程度學校用

書名		價格	使用學校
高等朝鮮語及漢文讀本	全四	各13錢	高等普通學校, 實業學校其他同程度學校用
日本地理教科書	一	15錢	高等普通學校, 實業學校其他同程度學校用
日本地理教科書（朝鮮譯文）	一	15錢	高等普通學校, 實業學校其他同程度學校用
日本地理教科書附圖	一	28錢	高等普通學校, 實業學校其他同程度學校用
地文學教科書	一	16錢	高等普通學校, 實業學校其他同程度學校用
外國歷史教科書	一	30錢	高等普通學校, 實業學校其他同程度學校用
教育學教科書	一	18錢	高等普通學校, 實業學校其他同程度學校用

（三）農業學校教科用圖書

書名		價格	使用學校
作物教科書作物通論ノ部	一	13錢	公立農業學校其他同程度學校用
作物教科書作物各論ノ部	一	13錢	公立農業學校其他同程度學校用
作物教科書園藝作物ノ部	一	13錢	公立農業學校其他同程度學校用
作物病虫害教科書	一	13錢	公立農業學校其他同程度學校用
肥料教科書	一	13錢	公立農業學校其他同程度學校用
土壤及農具教科書	一	13錢	公立農業學校其他同程度學校用
養蠶教科書栽桑及飼育ノ部	一	13錢	公立農業學校其他同程度學校用
養蠶教科書		13錢	公立農業學校其他同程度學校用
蠶體生理及病理ノ部	一	13錢	公立農業學校其他同程度學校用
畜産教科書	一	13錢	公立農業學校其他同程度學校用
畜産製造教科書	一	13錢	公立農業學校其他同程度學校用
森林教科書造林ノ部	一	13錢	公立農業學校其他同程度學校用
造林教科書			
森林保護及測樹ノ部	一	13錢	公立農業學校其他同程度學校用
測量教科書	一	13錢	公立農業學校其他同程度學校用
農業經濟及法規教科書	一	13錢	公立農業學校其他同程度學校用
農業理科教科書			
植物, 動物及人體生理の部	一	13錢	公立農業學校其他同程度學校用
農業理科教科書			

物理、化學、及鑛物ノ部	―	13錢	公立農業學校其他同程度學校用 （近刊）	（注6）
水産教科書水産各論ノ部	―	13錢	公立農業學校其他同程度學校用	
水産教科書水産概論ノ部	―	13錢	公立農業學校其他同程度學校用 （近刊）	（注7）

（四）教授用地圖及参考書

大日本帝國分圖 朝鮮地方ノ部	一軸	1圓15錢	諸學校教授用
大日本帝國分圖 朝鮮地方ノ部 天地袋仕立一幅	1圓		諸學校教授用
教育勅諭衍義	―	16錢	諸學校教授用
國語教授法	―	10錢	諸學校教授用

☆上記の（近刊）の、刊行状況は下記の通り。

大正5年1月から大正9年3月22日の定價改正までに刊行された教科用圖書典拠は朝鮮総督府「官報」による

普通學校修身書	巻三	6錢	大正5.3.23	教師用 （注2）	1088 大正5.3.23
普通學校修身書	巻四	6錢	大正6.3.30	教師用 （注2）	1395 大正6.3.31
普通學校修身書（諺文訳）	巻四	6錢	大正5.4.13	生徒用 （注1）	1105 大正5.4.13
普通學校修身掛圖	第三學年用	1圓80錢	大正5.4.13		1105 大正5.4.13
普通學校修身掛圖	第四學年用	90錢	大正5.4.13		1105 大正5.4.13
普通學校算術書	第二學年用	6錢	大正8.1.23	生徒用 （注4）	1936 大正8.1.23
普通學校算術書	第三學年	6錢	大正8.4.11	生徒用 （注4）	1999 大正8.4.11
普通學校算術書	第四學年	6錢	大正9.2.19	生徒用 （注4）	2281 大正9.3.22
普通學校算術書	巻四	6錢	大正5.4.13	教師用	1105 大正5.4.13
普通學校理科書	全1冊	6錢	大正6.3.30	教師用	1395 大正6.3.31
普通學校理科書	巻一	6錢	大正5.4.13	教師用 （注5）	1105 大正5.4.13
普通學校理科書	巻二	6錢	大正6.3.30	教師用 （注5）	1395 大正6.3.31
普通學校朝鮮語及漢文讀本	巻三	6錢	大正6.3.30	（注3）	1395 大正6.3.31
普通學校朝鮮語及漢文讀本	巻四	6錢	大正7.4.27	（注3）	1715 大正7.4.27
小學校普通學校體操教授書	全1冊	25錢	大正6.8.4		1501 大正6.8.4
小兒書篇	天	8錢5厘	大正7.4.27		1715 大正7.4.27

書名	冊/巻	価格	日付	備考	番号・日付
小兒書篇	地	7錢	大正8.4.11		1999 大正8.4.11
尋常小學農業書	全2冊	各6錢	大正6.3.30	生徒用	1395 大正6.3.31
高等小學農業書	全2冊	各8錢	大正7.4.27		1715 大正7.4.27
農業理科教科書				(注6)	
物理気象及化學ノ部		13錢	大正5.4.13		1105 大正5.4.13
高等讀本	全4冊	各13錢	大正6.3.30		1395 大正6.3.31
專門學校國語讀本	巻一	23錢	大正6.7.9		1479 大正6.7.9
專門學校國語讀本	巻二、三	各23錢	大正6.8.4		1501 大正6.8.4
法制經濟教科書法制ノ部		20錢	大正6.7.9		1479 大正6.7.9
法制經濟教科書經濟ノ部		20錢	大正6.7.9		1479 大正6.7.9
朝鮮語及會話書	全1冊	23錢	大正6.7.9		1479 大正6.7.9
實業學校國語讀本	巻一、二	各17錢	大正7.4.27		1715 大正7.4.27
高等普通學校用兩半球圖軸仕立1圓袋仕立90錢			大正7.4.27		1715 大正7.4.27
高等普通學校用日本地理掛圖12種略			大正7.4.27	(朝鮮地方圖、台湾地方圖、樺太地方圖含)	1715 大正7.4.27
高等普通學校用外國地理掛圖3種(略)					1715 大正7.4.27
高等普通學校修身教科書	巻一	13錢	大正7.10.2		1846 大正7.10.2
日本口語法及文法教科書	全1冊	25錢	大正8.1.23		1936 大正8.1.23
高等普通學校用日本地理掛圖本邦軍備圖		1圓55錢(軸) 1圓35錢(袋)	8.1.23		1936 大正8.1.23
高等普通學校用日本地理掛圖北亞米利加圖		1圓35錢(軸) 8.1.23			1936 大正8.1.23
高等普通學校用外國地理掛圖歐羅巴州圖		1圓95錢(軸) 1圓80錢(袋)	8.1.23		1936 大正8.1.23
高等普通學校修身教科書	巻二、三	13錢	大正8.4.11		1999 大正8.4.11
實用農業教科書	全1冊	13錢	大正8.9.20		2135 大正8.9.20

(注7) 未確認。ただし、下記の定価改定リストにはあがっているので、間違いなく刊行されたとおもわれる。

大正9年3月22日定価改定時における教科用圖書(典拠は朝鮮総督府「官報」による)

書名	巻	価格	改定日	備考	番号・日付
普通學校修身書	巻一	7錢	定價改定9.3.22	生徒用	2281 大正9.3.22
普通學校修身書	巻二、三、四	各8錢	定價改定9.3.22	生徒用	2281 大正9.3.22

書名	冊数	定価	備考	改定	用途	番号	年月日
普通學校修身書	全4冊	各16錢		定價改定9.3.22	教師用	2281	大正9.3.22
普通學校修身書(生徒用諺文訳)巻一		7錢		定價改定9.3.22		2281	大正9.3.22
普通學校修身書(生徒用諺文訳)巻二～四		各7錢		定價改定9.3.22		2281	大正9.3.22
普通學校國語讀本 巻一、二		7錢		定價改定9.3.22		2281	大正9.3.22
普通學校國語讀本 巻三～八		8錢		定價改定9.3.22		2281	大正9.3.22
普通學校朝鮮語及漢文讀本 巻一		7錢		定價改定9.3.22		2281	大正9.3.22
普通學校朝鮮語及漢文讀本 巻二～三		各8錢		定價改定9.3.22		2281	大正9.3.22
普通學校習字帖 巻一		7錢		定價改定9.3.22		2281	大正9.3.22
普通學校習字帖 巻二～三		各8錢		定價改定9.3.22		2281	大正9.3.22
普通學校算術書第二學年～四學年		各16錢		定價改定9.3.22		2281	大正9.3.22
普通學校算術書	全4冊			定價改定9.3.22	教師用	2281	大正9.3.22
普通學校珠算書	全	16錢		定價改定9.3.22		2281	大正9.3.22
普通學校理科書 巻一、二		各8錢		定價改定9.3.22	生徒用	2281	大正9.3.22
普通學校理科書 巻一、二		各16錢		定價改定9.3.22	教師用	2281	大正9.3.22
普通學校農業書 巻一、二		各8錢		定價改定9.3.22	生徒用	2281	大正9.3.22
通學校農業書 巻一、二		各8錢		定價改定9.3.22	生徒用	2281	大正9.3.22
普通學校農業書(朝鮮訳文)巻一、二		各8錢		定價改定9.3.22		2281	大正9.3.22
小學校普通學校禮儀操教授書	全	16錢		定價改定9.3.22		2281	大正9.3.22
高等普通學校修身教科書 巻一～三		30錢		定價改定9.3.22		2281	大正9.3.22
高等普通學校修身教科書 巻一～三		30錢		定價改定9.3.22		2281	大正9.3.22
高等朝鮮語及漢文讀本 全四		30錢		定價改定9.3.22		2281	大正9.3.22
外國歷史教科書 全八		60錢		定價改定9.3.22		2281	大正9.3.22
日本地理教科書 全		25錢		定價改定9.3.22		2281	大正9.3.22
日本地理教科書(朝鮮訳)全		25錢		定價改定9.3.22		2281	大正9.3.22
日本地理教科書附圖 全		40錢		定價改定9.3.22		2281	大正9.3.22
地文學教科書 全		25錢		定價改定9.3.22		2281	大正9.3.22
法制経済教科書法制ノ部 全		25錢		定價改定9.3.22		2281	大正9.3.22
法制経済教科書経済ノ部 全		25錢		定價改定9.3.22		2281	大正9.3.22

日本口語法及文法教科書	全	45錢	定價改定 9.3.22	2281	大正9.3.22
高等修身書	全四	各30錢	定價改定 9.3.22	2281	大正9.3.22
專門學校國語讀本	全三	各30錢	定價改定 9.3.22	2281	大正9.3.22
實業學校國語讀本	卷一、二	各30錢	定價改定 9.3.22	2281	大正9.3.22
作物教科書作物通論ノ部	全	25錢	定價改定 9.3.22	2281	大正9.3.22
作物教科書作物各論ノ部	全	25錢	定價改定 9.3.22	2281	大正9.3.22
作物教科書園藝作物ノ部	全	25錢	定價改定 9.3.22	2281	大正9.3.22
作物病虫害教科書	全	25錢	定價改定 9.3.22	2281	大正9.3.22
肥料教科書	全	25錢	定價改定 9.3.22	2281	大正9.3.22
土壤及農具教科書	全	25錢	定價改定 9.3.22	2281	大正9.3.22
養蠶教科書栽桑飼育ノ部	全	25錢	定價改定 9.3.22	2281	大正9.3.22
養蠶教科書蠶體生理及病理ノ部	全	25錢	定價改定 9.3.22	2281	大正9.3.22
畜産教科書	全	25錢	定價改定 9.3.22	2281	大正9.3.22
農産製造教科書	全	25錢	定價改定 9.3.22	2281	大正9.3.22
農林教科書造林ノ部	全	25錢	定價改定 9.3.22	2281	大正9.3.22
農林教科書					
森林保護及測樹ノ部	全	25錢	定價改定 9.3.22	2281	大正9.3.22
測量教科書	全	25錢	定價改定 9.3.22	2281	大正9.3.22
農業經濟及法規教科書	全	25錢	定價改定 9.3.22	2281	大正9.3.22
農業理科教科書					
植物動物及人體生理ノ部	全	25錢	定價改定 9.3.22	2281	大正9.3.22
農業理科教科書					
物理氣象及化學ノ部	全	25錢	定價改定 9.3.22	2281	大正9.3.22
水産教科書水産概論ノ部	全	25錢	定價改定 9.3.22	2281	大正9.3.22
水産教科書水産各論ノ部	全	25錢	定價改定 9.3.22	2281	大正9.3.22
實用農業教科書	全	30錢	定價改定 9.3.22	2281	大正9.3.22

書名	巻	価格	備考	番号	日付
尋常小學農業書	巻一、二	各8錢	定價改正9.3.22	2281	大正9.3.22
高等小學農業書	巻一、二	各8錢	定價改正9.3.22	2281	大正9.3.22
教育勅諭衍義	全	25錢	定價改正9.3.22	2281	大正9.3.22
國語教授法	全	25錢	定價改正9.3.22	2281	大正9.3.22
速修國語讀本	全	25錢	定價改正9.3.22	2281	大正9.3.22
朝鮮語法及會話書	全	30錢	定價改正9.3.22	2281	大正9.3.22

大正9年3月22日定價改定から大正10年12月までに刊行された教科用図書 典拠は朝鮮総督府「官報」による

書名	巻	価格	備考	番号	日付
普通學校國語讀本	巻五	8錢	大正9.8.13	2403	大正9.8.13
普通學校唱歌書	第一學年用	7錢	大正9.8.13 生徒用	2403	大正9.8.13
普通學校唱歌書	第二、三、四學年用	8錢	大正9.8.13 生徒用	2403	大正9.8.13
女子高等國語讀本	巻一	42錢	大正9.4.30	2314	大正9.4.30
女子高等國語讀本	巻二	43錢	大正9.4.30	2314	大正9.4.30
高等習字帖	全4冊	各38錢	大正9.5.19	2330	大正9.5.19
高等習字帖	一冊	38錢	大正9.5.19	2330	大正9.5.19
實業學校國語讀本	巻三	45錢	大正9.5.19 —	2330	大正9.5.19

大正9年3月22日定價改定時における教科用図書 典拠は朝鮮総督府「官報」による

書名	巻	価格	備考	番号	日付
普通學校修身書	二	10錢	定價改正10.1.31 生徒用	2539	大正10.1.3
普通學校修身書	二、三、四	各12錢	定價改正10.1.31 生徒用	2539	大正10.1.3
普通學校修身書（生徒用諺文訳）	一	10錢	定價改正10.1.31	2539	大正10.1.3
普通學校修身書（生徒用諺文訳） 二、三、四		各12錢	定價改正10.1.31	2539	大正10.1.3
普通學校修身書 一、二、三、四		各40錢	定價改正10.1.31 教師用	2539	大正10.1.3
普通學校修身掛圖第一學年用全		3圓	定價改正10.1.31	2539	大正10.1.3
普通學校修身掛圖第二學年用全		2圓70錢	定價改正10.1.31	2539	大正10.1.3

書名	卷	定價	備考	改正年月日	番號	年月日
普通學校修身掛圖第三學年用	全	2圓20錢		定價改正 10.1.31	2539	大正 10.1.3
普通學校修身掛圖第四學年用	全	1圓20錢		定價改正 10.1.31	2539	大正 10.1.3
普通學校國語讀本	一、二	各10錢		定價改正 10.1.31	2539	大正 10.1.3
普通學校國語讀本	三〜八	各12錢		定價改正 10.1.31	2539	大正 10.1.3
普通學校朝鮮語及漢文讀本	一	10錢		定價改正 10.1.31	2539	大正 10.1.3
普通學校朝鮮語及漢文讀本	二〜四	各12錢		定價改正 10.1.31	2539	大正 10.1.3
普通學校習字帖	一	10錢		定價改正 10.1.31	2539	大正 10.1.3
普通學校習字帖	二〜四各	12錢		定價改正 10.1.31	2539	大正 10.1.3
普通學校算術書第二、三、四學年用		各12錢	生徒用	定價改正 10.1.31	2539	大正 10.1.3
普通學校算術書	一〜四	各40錢	教師用	定價改正 10.1.31	2539	大正 10.1.3
普通學校珠算書	全	40錢	教師用	定價改正 10.1.31	2539	大正 10.1.3
普通學校理科書	一、二	各12錢	生徒用	定價改正 10.1.31	2539	大正 10.1.3
普通學校理科書	一、二	各40錢	教師用	定價改正 10.1.31	2539	大正 10.1.3
普通學校農業書	一、二	各12錢	生徒用	定價改正 10.1.31	2539	大正 10.1.3
普通學校農業書(朝鮮譯文)	一、二	各12錢		定價改正 10.1.31	2539	大正 10.1.3
羅馬字新編唱歌集	全	12錢		定價改正 10.1.31	2539	大正 10.1.3
普通學校唱歌書	第一學年用	10錢		定價改正 10.1.31	2539	大正 10.1.3
普通學校唱歌書第二、三、四學年用		各12錢		定價改正 10.1.31	2539	大正 10.1.3
小學校普通學校體操教授書	全	40錢		定價改正 10.1.31	2539	大正 10.1.3
尋常小學補充教本	一	10錢		定價改正 10.1.31	2539	大正 10.1.3
尋常小學補充教本	二	12錢		定價改正 10.1.31	2539	大正 10.1.3
高等普通學校農業書	一、二	各12錢		定價改正 10.1.31	2539	大正 10.1.3
高等普通學校修身教科書	一〜三	各56錢		定價改正 10.1.31	2539	大正 10.1.3
高等國語讀本	一〜八	各56錢		定價改正 10.1.31	2539	大正 10.1.3
女子高等國語讀本	一、二	各56錢		定價改正 10.1.31	2539	大正 10.1.3
高等朝鮮語及漢文讀本	一〜四	各56錢		定價改正 10.1.31	2539	大正 10.1.3

書名	卷	定價	備考	適用	番号・年月
高等習字帖	一〜四	各47錢	定價改正 10.1.31		2539 大正10.1.3
高等習字帖	全	47錢	定價改正 10.1.31		2539 大正10.1.3
日本口語法及文法教科書	全	80錢	定價改正 10.1.31	師範科用	2539 大正10.1.3
外國歷史教科書	全	90錢	定價改正 10.1.31		2539 大正10.1.3
日本地理教科書	全	47錢	定價改正 10.1.31		2539 大正10.1.3
日本地理教科書朝鮮訳文	全	47錢	定價改正 10.1.31		2539 大正10.1.3
日本地理教科書附圖	全	70錢	定價改正 10.1.31		2539 大正10.1.3
地文學教科書	全	47錢	定價改正 10.1.31		2539 大正10.1.3
教育學教科書	全	80錢	定價改正 10.1.31		2539 大正10.1.3
法制経済教科書	全	47錢	定價改正 10.1.31		2539 大正10.1.3
専門學校國語讀本	一〜三	各56錢	定價改正 10.1.31		2539 大正10.1.3
高等修身書	一〜四	各56錢	定價改正 10.1.31		2539 大正10.1.3
實業學校國語讀本	一〜三	各56錢	定價改正 10.1.31		2539 大正10.1.3
作物教科書通論ノ部	全	47錢	定價改正 10.1.31		2539 大正10.1.3
作物教科書各論ノ部	全	80錢	定價改正 10.1.31		2539 大正10.1.3
作物教科書園藝花卉作物ノ部	全	80錢	定價改正 10.1.31		2539 大正10.1.3
作物病虫害教科書	全	62錢	定價改正 10.1.31		2539 大正10.1.3
肥料教科書	全	47錢	定價改正 10.1.31		2539 大正10.1.3
土壌及農具教科書	全	47錢	定價改正 10.1.31		2539 大正10.1.3
養蠶教科書栽桑飼育ノ部	全	70錢	定價改正 10.1.31		2539 大正10.1.3
養蠶教科書蠶體生理及病理ノ部	全	56錢	定價改正 10.1.31		2539 大正10.1.3
畜産教科書	全	47錢	定價改正 10.1.31		2539 大正10.1.3
農産製造教科書	全	47錢	定價改正 10.1.31		2539 大正10.1.3
森林教科書造林ノ部	全	80錢	定價改正 10.1.31		2539 大正10.1.3
森林教科書					

書名	巻	定價	改正日	番号	認可年月日
保護及測樹ノ部	全	70錢	定價改正 10.1.31	2539	大正10.1.3
測量教科書	全	47錢	定價改正 10.1.31	2539	大正10.1.3
農業経済及法規教科書	全	80錢	定價改正 10.1.31	2539	大正10.1.3
農業理科教科書 植物、動物及生理ノ部	全	80錢	定價改正 10.1.31	2539	大正10.1.3
農業理科教科書 物理、気象及化學ノ部	全	80錢	定價改正 10.1.31	2539	大正10.1.3
水産教科書概論ノ部	全	90錢	定價改正 10.1.31	2539	大正10.1.3
水産教科書各論ノ部	全	80錢	定價改正 10.1.31	2539	大正10.1.3
實用農業教科書	全	80錢	定價改正 10.1.31	2539	大正10.1.3
教育勅諭衍義	全	40錢	定價改正 10.1.31	2539	大正10.1.3
國語教授法	全	47錢	定價改正 10.1.31	2539	大正10.1.3
速修國語讀本	全	56錢	定價改正 10.1.31	2539	大正10.1.3
朝鮮語法及会話書	全	47錢	定價改正 10.1.31	2539	大正10.1.3
小兒畫篇 天、地、人		各10錢	定價改正 10.1.31	2539	大正10.1.3
大日本帝國分圖朝鮮地方圖		2圓10錢(軸)	定價改正 10.1.31	2539	大正10.1.3
高等普通學校用南半球圖		1圓30錢(袋)	定價改正 10.1.31	2539	大正10.1.3
高等普通學校用日本地理掛圖本邦交通圖		2圓(軸)	定價改正 10.1.31	2539	大正10.1.3
高等普通學校用日本地理掛圖本邦地勢圖		1圓80錢(軸)	定價改正 10.1.31	2539	大正10.1.3
高等普通學校用日本地理掛圖近畿地方圖		2圓20錢(袋)	定價改正 10.1.31	2539	大正10.1.3
高等普通學校用日本地理掛圖中部地方圖		2圓40錢(軸)	定價改正 10.1.31	2539	大正10.1.3
高等普通學校用日本地理掛圖關東地方圖		90錢(袋)	定價改正 10.1.31	2539	大正10.1.3
高等普通學校用日本地理掛圖奥羽地方圖		1圓40錢(軸)	定價改正 10.1.31	2539	大正10.1.3
高等普通學校用日本地理掛圖北海道地方圖		1圓10錢(軸)	定價改正 10.1.31	2539	大正10.1.3
高等普通學校用日本地理掛圖中國及四國地方圖		2圓(袋)	定價改正 10.1.31	2539	大正10.1.3
高等普通學校用日本地理掛圖九州地方圖(一)		1圓60錢(軸)	定價改正 10.1.31	2539	大正10.1.3
高等普通學校用日本地理掛圖九州地方圖(二)		1圓30錢(軸)	定價改正 10.1.31	2539	大正10.1.3

大正10年1月定価改定から第2次教育令までに刊行された教科用図書 典拠は朝鮮総督府「官報」による

高等普通學校用日本地理掛圖本邦軍備圖2圓 (軸)	1圓80錢 (袋)		定價改正10.1.31	2539大正10.1.3	
高等普通學校用日本地理掛圖朝鮮地方圖	1圓60錢 (袋)		定價改正10.1.31	2539大正10.1.3	
高等普通學校用日本地理掛圖台灣地方圖	1圓10錢 (袋)		定價改正10.1.31	2539大正10.1.3	
高等普通學校用日本地理掛圖樺太地方圖	1圓10錢 (袋)		定價改正10.1.31	2539大正10.1.3	
高等普通學校用外國地理掛圖亞細亞洲圖	2圓40錢 (袋)		定價改正10.1.31	2539大正10.1.3	
高等普通學校用外國地理掛圖歐羅巴洲圖	2圓50錢 (袋)		定價改正10.1.31	2539大正10.1.3	
高等普通學校用外國地理掛圖北亞米利加洲圖	1圓70錢 (軸)		定價改正10.1.312539大正10.1.31		
高等普通學校用外國地理掛圖南亞米利加洲圖	1圓60錢 (軸)		定價改正10.1.31	2539大正10.1.3	
高等普通學校用外國地理掛圖亞弗利加洲圖	2圓30錢 (軸)		定價改正10.1.31	2539大正10.1.3	
高等普通學校用外國地理掛圖大洋洲圖	1圓80錢 (軸)		定價改正10.1.31	2539大正10.1.3	
高等普通學校用外國地理掛圖支那圖	2圓40錢 (軸)		定價改正10.1.31	2539大正10.1.3	
高等普通學校用外國地理掛圖滿洲圖	2圓40錢 (軸)		定價改正10.1.31	2539大正10.1.3	
高等普通學校用外國地理掛圖世界氣象及海航圖	3圓40錢 (軸)	3圓10錢 (袋)	定價改正10.1.31	2539大正10.1.3	
尋常小學修身書 巻五	15錢	大正10.2.12			
尋常小學修身書 巻六	15錢	大正10.2.12			
尋常小學日本歴史補充教材 巻一	10錢	大正10.2.12		教授参考書	
尋常小學日本歴史補充教材 巻一	35錢	大正10.2.12		教授参考書	
尋常小學日本歴史補充教材 巻二	10錢	大正10.4.13		兒童用	2599大正10.4.13
普通學校朝鮮語及漢文讀本 巻二	12錢	大正10.4.13		教授参考書	2599大正10.4.13
普通學校圖畫帖 第二～四學年用各15錢 第五、六學年各20錢		大正10.3.22		普通學校生徒用	
普通學校圖畫帖 第一學年用				生徒用	
普通學校理科書 (訂正再版) 全二冊	各17錢	大正10.6.13		教師用	2652大正10.6.14
普通學校理科書 (訂正再版) 全二冊	各12錢	大正10.3.22		生徒用	
日本地理教科書 (訂正再版) 全一冊	47錢	大正10.3.22			

法制経済教科書	全一冊	47銭	大正10.3.22		2652 大正10.6.14
普通學校圖畫帖	第一學年用	50銭	大正10.6.13	教師用	2652 大正10.6.14
普通學校圖畫帖編纂趣旨書	全一冊	36銭	大正10.6.13		
改修高等國語讀本	巻一、三	各56銭	大正10.4.13	高等普通學校用	2599 大正10.4.13
改修高等國語讀本	巻二	56銭	大正10.9.29		2741 大正10.9.29
改修高等國語讀本	巻四	56銭	大正10.11.12		2776 大正10.11.12
女子高等國語讀本	巻三	56銭	大正10.3.22	女子高等普通學校用	
女子高等國語讀本	巻四	56銭	大正10.11.11		2775 大正10.11.11

第2期

1920 普通学校を6年制と4年制に
1922 朝鮮教育令（第2次）
第2次朝鮮教育令以後に刊行された教科用図書

普通學校修身書	巻一～三		未確認		
普通學校修身書	巻四	14銭	大正13.2.20	兒童用	3453 大正13.2.20
普通學校修身書	巻五	15銭	大正13.2.26	兒童用	3458 大正13.2.26
普通學校修身書	巻六	15銭	大正13.3.18	兒童用	3476 大正13.3.18
普通學校修身書	巻四	40銭	大正13.2.20	教師用	3453 大正13.2.20
普通學校修身書	巻五	50銭	大正13.3.28	教師用	3484 大正13.3.28
普通學校修身書	巻六	56銭	大正13.5.2	教師用	3513 大正13.5.2
普通學校修身掛圖	第二學年用	10圓60銭	大正13.9.2		3617 大正13.9.2
普通學校國語讀本	巻一		未確認		
普通學校國語讀本	巻二	14銭	大正12.9.20		3334 大正12.9.20
普通學校國語讀本	巻三～五		未確認		
普通學校國語讀本	巻六	17銭	大正12.10.6		3346 大正12.10.6
普通學校國語讀本	巻七	18銭	大正13.2.26		3458 大正13.2.26

朝鮮総督府編纂教科用図書刊行目録稿　187

書名	巻冊	定價	発行年月日	備考	頁数・発行年月日
普通學校國語讀本	巻八	18錢	大正13.10.4		3653 大正13.10.16
普通學校書キ方手本	第一學年用	7錢	大正13.2.20		3453 大正13.2.20
普通學校書キ方手本	第二學年上	7錢	大正13.2.20		3453 大正13.2.20
普通學校書キ方手本	第二學年下	7錢	大正13.9.12		3626 大正13.9.12
普通學校書キ方手本	第三學年上	7錢	大正13.2.20		3453 大正13.2.20
普通學校書キ方手本	第三學年下	7錢	大正13.9.12		3626 大正13.9.12
普通學校書キ方手本	第四學年上	7錢	大正14.2.13		3747 大正14.2.13
普通學校書キ方手本	第四學年下	7錢	大正14.9.9		3920 大正14.9.9
普通學校圖畫帳	第三學年	18錢	大正15.2.16	兒童用	4045 大正15.2.16
普通學校圖畫帳	第四學年	20錢	大正15.2.16	兒童用	4045 大正15.2.16
普通學校圖畫帳	第五學年	25錢	大正15.2.16	兒童用	4045 大正15.2.16
普通學校圖畫帳	第六學年	25錢	大正15.2.16	兒童用	4045 大正15.2.16
普通學校圖畫帳（附編纂趣意書）	第一學年	88錢	大正15.2.16	教師用	4045 大正15.2.16
普通學校圖畫帳（附編纂趣意書）	第二學年	74錢	大正15.2.16	教師用	4045 大正15.2.16
普通學校圖畫帳（附編纂趣意書）	第三學年	40錢	大正15.2.16	教師用	4045 大正15.2.16
普通學校圖畫帳（附編纂趣意書）	第四學年	42錢	大正15.2.16	教師用	4045 大正15.2.16
普通學校圖畫帳（附編纂趣意書）	第五學年	40錢	大正15.2.16	教師用	4045 大正15.2.16
普通學校圖畫帳（附編纂趣意書）	第六學年	40錢	大正15.2.16	教師用	4045 大正15.2.16
最近植物教科書	全一冊	1圓10錢	大正11.5.8	高等普通學校博物科	2918 大正11.5.8
普通作物教科書	全	65錢	大正13.4.8		3493 大正13.4.9
特用作物教科書	全	58錢	大正13.4.8		3493 大正13.4.9
新編日本國語法及文法教科書	全	98錢	大正14.5.16		3823 大正14.5.16
新編朝鮮語法及会話書	全	80錢	大正14.5.29	参考用圖書	3834 大正14.5.29
蔬菜園藝教科書	全	90錢	大正14.12.3		3987 大正14.12.3
普通學校補充唱歌集	全	80錢	大正15.2.16		4045 大正15.2.16
普通學校算術補充教科書（ノート法）第三學年		6錢	大正15.12.3	兒童用	4286 大正15.12.3

書名	巻	定価	発行年月日	備考	番号	発行年月日
普通學校朝鮮語讀本	巻一〜三		未確認			
普通學校朝鮮語讀本	巻四	18錢	大正13.2.20		3453	大正13.2.20
普通學校朝鮮語讀本	巻五	18錢	大正13.2.20		3453	大正13.2.20
普通學校朝鮮語讀本	巻六	20錢	大正13.3.18		3476	大正13.3.18
普通學校漢文讀本	第五學年用	14錢	大正13.2.20		3453	大正13.2.20
普通學校漢文讀本	第六學年用	15錢	大正13.2.20		3453	大正13.2.20
普通學校理科書	巻一		未確認	兒童用		
普通學校理科書	巻二	18錢	大正13.2.20	兒童用	3453	大正13.2.20
普通學校理科書	全	85錢	大正12.12.22	四年制第四學年教師用	3409	大正12.12.22
普通學校理科書	巻二	72錢	大正13.5.14	教師用	3523	大正13.5.14
普通學校理科書	巻三	58錢	大正14.5.8	教師用	3817	大正14.5.8
普通學校算術書		19錢	大正13.2.20	兒童用	3453	大正13.2.20
第四學年終了修業年限四年制第四學年 算術教授参考書	全	15錢	大正12.12.21		3409	大正12.12.21
普通學校算術書	第四學年	18錢	昭和3.2.27	兒童用改定発行	346	昭和3.2.27
普通學校算術書	第四學年終了20錢		大正13.5.14		3523	大正13.5.14
普通學校第五學年第六學年教授参考書	全 18錢		大正13.10.16	教師用	3653	大正13.10.16
小學校普通學校體操教授書	全	85錢	大正13.4.26		3508	大正13.4.26
尋常小學校補充教本	巻一〜三	廃止	大正14.2.13		3747	大正14.2.13
高等普通學校修身書	巻一〜二		未確認			
高等普通學校修身書	巻三	45錢	大正13.2.20		3453	大正13.2.20
高等普通學校修身書	巻四	56錢	大正13.4.8		3493	大正13.4.9
高等普通學校修身書	巻五	56錢	大正13.4		3501	大正13.4.18
新編高等國語讀本	巻一	56錢	大正13.3.18		3476	大正13.3.18

朝鮮総督府編纂教科用図書刊行目録稿　189

書名	巻	定価	日付	日付	番号
新編高等國語讀本	巻二	56錢	大正13.9.12	大正13.9.12	3626
新編高等國語讀本	巻三	56錢	大正13.3.28	大正13.3.28	3484
新編高等國語讀本	巻四	56錢	大正13.9.12	大正13.9.12	3626
新編高等國語讀本	巻五		未確認		
新編高等國語讀本	巻六	56錢	大正11.10.13	大正11.10.13	3053
新編高等國語讀本	巻七、八		未確認		
新編高等國語讀本	巻十	56錢	大正12.10.6	大正12.10.6	3346
新編高等朝鮮語及漢文讀本	巻一	56錢	大正13.3.26	大正13.3.28	3484
新編高等朝鮮語及漢文讀本	巻二	56錢	大正13.3.28	大正13.3.28	3484
新編高等朝鮮語及漢文讀本	巻三	56錢	大正13.4	大正13.4.18	3501
新編高等朝鮮語及漢文讀本	巻四	56錢	大正14.1.23	大正14.1.23	3730
新編女子高等國語讀本	巻一、三、七		未確認		
新編女子高等國語讀本	巻二	56錢	大正12.10.6	大正12.10.6	3346
新編女子高等國語讀本	巻四	56錢	大正12.10.6	大正12.10.6	3346
新編女子高等國語讀本	巻五	56錢	大正13.4.8	大正13.4.9	3493
新編女子高等國語讀本	巻六	56錢	大正11.11.20	大正11.11.22	3085
新編女子高等國語讀本	巻八	56錢	大正12.10.6	大正12.10.6	3346
女子高等普通學校修身書	巻一	45錢	大正14.5.23	大正14.5.23	3829
女子高等普通學校修身書	巻二		未確認		
女子高等朝鮮語讀本	巻一、二	56錢	大正13.4.8	大正13.4.9	3493
女子高等朝鮮語讀本	巻三	56錢	大正13.4	大正13.4.18	3501
女子高等朝鮮語讀本	巻四	56錢	大正14.3.31	大正14.4.2	3787
師範學校修身書	巻一	90錢	大正15.6.23	大正15.6.23	4152
師範學校修身書	巻二	70錢	昭和2.5.21	昭和2.5.21	116
小學校普通學校新編體操教授書	全	2圓55錢	昭和2.12.26	昭和2.12.27	299

書名	巻	価格	発行日	備考
普通學校修身書	巻一	—	未確認	627
普通學校修身書	巻二	10銭	昭和4.2.5	627 昭和4.2.5 児童用定価改正
普通學校修身書	巻三	11銭	昭和4.2.5	627 昭和4.2.5 児童用定価改正
普通學校修身書	巻四	13銭	昭和4.2.5	627 昭和4.2.5 児童用定価改正
普通學校修身書	巻五	14銭	昭和4.2.5	627 昭和4.2.5 児童用定価改正
普通學校修身書	巻六	14銭	昭和4.2.5	627 昭和4.2.5 児童用定価改正
普通學校國語讀本	巻一	12銭	昭和4.2.5	627 昭和4.2.5 児童用定価改正
普通學校國語讀本	巻二	13銭	昭和4.2.5	627 昭和4.2.5 児童用定価改正
普通學校國語讀本	巻三	14銭	昭和4.2.5	627 昭和4.2.5 児童用定価改正
普通學校國語讀本	巻四	15銭	昭和4.2.5	627 昭和4.2.5 児童用定価改正
普通學校國語讀本	巻五	16銭	昭和4.2.5	627 昭和4.2.5 児童用定価改正
普通學校國語讀本	巻六	16銭	昭和4.2.5	627 昭和4.2.5 児童用定価改正
普通學校國語讀本	巻七	17銭	昭和4.2.5	627 昭和4.2.5 児童用定価改正
普通學校國語讀本	巻八	17銭	昭和4.2.5	627 昭和4.2.5 児童用定価改正
普通學校朝鮮語讀本	巻一	12銭	昭和4.2.5	627 昭和4.2.5 児童用定価改正
普通學校朝鮮語讀本	巻二	14銭	昭和4.2.5	627 昭和4.2.5 児童用定価改正
普通學校朝鮮語讀本	巻三	14銭	昭和4.2.5	627 昭和4.2.5 児童用定価改正
普通學校算術書	第三學年	18銭	昭和3.2.27	346 昭和3.2.27 児童用改訂発行

第3期
昭和5年2月5日改訂以降、昭和6年1月の定価改定までの教科用図書

書名	巻	価格	発行日	備考
普通學校修身書	巻一	7銭	昭和5.2.5	926 昭和5.2.5 児童用改訂発行
普通學校修身書	巻二	8銭	昭和5.2.5	926 昭和5.2.5 児童用改訂発行
普通學校國語讀本	巻一	12銭	昭和5.2.9	926 昭和5.2.5 改訂発行
普通學校國語讀本	巻二	13銭	昭和5.9.27	1122 昭和5.9.27 改訂発行
普通學校朝鮮語讀本	巻一	12銭	昭和5.4.9	977 昭和5.4.9 改訂発行
普通學校算術書	第三學年	13銭	昭和5.1.29	920 昭和5.1.29 児童用定価改正

朝鮮総督府編纂教科用図書刊行目録稿　191

書名	巻次	価格	発行日	備考	頁	日付
普通學校算術書	第四學年	13錢	昭和5.1.29	兒童用定價改正	920	昭和5.1.29
普通學校算術書	第三學年	15錢	昭和5.1.25	教師用	917	昭和5.1.25
普通學校算術書	第四學年	15錢	昭和5.1.25	教師用	917	昭和5.1.25
中等教育國文讀本	巻一	12錢	昭和5.4.12	改訂発行	980	昭和5.4.12
中等教育國文讀本	巻二	62錢	昭和5.10.15	改訂発行	1136	昭和5.10.15
中等教育漢文讀本	巻一	46錢	昭和5.4.17		984	昭和5.4.17
中等教育漢文讀本	巻二	49錢	昭和5.4.21		987	昭和5.4.21
中等教育漢文讀本	巻三	52錢	昭和5.4.21		990	昭和5.4.24
中等教育漢文讀本	巻四	54錢	昭和5.4.21		990	昭和5.4.24
中等教育漢文讀本	巻五	60錢	昭和5.4.21		990	昭和5.4.24

昭和6年1月定價改定時における教科用圖書

書名	巻次	価格	発行日	備考	頁	日付
普通學校修身書	巻一	6錢	昭和6.1.13	兒童用價格改正	1204	昭和6.1.13
普通學校修身書	巻二	7錢	昭和6.1.13	兒童用價格改正	1204	昭和6.1.13
普通學校修身書	巻三	9錢	昭和6.1.13	兒童用價格改正	1204	昭和6.1.13
普通學校修身書	巻四	11錢	昭和6.1.13	兒童用價格改正	1204	昭和6.1.13
普通學校修身書	巻五	12錢	昭和6.1.13	兒童用價格改正	1204	昭和6.1.13
普通學校修身書	巻六	12錢	昭和6.1.13	兒童用價格改正	1204	昭和6.1.13
普通學校國語讀本	巻二	10錢	昭和6.1.13	兒童用價格改正	1204	昭和6.1.13
普通學校國語讀本	巻二	11錢	昭和6.1.13	兒童用價格改正	1204	昭和6.1.13
普通學校國語讀本	巻三	12錢	昭和6.1.13	兒童用價格改正	1204	昭和6.1.13
普通學校國語讀本	巻四	13錢	昭和6.1.13	兒童用價格改正	1204	昭和6.1.13
普通學校國語讀本	巻五	14錢	昭和6.1.13	兒童用價格改正	1204	昭和6.1.13
普通學校國語讀本	巻六	14錢	昭和6.1.13	兒童用價格改正	1204	昭和6.1.13
普通學校國語讀本	巻七	15錢	昭和6.1.13	兒童用價格改正	1204	昭和6.1.13
普通學校國語讀本	巻八	15錢	昭和6.1.13	兒童用價格改正	1204	昭和6.1.13

書名	巻	価格	日付	備考		
普通學校朝鮮語讀本	巻一	10錢	昭和6.1.13	兒童用價格改正	1204	昭和6.1.13
普通學校朝鮮語讀本	巻二	12錢	昭和6.1.13	兒童用價格改正	1204	昭和6.1.13
普通學校朝鮮語讀本	巻三	12錢	昭和6.1.13	兒童用價格改正	1204	昭和6.1.13
普通學校朝鮮語讀本	巻四	16錢	昭和6.1.13	兒童用價格改正	1204	昭和6.1.13
普通學校朝鮮語讀本	巻五	16錢	昭和6.1.13	兒童用價格改正	1204	昭和6.1.13
普通學校朝鮮語讀本	巻六	17錢	昭和6.1.13	兒童用價格改正	1204	昭和6.1.13
普通學校漢文	第五學年用	12錢	昭和6.1.13	兒童用價格改正	1204	昭和6.1.13
普通學校漢文	第六學年用	13錢	昭和6.1.13	兒童用價格改正	1204	昭和6.1.13
普通學校理科書	巻一	12錢	昭和6.1.13	兒童用價格改正	1204	昭和6.1.13
普通學校理科書	巻二	16錢	昭和6.1.13	兒童用價格改正	1204	昭和6.1.13
普通學校理科書	巻三	16錢	昭和6.1.13	兒童用價格改正	1204	昭和6.1.13
普通學校理科書全	第四學年用	18錢	昭和6.1.13	兒童用價格改正	1204	昭和6.1.13
普通學校國史	上巻	20錢	昭和6.1.13	兒童用價格改正	1204	昭和6.1.13
普通學校國史	下巻	22錢	昭和6.1.13	兒童用價格改正	1204	昭和6.1.13
初等農業書	巻一	14錢	昭和6.1.13	兒童用價格改正	1204	昭和6.1.13
初等農業書	巻二	14錢	昭和6.1.13	兒童用價格改正	1204	昭和6.1.13
普通學校算術書	第三學年用	11錢	昭和6.1.13	兒童用價格改正	1204	昭和6.1.13
普通學校算術書	第四學年用	11錢	昭和6.1.13	兒童用價格改正	1204	昭和6.1.13
普通學校書キ方手本	第一學年用	6錢	昭和6.1.13	兒童用價格改正	1204	昭和6.1.13
普通學校書キ方手本	第二學年用上	6錢	昭和6.1.13	兒童用價格改正	1204	昭和6.1.13
普通學校書キ方手本	第二學年用下	6錢	昭和6.1.13	兒童用價格改正	1204	昭和6.1.13
普通學校書キ方手本	第三學年用上	6錢	昭和6.1.13	兒童用價格改正	1204	昭和6.1.13
普通學校書キ方手本	第三學年用下	6錢	昭和6.1.13	兒童用價格改正	1204	昭和6.1.13
普通學校書キ方手本	第四學年用上	6錢	昭和6.1.13	兒童用價格改正	1204	昭和6.1.13
普通學校書キ方手本	第四學年用下	6錢	昭和6.1.13	兒童用價格改正	1204	昭和6.1.13
普通學校圖畫帳	第三學年用	16錢	昭和6.1.13	兒童用價格改正	1204	昭和6.1.13
普通學校圖畫帳	第四學年用	17錢	昭和6.1.13	兒童用價格改正	1204	昭和6.1.13

書名	巻	定価	日付	備考	番号	日付
普通學校圖畫帳	第五學年用	22錢	昭和6.1.13	兒童用價格改正	1204	昭和6.1.13
普通學校圖畫帳	第六學年用	22錢	昭和6.1.13	兒童用價格改正	1204	昭和6.1.13
普通學校高等科朝鮮語讀本	巻一	43錢	昭和6.1.13	兒童用價格改正	1204	昭和6.1.13
普通學校高等科朝鮮語讀本	巻二	43錢	昭和6.1.13	兒童用價格改正	1204	昭和6.1.13
普通學校地理補充教材	全	9錢	昭和6.1.13	兒童用價格改正	1204	昭和6.1.13

昭和6年1月定價改定以降、昭和10年1月定價改定までに刊行された教科用図書

書名	巻	定価	日付	備考	番号	日付
實業補習學校國語讀本	巻一	35錢	昭和6.2.7		1226	昭和6.2.7
實業補習學校國語讀本	巻二	44錢	昭和6.2.7		1226	昭和6.2.7
實業補習學校農業教科書作物汎論		24錢	昭和6.2.7		1226	昭和6.2.7
實業補習學校農業教科書土壌肥料篇		41錢	昭和6.2.7		1226	昭和6.2.7
實業補習學校農業教科書普通作物篇		59錢	昭和6.2.7		1226	昭和6.2.7
實業補習學校農業教科書特用作物篇		37錢	昭和6.2.7		1226	昭和6.2.7
實業補習學校農業教科書蔬菜篇		53錢	昭和6.2.7		1226	昭和6.2.7
實業補習學校農業教科書養蠶篇		42錢	昭和6.2.7		1226	昭和6.2.7
實業補習學校農業教科書畜産篇		48錢	昭和6.2.7		1226	昭和6.2.7
實業補習學校農業教科書果樹篇		41錢	昭和6.2.7		1226	昭和6.2.7
普通學校修身書	巻三	9錢	昭和6.3.20	兒童用改訂編纂	1260	昭和6.3.20
普通學校修身書	巻四	9錢	昭和6.12.21	兒童用	1488	昭和6.12.21
普通學校修身書	巻五	10錢	昭和8.1.26		1814	昭和8.1.27
普通學校修身書	巻六	12錢	昭和9.3.7	兒童用	2145	昭和9.3.7
普通學校修身書	巻三	50錢	昭和6.7.13	教師用	1355	昭和6.7.13
普通學校修身書	巻四	55錢	昭和7.2.5	教師用	1522	昭和7.2.5
普通學校修身書	巻五	60錢	昭和8.3.27	教師用	1862	昭和8.3.27
普通學校修身書	巻六	60錢	昭和9.5.18	教師用	2204	昭和9.5.18
普通學校修身書	巻三	9錢	昭和8.2.23	四年制用	1836	昭和8.2.23
普通學校修身書	巻四	10錢	昭和9.3.7	四年制兒童用	2145	昭和9.3.7

書名	巻	定價	發行年月日	備考	頁數	年月日
普通學校修身書	巻三	50錢	昭和8.3.27	四年制教師用	1862	昭和8.3.27
普通學校修身書	巻四	60錢	昭和9.5.18	四年制教師用	2204	昭和9.5.18
普通學校修身書	巻一	5錢	昭和10.1.26	定價改正	2410	昭和10.1.26
普通學校修身書	巻二	6錢	昭和10.1.26	定價改正	2410	昭和10.1.26
普通學校修身書	巻三	8錢	昭和10.1.26	定價改正	2410	昭和10.1.26
普通學校修身書	巻四	8錢	昭和10.1.26	定價改正	2410	昭和10.1.26
普通學校修身書	巻五	9錢	昭和10.1.26		2410	昭和10.1.26
普通學校修身書	巻六	11錢	昭和10.1.26		2410	昭和10.1.26
普通學校修身書	巻三	8錢	昭和10.1.26	四年制用定價改正	2410	昭和10.1.26
普通學校修身書	巻四	9錢	昭和10.1.26	四年制用定價改正	2410	昭和10.1.26
普通學校國語讀本	巻三	13錢	昭和6.3.20	改訂編纂	1260	昭和6.3.20
普通學校國語讀本	巻四	14錢	昭和6.9.12		1408	昭和6.9.12
普通學校國語讀本	巻五	14錢	昭和6.12.21		1488	昭和6.12.21
普通學校國語讀本	巻六	14錢	昭和7.9.26			
普通學校國語讀本	巻七	15錢	昭和8.3.27		1862	昭和8.3.27
普通學校國語讀本	巻八	15錢	昭和8.10.11		2028	昭和8.10.11
普通學校國語讀本	巻九	16錢	昭和9.3.7		2145	昭和9.3.7
普通學校國語讀本	巻十	16錢	昭和9.9.25		2314	昭和9.9.25
普通學校國語讀本	巻五	14錢	昭和8.2.23	四年制用	1836	昭和8.2.23
普通學校國語讀本	巻六	14錢	昭和8.10.11	四年制用	2028	昭和8.10.11
普通學校國語讀本	巻七	15錢	昭和9.3.7	四年制用	2145	昭和9.3.7
普通學校國語讀本	巻八	15錢	昭和9.9.25	四年制用	2314	昭和9.9.25
普通學校漢文讀本	第五學年用	11錢	昭和10.1.26	定價改正	2410	昭和10.1.26
普通學校漢文讀本	第六學年用	12錢	昭和10.1.26	定價改正	2410	昭和10.1.26
普通學校朝鮮語讀本	巻二	14錢	昭和6.3.20	改訂編纂	1260	昭和6.3.20
普通學校朝鮮語讀本	巻三	12錢	昭和7.2.5		1522	昭和7.2.5
普通學校朝鮮語讀本	巻四	14錢	昭和8.1.26		1814	昭和8.1.27

朝鮮総督府編纂教科用図書刊行目録稿　195

書名	巻	定価	発行日	備考	番号	再版日
普通學校朝鮮語讀本	巻五	16錢	昭和9.3.7		2145	昭和9.3.7
普通學校朝鮮語讀本	巻六	16錢	昭和10.3.12		2447	昭和10.3.12
普通學校朝鮮語讀本	巻三	12錢	昭和8.1.26	四年制用	1814	昭和8.1.27
普通學校朝鮮語讀本	巻四	14錢	昭和9.1.30	四年制用	2117	昭和9.2.2
普通學校朝鮮語讀本	巻一	9錢	昭和10.1.26	定價改正	2410	昭和10.1.26
普通學校朝鮮語讀本	巻二	12錢	昭和10.1.26	定價改正	2410	昭和10.1.26
普通學校朝鮮語讀本	巻三	13錢	昭和10.1.26	定價改正	2410	昭和10.1.26
普通學校朝鮮語讀本	巻四	15錢	昭和10.1.26	定價改正	2410	昭和10.1.26
普通學校朝鮮語讀本	巻五	16錢	昭和10.1.26		2410	昭和10.1.26
普通學校朝鮮語讀本	巻六	13錢	昭和10.1.26	四年制用定價改正	2410	昭和10.1.26
初等理科書	巻一	16錢	昭和6.3.30	兒童用改訂編纂	1267	昭和6.3.30
初等理科書	巻二	16錢	昭和8.1.26	尋常小學校用	1814	昭和8.1.27
初等理科書	巻三	16錢	昭和7.4.14		1579	昭和7.4.14
初等理科書	全	16錢	昭和8.4.8	兒童用	1874	昭和8.4.11
普通學校理科書	全	18錢	昭和9.6.30	教師用	2241	昭和9.6.30
初等地理書	巻二	1圓	昭和9.3.7	四年制用兒童用	2145	昭和9.3.7
初等地理書付図	全	1圓50錢	昭和10.1.23	四年制教師用	2407	昭和10.1.23
初等地理書	巻二	20錢	昭和8.4.8		1874	昭和8.4.11
初等理科書	全	26錢	昭和9.3.7		2145	昭和9.3.7
日本地理教科書	巻一	1圓	昭和6.12.21	教師用	1488	昭和6.12.21
普通學校理科書	巻一	1圓	昭和7.12.14	教師用	1782	昭和7.12.15
初等理科書	巻二	1圓	昭和8.2.23	教師用	1836	昭和8.2.23
初等地理書	巻一	18錢	昭和7.3.18		1559	昭和7.3.22
日本地理教科書	巻一	43錢	昭和7.1.25		1512	昭和7.1.25
普通學校算術書	第三學年用	10錢	昭和10.1.26	定價改正	2410	昭和10.1.26
普通學校算術書	第四學年用	10錢	昭和10.1.26	定價改正	2410	昭和10.1.26
普通學校國史	巻一	20錢	昭和7.2.5		1522	昭和7.2.5

書名	卷	定價	日付	備考	番號	日付
普通學校國史	卷二	20錢	昭和8.3.27		1862	昭和8.3.27
日本口語法及文法教科書	全	93錢	昭和7.1.25		1512	昭和7.1.25
普通作物教科書	全	60錢	昭和7.1.25		1512	昭和7.1.25
特用作物教科書	全	53錢	昭和7.1.25		1512	昭和7.1.25
蔬菜園藝教科書	全	85錢	昭和7.1.25		1512	昭和7.1.25
實業補習學校農業教科書經濟及法規編	全	35錢	昭和6.7.13		1355	昭和6.7.13
花卉教科書	全	1圓10錢	昭和6.12.21	農業學校用	1488	昭和6.12.21
高等普通學校修身書	卷一	40錢	昭和7.1.25		1512	昭和7.1.25
高等普通學校修身書	卷二	40錢	昭和7.1.25		1512	昭和7.1.25
高等普通學校修身書	卷三	40錢	昭和7.1.25		1512	昭和7.1.25
高等普通學校修身書	卷四	50錢	昭和7.1.25		1512	昭和7.1.25
高等普通學校修身書	卷五	50錢	昭和7.1.25		1512	昭和7.1.25
新編高等國語讀本	卷七	51錢	昭和7.1.25		1512	昭和7.1.25
新編高等國語讀本	卷八	51錢	昭和7.1.25		1512	昭和7.1.25
新編高等國語讀本	卷九	51錢	昭和7.1.25		1512	昭和7.1.25
新編高等國語讀本	卷十	51錢	昭和7.1.25		1512	昭和7.1.25
新編高等朝鮮語及漢文讀本	卷一	50錢	昭和7.1.25		1512	昭和7.1.25
新編高等朝鮮語及漢文讀本	卷二	50錢	昭和7.1.25		1512	昭和7.1.25
新編高等朝鮮語及漢文讀本	卷三	50錢	昭和7.1.25		1512	昭和7.1.25
新編高等朝鮮語及漢文讀本	卷四	50錢	昭和7.1.25		1512	昭和7.1.25
新編高等朝鮮語及漢文讀本	卷五	40錢	昭和7.1.25		1512	昭和7.1.25
女子高等普通學校修身書	卷一	40錢	昭和7.1.25		1512	昭和7.1.25
女子高等普通學校修身書	卷二	40錢	昭和7.1.25		1512	昭和7.1.25
女子高等普通學校修身書	卷三	45錢	昭和7.1.25		1512	昭和7.1.25
女子高等普通學校修身書	卷四	60錢	昭和7.1.25		1512	昭和7.1.25
新編女子高等國語讀本	卷一~二		未確認			

図書名	巻	定価	発行年月日	備考	認可年月日	番号
新編女子高等國語讀本	巻三	51錢	昭和7.1.25		昭和7.1.25	1512
新編女子高等國語讀本	巻四	51錢	昭和7.1.25		昭和7.1.25	1512
新編女子高等國語讀本	巻五	51錢	昭和7.1.25		昭和7.1.25	1512
新編女子高等國語讀本	巻六	51錢	昭和7.1.25		昭和7.1.25	1512
新編女子高等國語讀本	巻七	51錢	昭和7.1.25		昭和7.1.25	1512
新編女子高等國語讀本	巻八	51錢	昭和7.1.25		昭和7.1.25	1512
女子高等朝鮮語讀本	巻一	45錢	昭和7.1.25		昭和7.1.25	1512
女子高等朝鮮語讀本	巻二	45錢	昭和7.1.25		昭和7.1.25	1512
女子高等朝鮮語讀本	巻三	50錢	昭和7.1.25		昭和7.1.25	1512
女子高等朝鮮語讀本	巻四	50錢	昭和7.1.25		昭和7.1.25	1512
中等教育修身書	巻一	45錢	昭和10.1.23		昭和10.1.23	2407
中等教育公民科教科書	全	70錢	昭和9.3.7		昭和9.3.7	2145
中等教育女子公民科教科書	全	70錢	昭和9.3.7		昭和9.3.7	2145
中等教育國文讀本	巻一	57錢	昭和7.1.25		昭和7.1.25	1512
中等教育國文讀本	巻二	57錢	昭和7.1.25		昭和7.1.25	1512
中等教育國文讀本	巻三	62錢	昭和6.3.30		昭和6.3.30	1267
中等教育國文讀本	巻三	57錢	昭和7.1.25		昭和7.1.25	1512
中等教育國文讀本	巻四	62錢	昭和6.9.12		昭和6.9.12	1408
中等教育國文讀本	巻四	57錢	昭和7.1.25		昭和7.1.25	1512
中等教育國文讀本	巻五	57錢	昭和7.2.5		昭和7.2.5	1522
中等教育國文讀本	巻六	57錢	昭和7.9.26		昭和7.9.26	1717
中等教育國文讀本	巻七	57錢	昭和8.1.26	改訂編纂	昭和8.1.27	1814
中等教育國文讀本	巻八	57錢	昭和8.9.12		昭和8.9.12	2004
中等教育國文讀本	巻九	57錢	昭和9.1.30		昭和9.2.2	2117
中等教育國文讀本	巻十	57錢	昭和9.9.25		昭和9.9.25	2314
中等教育國文法教科書	上巻	50錢	昭和6.12.21		昭和6.12.21	1488

書名	巻	定価	日付	番号	日付
中等教育國文法教科書	下巻	45錢	昭和8.4.22	1886	昭和8.4.25
中等教育朝鮮語及漢文讀本	巻一	57錢	昭和8.3.27	1862	昭和8.3.27
中等教育朝鮮語及漢文讀本	巻二	57錢	昭和8.11.30	2068	昭和8.11.30
中等教育朝鮮語及漢文讀本	巻三	57錢	昭和10.3.12	2447	昭和10.3.12
中等教育朝鮮語及漢文讀本	巻四	57錢	昭和11.24	2720	昭和11.28
中等教育漢文讀本	巻一	42錢	昭和7.1.25	1512	昭和7.1.25
中等教育漢文讀本	巻二	45錢	昭和7.1.25	1512	昭和7.1.25
中等教育漢文讀本	巻三	47錢	昭和7.1.25	1512	昭和7.1.25
中等教育漢文讀本	巻四	49錢	昭和7.1.25	1512	昭和7.1.25
中等教育漢文讀本	巻五	55錢	昭和7.1.25	1522	昭和7.2.5
中等教育女子國文讀本	巻一	57錢	昭和7.2.5	1717	昭和7.9.26
中等教育女子國文讀本	巻二	57錢	昭和7.9.26	1862	昭和8.3.27
中等教育女子國文讀本	巻三	57錢	昭和8.3.27	2025	昭和8.10.7
中等教育女子國文讀本	巻四	57錢	昭和8.10.7	2145	昭和9.3.7
中等教育女子國文讀本	巻五	57錢	昭和9.3.7	2314	昭和9.9.25
中等教育女子國文讀本	巻六	57錢	昭和9.9.25	2447	昭和10.3.12
中等教育女子國文讀本	巻七	57錢	昭和10.3.12		
速修國語讀本		50錢	昭和7.1.25	1512	昭和7.1.25
朝鮮語法及会話書	全	75錢	昭和7.1.25	1512	昭和7.1.25

昭和10年1月定価改定以降、昭和12年2月定価改定までに刊行された教科用図書

書名	巻	定価	日付	番号	日付	備考
簡易學校修身書	巻一	55錢	昭和10.3.12	2447	昭和10.3.12	教師用
簡易學校修身書	巻二	60錢	昭和10.9.28	2615	昭和10.9.28	教師用
簡易學校國語讀本	巻一	15錢	昭和10.3.12	2447	昭和10.3.12	
簡易學校國語讀本	巻二	15錢	昭和10.9.28	2615	昭和10.9.28	
簡易學校國語讀本	巻三	15錢	昭和11.3.13	2748	昭和11.3.13	

書名	巻	定價	發行年月日	備考	番號	認可年月日
簡易學校國語讀本	巻四	16錢	昭和11.11.6		2945	昭和11.11.6
簡易學校朝鮮語讀本	巻一	13錢	昭和10.3.12		2447	昭和10.3.12
簡易學校朝鮮語讀本	巻二	13錢	昭和11.1.24		2712	昭和11.1.24
簡易學校算術書	第一學年用	13錢	昭和10.3.12	兒童用	2447	昭和10.3.12
普通學校國語讀本	巻一	9錢	昭和11.1.30		2712	昭和11.1.30
普通學校國語讀本	巻二	10錢	昭和11.1.30		2712	昭和11.1.30
普通學校國語讀本	巻三	12錢	昭和11.1.30		2712	昭和11.1.30
普通學校國語讀本	巻四	13錢	昭和11.1.30		2712	昭和11.1.30
普通學校國語讀本	巻五	13錢	昭和11.1.30		2712	昭和11.1.30
普通學校國語讀本	巻六	14錢	昭和11.1.30		2712	昭和11.1.30
普通學校國語讀本	巻七	14錢	昭和11.1.30		2712	昭和11.1.30
普通學校國語讀本	巻八	15錢	昭和11.1.30		2712	昭和11.1.30
普通學校國語讀本	巻九	15錢	昭和11.1.30		2712	昭和11.1.30
普通學校國語讀本	巻十	16錢	昭和10.3.12		2447	昭和10.3.12
普通學校國語讀本	巻十一	15錢	昭和11.1.30		2712	昭和11.1.30
普通學校國語讀本	巻十二	16錢	昭和10.9.28		2615	昭和10.9.28
普通學校國語讀本	巻十三	15錢	昭和11.1.30		2712	昭和11.1.30
普通學校國語讀本	巻五	13錢	昭和11.1.30	四年制	2712	昭和11.1.30
普通學校國語讀本	巻六	13錢	昭和11.1.30	四年制	2712	昭和11.1.30
普通學校國語讀本	巻七	14錢	昭和11.1.30	四年制	2712	昭和11.1.30
普通學校國語讀本	巻八	14錢	昭和11.1.30	四年制	2712	昭和11.1.30
初等理科書	巻一	15錢	昭和11.1.30		2712	昭和11.1.30
初等理科書	巻二	15錢	昭和11.1.30		2712	昭和11.1.30
初等理科書	巻三	15錢	昭和11.1.30		2712	昭和11.1.30
初等理科書	全	17錢	昭和11.1.30	四年制	2712	昭和11.1.30

書名	巻	定價	日付	番号	備考
初等理科書	巻一	15錢	昭和11.1.30	2712	小學校用
普通學校國史	巻一	19錢	昭和11.1.30	2712	
普通學校國史	巻二	19錢	昭和11.1.30	2712	
初等地理書	巻一	17錢	昭和11.1.30	2712	
初等地理書	巻二	19錢	昭和11.1.30	2712	
普通學校圖畫帳	第三學年用	15錢	昭和11.1.30	2712	
普通學校圖畫帳	第四學年用	16錢	昭和11.1.30	2712	
普通學校圖畫帳	第五學年用	21錢	昭和11.1.30	2712	
普通學校圖畫帳	第六學年用	21錢	昭和11.1.30	2712	
普通學校高等科朝鮮語讀本	巻一	42錢	昭和11.1.30	2712	
普通學校高等科朝鮮語讀本	巻二	42錢	昭和11.1.30	2712	
普通學校書方手本	第一學年用	6錢	昭和11.3.13	2748	
普通學校書方手本	第二學年用上	6錢	昭和11.3.13	2748	
普通學校書方手本	第二學年用下	6錢	昭和11.5.18	2801	
普通學校書方手本	第三學年用上	7錢	昭和11.3.13	2748	
普通學校書方手本	第三學年用下	7錢	昭和11.5.18	2801	
普通學校書方手本	第四學年用上	7錢	昭和11.3.13	2748	
普通學校書方手本	第四學年用下	7錢	昭和11.5.18	2801	
中等教育修身書	巻二	45錢	昭和11.3.13	2748	四年制
中等教育女子朝鮮語讀本	巻一	50錢	昭和11.3.13	2748	四年制
職業科教授書	巻一	1圓	昭和11.3.13	2748	
簡易學科算術書	第二學年用	14錢	昭和11.3.17	2753	兒童用
中等教育國文讀本	巻一、巻二	70錢	昭和10.7.15	2551	教授備考
中等教育國文讀本	巻三、巻四	73錢	昭和11.3.17	2753	教授備考7
中等教育國文讀本	巻五、巻六	80錢	昭和11.11.6	2945	教授備考

朝鮮総督府編纂教科用図書刊行目録稿　201

書名	巻	定価	日付	備考	番号	日付
中等教育國文讀本	巻七、八	80錢	昭和12.9.20	教授備考	3208	昭和12.9.22
中等教育女子國文讀本	巻一、二	80錢	昭和12.1.19	教授備考	3002	昭和12.1.20
中等教育女子國文讀本	巻八	57錢	昭和10.10.8		2622	昭和10.10.8
中等教育朝鮮語及漢文讀本	巻五	57錢	昭和11.11.6		2945	昭和11.11.6
中等教育修身書	巻一	45錢	昭和12.1.19		3002	昭和12.1.20
中等教育女子朝鮮語讀本	巻二	50錢	昭和12.1.19		3002	昭和12.1.20

昭和12年2月定価改定時における教科用図書

書名	巻	定価	日付	備考	番号	日付
普通學校修身書	巻一	5錢	定價改正 12.2.10		3020	昭和12.2.10
普通學校修身書	巻二	5錢	定價改正 12.2.6		3017	昭和12.2.6
普通學校修身書	巻二	5錢	定價改正 12.2.10		3020	昭和12.2.10
普通學校修身書	巻三	7錢	定價改正 12.2.6		3017	昭和12.2.6
普通學校修身書	巻三	7錢	定價改正 12.2.10		3020	昭和12.2.10
普通學校修身書	巻五	8錢	定價改正 12.2.6		3017	昭和12.2.6
普通學校修身書	巻六	9錢	定價改正 12.2.6		3017	昭和12.2.6
普通學校修身書	巻三	7錢	定價改正 12.2.6	四年制	3017	昭和12.2.6
普通學校修身書	巻四	8錢	定價改正 12.2.6	四年制	3017	昭和12.2.6
普通學校國語讀本	巻三	11錢	定價改正 12.2.6		3017	昭和12.2.6
普通學校國語讀本	巻四	12錢	定價改正 12.2.6		3017	昭和12.2.6
普通學校國語讀本	巻五	12錢	定價改正 12.2.10		3020	昭和12.2.10
普通學校國語讀本	巻六	12錢	定價改正 12.2.6		3017	昭和12.2.6
普通學校國語讀本	巻七	13錢	定價改正 12.2.6		3017	昭和12.2.6
普通學校國語讀本	巻七	13錢	定價改正 12.2.10		3020	昭和12.2.10
普通學校國語讀本	巻八	13錢	定價改正 12.2.6		3017	昭和12.2.6
普通學校國語讀本	巻九	14錢	定價改正 12.2.6		3017	昭和12.2.6
普通學校國語讀本	巻九	14錢	定價改正 12.2.10		3020	昭和12.2.10

書名	巻	定價	錢	備考	昭和	番号
普通學校國語讀本	巻十	定價改正1226	14錢		昭和1226	3017
普通學校國語讀本	巻十一	定價改正1226	14錢		昭和1226	3017
普通學校國語讀本	巻十二	定價改正1226	14錢		昭和1226	3017
普通學校國語讀本	巻五	定價改正12210	12錢	四年制	昭和12210	3020
普通學校國語讀本	巻五	定價改正1226	12錢	四年制	昭和1226	3017
普通學校國語讀本	巻六	定價改正1226	12錢	四年制	昭和1226	3017
普通學校國語讀本	巻七	定價改正1226	13錢	四年制	昭和1226	3017
普通學校國語讀本	巻七	定價改正12210	13錢	四年制	昭和12210	3020
普通學校國語讀本	巻八	定價改正1226	13錢		昭和1226	3017
普通學校朝鮮語讀本	巻一	定價改正1226	8錢		昭和1226	3017
普通學校朝鮮語讀本	巻二	定價改正1226	10錢		昭和1226	3017
普通學校朝鮮語讀本	巻三	定價改正1226	10錢		昭和1226	3017
普通學校朝鮮語讀本	巻四	定價改正1226	12錢		昭和1226	3017
普通學校朝鮮語讀本	巻五	定價改正1226	13錢		昭和1226	3017
普通學校朝鮮語讀本	巻六	定價改正1226	14錢		昭和1226	3017
普通學校朝鮮語讀本	巻三	定價改正1226	10錢	四年制	昭和1226	3017
普通學校朝鮮語讀本	巻四	定價改正1226	12錢	四年制	昭和1226	3017
普通學校朝鮮語讀本	巻三	定價改正12210	10錢		昭和12210	3020
普通學校朝鮮語讀本	巻四	定價改正12210	12錢		昭和12210	3020
普通學校朝鮮語讀本	巻五	定價改正12210	13錢	四年制	昭和12210	3020
普通學校朝鮮語讀本	巻三	定價改正12210	10錢	四年制	昭和12210	3020
普通學校朝鮮語讀本	巻四	定價改正12210	12錢		昭和12210	3020
普通學校書方手本	第一學年用	定價改正1226	5錢		昭和1226	3017
普通學校書方手本	第二學年上	定價改正1226	5錢		昭和1226	3017
普通學校書方手本	第二學年下	定價改正1226	5錢		昭和1226	3017
普通學校書方手本	第三學年上	定價改正1226	6錢		昭和1226	3017
普通學校書方手本	第三學年下	定價改正1226	6錢		昭和1226	3017

書名	巻	備考	定價	改正	番号	年月日
普通學校書方手本第四學年上			6錢	定價改正 12.2.6	3017	昭和12.2.26
普通學校書方手本第四學年下			6錢	定價改正 12.2.6	3017	昭和12.2.26
普通學校書方手本第四學年上		四年制	6錢	定價改正 12.2.6	3017	昭和12.2.26
普通學校書方手本第四學年下		四年制	6錢	定價改正 12.2.6	3017	昭和12.2.26
簡易學校國語讀本	卷一		14錢	定價改正 12.2.6	3017	昭和12.2.26
簡易學校國語讀本	卷二		14錢	定價改正 12.2.6	3017	昭和12.2.26
簡易學校國語讀本	卷三		14錢	定價改正 12.2.6	3017	昭和12.2.26
簡易學校國語讀本	卷四		15錢	定價改正 12.2.6	3017	昭和12.2.26
簡易學校朝鮮語讀本	卷一		12錢	定價改正 12.2.6	3017	昭和12.2.26
中等教育修身書	卷三		45錢	定價改正 12.2.10	3020	昭和12.2.10
中等教育國文讀本	卷一		55錢	定價改正 12.2.6	3017	昭和12.2.26
中等教育國文讀本	卷二		55錢	定價改正 12.2.6	3017	昭和12.2.26
中等教育國文讀本	卷三		55錢	定價改正 12.2.6	3017	昭和12.2.26
中等教育國文讀本	卷四		55錢	定價改正 12.2.6	3017	昭和12.2.26
中等教育國文讀本	卷五		55錢	定價改正 12.2.6	3017	昭和12.2.26
中等教育國文讀本	卷六		55錢	定價改正 12.2.6	3017	昭和12.2.26
中等教育國文讀本	卷七		55錢	定價改正 12.2.6	3017	昭和12.2.26
中等教育國文讀本	卷八		55錢	定價改正 12.2.6	3017	昭和12.2.26
中等教育國文讀本	卷九		55錢	定價改正 12.2.6	3017	昭和12.2.26
中等教育國文讀本	卷十		55錢	定價改正 12.2.6	3017	昭和12.2.26
中等教育朝鮮語及漢文讀本	卷一		55錢	定價改正 12.2.6	3017	昭和12.2.26
中等教育朝鮮語及漢文讀本	卷二		55錢	定價改正 12.2.6	3017	昭和12.2.26
中等教育朝鮮語及漢文讀本	卷三		55錢	定價改正 12.2.6	3017	昭和12.2.26
中等教育朝鮮語及漢文讀本	卷四		55錢	定價改正 12.2.6	3017	昭和12.2.26
中等教育朝鮮語及漢文讀本	卷五		55錢	定價改正 12.2.6	3017	昭和12.2.26

204

書名	巻	定價	備考	番号	日付
女子高等普通學校修身書	巻四	55錢	定價改正12.2.6	3017	昭和12.2.26
中等教育女子國文讀本	巻一	55錢	定價改正12.2.6	3017	昭和12.2.26
中等教育女子國文讀本	巻二	55錢	定價改正12.2.6	3017	昭和12.2.26
中等教育女子國文讀本	巻三	55錢	定價改正12.2.6	3017	昭和12.2.26
中等教育女子國文讀本	巻四	55錢	定價改正12.2.6	3017	昭和12.2.26
中等教育女子國文讀本	巻五	55錢	定價改正12.2.6	3017	昭和12.2.26
中等教育女子國文讀本	巻六	55錢	定價改正12.2.6	3017	昭和12.2.26
中等教育女子國文讀本	巻七	55錢	定價改正12.2.6	3017	昭和12.2.26
中等教育女子國文讀本	巻八	55錢	定價改正12.2.6	3017	昭和12.2.26
實業補習學校農業教科書普通作物篇		35錢	定價改正12.2.6	3017	昭和12.2.26
實業補習學校農業教科書特用作物篇		50錢	定價改正12.2.6	3017	昭和12.2.26
實業補習學校農業教科書蔬菜篇		40錢	定價改正12.2.6	3017	昭和12.2.26
實業補習學校農業教科書果樹篇		40錢	定價改正12.2.6	3017	昭和12.2.26
實業補習學校農業教科書養蠶篇		45錢	定價改正12.2.6	3017	昭和12.2.26
實業補習學校農業教科書畜産篇		40錢	定價改正12.2.6	3017	昭和12.2.26
實業補習學校農業教科書土壤肥料篇		40錢	定價改正12.2.6	3017	昭和12.2.26

昭和12年2月定價改正以降、第4期までに刊行された教科用図書

書名	巻	定價	備考	番号	日付
普通學校國語讀本	巻二	10錢	昭和12.9.20	3208	昭和12.9.22
普通學校國語讀本	巻四	12錢	昭和12.9.20	3208	昭和12.9.22
普通學校國語讀本	巻六	12錢	昭和12.9.20	3208	昭和12.9.22
普通學校國語讀本	巻八	13錢	昭和12.9.20	3208	昭和12.9.22
普通學校國語讀本	巻十	14錢	昭和12.9.20	3208	昭和12.9.22
普通學校國語讀本	巻十二	14錢	昭和12.9.20	3208	昭和12.9.22
普通學校國語讀本	巻六	12錢	昭和12.9.20 四年制	3208	昭和12.9.22
普通學校國語讀本	巻八	13錢	昭和12.9.20 四年制	3208	昭和12.9.22
普通學校書方手本	第五學年用上	6錢	昭和12.3.19	3051	昭和12.3.19

書名	卷	定價	日付	用途	番號	官報日付
普通學校書方手本	第五學年用下	6錢	昭和12.9.22		3208	昭和12.9.22
普通學校書方手本	第六學年用上	6錢	昭和12.3.19		3051	昭和12.3.19
普通學校書方手本	第六學年用下	6錢	昭和12.9.22		3208	昭和12.9.22
普通學校算術	第一學年上	13錢	昭和12.3.19	兒童用	3051	昭和12.3.19
普通學校算術	第一學年下	14錢	昭和12.10.20	兒童用	3231	昭和12.10.21
普通學校算術	第二學年上	15錢	昭和12.3.19	兒童用	3051	昭和12.3.19
普通學校算術	第二學年下	15錢	昭和12.10.20	兒童用	3231	昭和12.10.21
普通學校算術	第一學年上	14錢	昭和12.6.29	教師用	3135	昭和12.6.29
普通學校算術	第二學年上	16錢	昭和12.6.29	教師用	3135	昭和12.6.29
普通學校算術書	第一學年、第二學年		廢止12.6.29	教師用	3135	昭和12.6.29
初等理科	卷一	15錢	昭和12.3.19		3051	昭和12.3.19
初等理科	卷二	15錢	昭和12.3.19		3051	昭和12.3.19
普通學校國史	卷一	20錢	昭和12.3.19		3051	昭和12.3.19
普通學校國史	卷二	17錢	昭和12.3.19		3051	昭和12.3.19
初等地理	卷一	19錢	昭和12.3.19		3051	昭和12.3.19
初等地理	卷二	25錢	昭和12.3.19		3051	昭和12.3.19
普通學校圖畫帖	全	13錢	昭和12.3.19	兒童用	3051	昭和12.3.19
普通學校圖畫圖書(附編纂趣意書) 第一學年	全	40錢	昭和12.7.10	教師用	3145	昭和12.7.10
普通學校圖畫帖			廢止12.7.10		3145	昭和12.7.10
中等漢文讀本	卷一	45錢	昭和12.3.19		3051	昭和12.3.19
農業補習學校用國語讀本	全	45錢	昭和12.5.11		3093	昭和12.5.11
職業科教授書(女子手藝)	卷六	85錢	昭和12.5.11		3093	昭和12.5.11
職業科教授書 蔬菜果樹花卉	卷二	1圓	昭和12.6.29		3135	昭和12.6.29

第4期

1938朝鮮教育令（第3次）普通學校等の名称を小學校・中學校・高等女學校とする
普通學校國語讀本巻二、四、六、八、十、十二及四年制巻六、八廃止12年度前期

教科書名	巻	廃止		番号	昭和年月日	備考
普通學校國史	巻二	廃止12年度		3208	昭和12.9.22	
普通學校算術書	第三學年	廃止12年度		3332	昭和13.2.26	兒童用及教師用
普通學校圖畫帖	第二〜四學年	廃止12年度		3347	昭和13.3.16	兒童用及教師用
初等修身書	巻四	廃止13.4.21		3332	昭和13.2.26	
初等理科書	巻一	廃止12年度		3377	昭和13.4.21	教師用
初等理科書	巻二	廃止13.4.21		3301	昭和13.1.20	兒童用
初等理科書	巻三	廃止12年度		3377	昭和13.4.21	教師用
初等算術書	第一學年	廃止13.4.21		3332	昭和13.2.26	兒童用及教師用
高等學校普通學校修身書	巻四	廃止12年度		3377	昭和13.4.21	教師用
女子高等普通學校修身書	巻一	廃止12年度		3332	昭和13.2.26	
中等教育漢文讀本	巻二	廃止12年度		3347	昭和13.3.16	
中等教育朝鮮語及漢文讀本	巻一〜五	廃止12年度		3347	昭和13.3.16	
中等教育女子朝鮮語讀本	巻一、二	廃止12年度		3301	昭和13.1.20	
女子高等朝鮮語讀本	巻三	廃止12年度		3301	昭和13.1.20	
中等教育公民科教科書	全	廃止12年度		3301	昭和13.1.20	
中等教育女子公民科教科書	全	廃止12年度		3347	昭和13.3.16	
初等修身	巻一	10錢	昭和14.2.23	3627	昭和14.2.23	
初等修身	巻二	13錢	昭和14.2.23	3627	昭和14.2.23	
初等修身	巻三	14錢	昭和14.2.23	3627	昭和14.2.23	
初等修身書	巻四	11錢	昭和13.1.17	3301	昭和13.1.20	兒童用
初等修身	巻四	17錢	昭和16.4.11	4263	昭和16.4.11	
初等修身書	巻五	11錢	昭和13.1.17	3301	昭和13.1.20	兒童用
初等修身	巻五	15錢	昭和15.6.3	4008	昭和15.6.3	兒童用

書名	巻	価格	発行日	用途	番号	日付
初等修身書	巻六	11錢	昭和13.1.17	兒童用	3301	昭和13.1.20
初等修身	巻六	15錢	昭和14.2.23		3627	昭和14.2.23
初等修身書	巻一	27錢	昭和14.7.17	教師用	3746	昭和14.7.17
初等修身書	巻二	27錢	昭和15.4.2	教師用	3958	昭和15.4.2
初等修身書	巻三	30錢	昭和15.4.2	教師用	3958	昭和15.4.2
初等修身書	巻四	55錢	昭和13.4.21	教師用	3377	昭和13.4.21
初等修身	巻四	60錢	昭和16.4.24	教師用	4274	昭和16.4.24
初等修身書	巻五	60錢	昭和13.8.4	教師用	3465	昭和13.8.4
初等修身	巻五	62錢	昭和15.9.9	教師用	4092	昭和15.9.9
初等修身書	巻六	65錢	昭和13.8.4	教師用	3465	昭和13.8.4
初等修身	巻五,六	45錢	昭和14.5.22	教師用	3698	昭和14.5.22
初等修身書			昭和13.8.4		3465	昭和13.8.4
初等國語讀本	巻一	12錢	昭和14.2.23	兒童用	3627	昭和14.2.23
初等國語讀本	巻三	16錢	昭和15.6.3	兒童用	4008	昭和15.6.3
初等國語讀本			未確認			
初等國語讀本	巻四	18錢	昭和15.10.7	兒童用	4114	昭和15.10.7
初等國語讀本	巻五	24錢	昭和16.4.11	兒童用	4263	昭和16.4.11
初等國語讀本	巻六	24錢	昭和16.9.17	生徒用	4397	昭和16.9.17
初等國語讀本	巻一	50錢	昭和14.4.1	教師用	3658	昭和14.4.1
初等國語讀本	巻二	30錢	昭和15.4.2	教師用	3958	昭和15.4.2
初等國語讀本	巻三	27錢	昭和15.4.22	教師用	3974	昭和15.4.22
初等國語讀本	巻四	32錢	昭和15.10.28	教師用	4130	昭和15.10.28
初等國語讀本	巻五	50錢	昭和16.4.11	教師用	4263	昭和16.4.11
初等國語讀本	巻六	60錢	昭和17.1.16	教師用	4489	昭和17.1.16
初等算術	第三學年上	15錢	昭和13.3.16	兒童用	3347	昭和13.3.16
初等算術	第三學年下	15錢	昭和13.9.14	兒童用	3500	昭和13.9.14
初等算術	第四學年上	15錢	昭和14.2.23	兒童用	3627	昭和14.2.23

書名	巻・学年	定価	日付	用途	日付	番号
初等算術	第一學年下	15錢	昭和13.4.21	教師用	昭和13.4.21	3377
初等算術	第二學年下	16錢	昭和13.8.4	教師用	昭和13.8.4	3465
初等算術	第三學年	22錢	昭和14.4.17	教師用上	昭和14.4.17	3670
初等算術	第三學年	27錢	昭和15.4.2	教師用下	昭和15.4.2	3958
初等算術	第四學年用	27錢	昭和14.5.22	教師用上	昭和14.5.22	3698
初等算術	第四學年	16錢	昭和15.4.2	教師用下	昭和15.4.2	3958
初等理科	巻三	1圓	昭和13.2.21	教師用	昭和13.2.26	3332
初等理科	巻一	1圓	昭和13.1.17		昭和13.1.20	3301
初等理科	巻二	20錢	昭和13.4.21		昭和13.4.21	3377
初等理科	全	1圓20錢	昭和15.4.2	四年制兒童用	昭和15.4.2	3958
初等理科	全	19錢	昭和15.4.2	四年制教師用	昭和15.4.2	3958
初等地理	巻二	24錢	昭和15.4.2	兒童用	昭和15.4.2	3958
初等地理	巻二	21錢	昭和16.11.28	兒童用	昭和16.11.28	4454
初等地理	巻二	24錢	昭和15.4.2	兒童用	昭和15.4.2	3958
初等地理	全	26錢	昭和16.4.11	兒童用	昭和16.4.11	4263
初等地圖	巻二	55錢	昭和14.5.22	兒童用	昭和14.5.22	3698
初等國史	第五學年	27錢	昭和15.4.2		昭和15.4.2	3958
初等國史	巻二	21錢	昭和13.2.21		昭和13.2.26	3332
初等國史	巻二	21錢	昭和14.3.20		昭和14.3.20	3648
初等國史	第六學年	33錢	昭和16.4.11	教師用	昭和16.4.11	4263
初等圖畫	第二學年	15錢	昭和13.2.21	兒童用	昭和13.2.26	3332
初等圖畫	第三學年	16錢	昭和13.2.21	兒童用	昭和13.2.26	3332
初等圖畫	第四學年	16錢	昭和13.2.21	兒童用	昭和13.2.26	3332
初等圖畫	第四學年	45錢	昭和13.5.13	教師用	昭和13.5.17	3397
初等圖畫	第四學年	45錢	昭和13.5.13	教師用	昭和13.5.17	3397
初等手工	第一學年	60錢	昭和14.4.17	教師用	昭和14.4.17	3670

書名	巻	定価	発行年月日	用途	番号	年月日
初等手工	第二學年	65錢	昭和15.4.2	教師用	3958	昭和15.4.2
初等手工	第三學年	70錢	昭和15.7.1	教師用	4032	昭和15.7.1
初等唱歌	第一學年	13錢	昭和14.3.20		3648	昭和14.3.20
初等唱歌	第二學年	13錢	昭和14.3.20		3648	昭和14.3.20
初等唱歌	第三學年	14錢	昭和15.4.2	兒童用	3958	昭和15.4.2
初等唱歌	第四學年	14錢	昭和15.4.2	兒童用	3958	昭和15.4.2
初等唱歌	第五學年	16錢	昭和16.4.11	兒童用	4263	昭和16.4.11
初等唱歌	第六學年	17錢	昭和16.4.11	兒童用	4263	昭和16.4.11
みくにのうた		6錢	昭和14.3.20		3648	昭和14.3.20
初等朝鮮語讀本	卷一	10錢	昭和14.2.23		3627	昭和14.2.23
初等朝鮮語讀本	卷二	12錢	昭和15.4.2	兒童用	3958	昭和15.4.2
初等朝鮮語讀本	卷一	22錢	昭和14.5.22	教師用	3698	昭和14.5.22
初等朝鮮語讀本	卷二	25錢	昭和15.7.1	教師用	4032	昭和15.7.1
中等教育修身書	卷一	40錢	昭和15.4.2	生徒用	3958	昭和15.4.2
中等教育修身書	卷二	45錢	昭和15.4.2	生徒用	3958	昭和15.4.2
中等教育修身書	卷三	45錢	昭和15.4.2	生徒用	3958	昭和15.4.2
中等教育修身書	卷四	40錢	昭和13.2.21		3332	昭和13.2.26
中等教育修身書	卷五	40錢	昭和14.3.20		3648	昭和14.3.20
中等教育公民教科書	全	66錢	昭和13.3.16		3347	昭和13.3.16
中等教育國文讀本	卷九、十	18錢	昭和14.2.23	教授備考	3627	昭和14.2.23
中等漢文讀本	卷二	45錢	昭和13.3.16		3347	昭和13.3.16
中等漢文讀本	卷三	47錢	昭和14.3.20		3648	昭和14.3.20
中等漢文讀本	卷四	50錢	昭和15.4.2	生徒用	3958	昭和15.4.2
中等漢文讀本	卷五	50錢	昭和16.4.11	生徒用	4263	昭和16.4.11
中等教育朝鮮語讀本	卷一	50錢	昭和13.1.17		3301	昭和13.1.20
中等教育朝鮮語讀本	卷二	50錢	昭和13.1.17		3301	昭和13.1.20

書名	巻	価格	日付	備考	番号	日付
中等教育朝鮮語讀本	卷三	50錢	昭和13.1.17		3301	昭和13.1.20
中等教育朝鮮語讀本	卷四	50錢	昭和13.1.17		3301	昭和13.1.20
中等教育朝鮮語讀本	卷五	50錢	昭和13.1.17		3301	昭和13.1.20
中等教育女子修身書	卷一	40錢	昭和13.3.16		3347	昭和13.3.16
中等教育女子修身書	卷二	43錢	昭和14.3.20		3648	昭和14.3.20
中等教育女子修身書	卷三	43錢	昭和15.4.2	生徒用	3958	昭和15.4.2
中等教育女子修身書	卷四	50錢	昭和16.4.11	生徒用	4263	昭和16.4.11
中等教育女子公民教科書	全	66錢	昭和13.3.16		3347	昭和13.3.16
中等教育女子朝鮮語讀本	卷一	50錢	昭和13.1.17		3301	昭和13.1.20
中等教育女子朝鮮語讀本	卷二	50錢	昭和13.1.17		3301	昭和13.1.20
中等教育女子朝鮮語讀本	卷三	50錢	昭和13.1.17		3301	昭和13.1.20
國史地理	上巻	19錢	昭和13.4.21		3377	昭和13.4.21
國史地理	上巻	19錢	昭和14.3.20		3648	昭和14.3.20
國史地理	上巻	75錢	昭和14.7.17	教師用	3746	昭和14.7.17
農業補習學校用國語讀本	卷三	30錢	昭和13.3.16	教授備考	3347	昭和13.3.16
簡易學校用初等國語讀本		17錢	昭和15.7.1	兒童用	4032	昭和15.7.1
簡易學校用初等國語讀本	卷四	50錢	昭和17.1.16	教師用	4489	昭和17.1.16
簡易學校初等朝鮮語讀本	第一學年	12錢	昭和14.2.23	兒童用上	3627	昭和14.2.23
簡易學校初等算術	第一學年	13錢	昭和14.3.20	兒童用	3648	昭和14.3.20
簡易學校初等算術	第二學年	14錢	昭和15.4.2	兒童用	3958	昭和15.4.2
簡易學校初等算術	第一學年	19錢	昭和15.4.2	教師用	3958	昭和15.4.2
簡易學校初等算術	第二學年卷二	24錢	昭和15.6.3	教師用	4008	昭和15.6.3
農業教科書	上巻	1圓23錢	昭和14.2.23		3627	昭和14.2.23
農業教科書	中巻	1圓45錢	昭和14.2.23		3627	昭和14.2.23
農業教科書	下巻	1圓60錢	昭和14.4.17		3670	昭和14.4.17

第5期
1941.3.31 國民學校規程（朝鮮語學習廢止）

書名	學年	價格	發行日	用途	番號
コトバノオケイコ	一ネン上	15錢	昭和16.11.28	兒童用	4454 昭和16.11.28
コトバノオケイコ	一ネン下	13錢	昭和17.7.30	兒童用	4651 昭和17.7.30
コトバノオケイコ	ニネン上	15錢	昭和17.3.13		4536 昭和17.3.13
ことばのおけいこ	ニねん下	14錢	昭和17.7.30	兒童用	4651 昭和17.7.30
ヨミカタ	一ネン上	24錢	昭和17.2.4		4505 昭和17.2.4
ヨミカタ	一ネン下	23錢	昭和17.7.30	兒童用	4651 昭和17.7.30
ヨミカタ	ニネン上	25錢	昭和17.2.4		4505 昭和17.2.4
よみかた	ニねん下	23錢	昭和17.7.30	兒童用	4651 昭和17.7.30
ヨミカタ掛圖	第一學年上（一）	5圓60錢	昭和17.1.26		4497 昭和17.1.26
ヨミカタ掛圖	第一學年上（二）	5圓60錢	昭和17.1.26		4497 昭和17.1.26
ヨミカタ掛圖	第二學年上	5圓70錢	昭和17.1.266		4497 昭和17.1.26
ヨミカタ	一ネン上	58錢	昭和17.4.18	教師用	4565 昭和17.4.18
ヨミカタ	一ネン下	36錢	昭和17.9.8	教師用	4685 昭和17.9.8
ヨミカタ	ニネン上	60錢	昭和17.4.18	教師用	4565 昭和17.4.18
よみかた	ニねん下	38錢	昭和17.9.8	教師用	4685 昭和17.9.8
ヨミカタ掛圖	第一學年下	7圓30錢	昭和18.2.9		4805 昭和18.2.9
ヨミカタ掛圖	第二學年下	5圓30錢	昭和18.2.9		4805 昭和18.2.9
初等國語	第三學年上	25錢	昭和17.12.10	兒童用	4759 昭和17.12.10
初等國語	第三學年下	24錢	昭和18.9.4	兒童用	4979 昭和18.9.4
初等國語	第四學年上	23錢	昭和18.3.12	兒童用	4831 昭和18.3.12
初等國語	第四學年下	25錢	昭和18.9.4	兒童用	4979 昭和18.9.4
初等國語	第五學年上	24錢	昭和19.2.1	兒童用	5096 昭和19.2.1
初等國語	第五學年下	30錢	昭和19.9.11	兒童用	5282 昭和19.9.11

初等國語	第六學年上	23錢	昭和19.2.1	兒童用	5096 昭和19.2.1
初等國語	第六學年下	28錢	昭和19.9.11	兒童用	5282 昭和19.9.11
初等國語	第三學年上	70錢	昭和18.3.12	教師用	4831 昭和18.3.12
初等國語	第四學年上	46錢	昭和18.11.6	教師用	5029 昭和18.11.6
初等國語	第五學年上	60錢	昭和19.5.11	教師用	5177 昭和19.5.11
初等國語	第五學年下	60錢	昭和19.11.27	教師用	5344 昭和19.11.27
初等國語	第六學年上	55錢	昭和19.5.11	教師用	5177 昭和19.5.11
初等國語	第六學年下	64錢	昭和19.11.27	教師用	5344 昭和19.11.27
ヨイコドモ	一ネン	16錢	昭和17.1.16	兒童用	4489 昭和17.1.16
ヨイコドモ	二ネン	20錢	昭和17.2.4		4505 昭和17.2.4
初等修身	第三學年	21錢	昭和18.1.23	兒童用	4791 昭和18.1.23
初等修身	第四學年	21錢	昭和18.1.23	兒童用	4791 昭和18.1.23
ヨイコドモ	一ネン	50錢	昭和17.3.13	教師用	4536 昭和17.3.13
ヨイコドモ掛圖	第一學年	5圓60錢	昭和17.1.26		4497 昭和17.1.26
ヨイコドモ掛圖	第二學年	5圓60錢	昭和17.1.26		4497 昭和17.1.26
ヨイコドモ	二ネン	48錢	昭和17.3.13	教師用	4536 昭和17.3.13
初等修身掛圖	第三學年	7圓80錢	昭和18.8.21		4967 昭和18.8.21
初等修身掛圖	第四學年	7圓80錢	昭和18.8.21		4967 昭和18.8.21
初等修身	第三學年	56錢	昭和18.3.12	教師用	4831 昭和18.3.12
初等修身	第四學年	71錢	昭和18.3.12	教師用	4831 昭和18.3.12
初等修身	第五學年	79錢	昭和19.3.3		5122 昭和19.3.3
初等修身	第六學年	95錢	昭和19.5.11		5177 昭和19.5.11
初等地理	第五學年	29錢	昭和19.2.1	兒童用	5096 昭和19.2.1
初等地理	第六學年	28錢	昭和19.2.1	兒童用	5096 昭和19.2.1
初等地圖		40錢	昭和19.11.29	兒童用	5346 昭和19.11.29

書名	學年	定價	發行年月日	用途	番號・年月日
初等地理	第五學年	27錢	昭和19.11.27	教師用	5344 昭和19.11.27
初等地理	第六學年	40錢	昭和19.10.25	教師用	5318 昭和19.10.25
初等國史	第五學年	40錢	昭和19.5.11	兒童用	5177 昭和19.5.11
初等國史	第六學年	45錢	昭和19.6.24	兒童用	5215 昭和19.6.24
初等國史	第五學年	50錢	昭和16.11.28	教師用	4454 昭和16.11.28
初等國史	第六學年	53錢	昭和18.7.6	教師用	4927 昭和18.7.6
カズノホン	一ネン上	14錢	昭和17.2.4		4505 昭和17.2.4
カズノホン	一ネン下	18錢	昭和17.7.30	兒童用	4651 昭和17.7.30
カズノホン	二ネン上	17錢	昭和17.2.4		4505 昭和17.2.4
カズノホン	二ネン下	19錢	昭和17.7.30	兒童用	4651 昭和17.7.30
カズノホン掛圖	第一學年上	5圓60錢	昭和17.1.26		4497 昭和17.1.26
カズノホン掛圖	第一學年下	5圓60錢	昭和18.2.9		4805 昭和18.2.9
カズノホン掛圖	第二學年上	5圓60錢	昭和17.1.26		4497 昭和17.1.26
カズノホン掛圖	第二學年下	5圓60錢	昭和18.2.9		4805 昭和18.2.9
カズノホン	一ネン上	33錢	昭和17.4.4	教師用	4553 昭和17.4.4
カズノホン	一ネン下	22錢	昭和17.9.8	教師用	4685 昭和17.9.8
カズノホン	二ネン上	28錢	昭和17.4.4	教師用	4553 昭和17.4.4
カズノホン	二ネン下	24錢	昭和17.9.8	教師用	4685 昭和17.9.8
文部省著作初等科算數	二	15錢	昭和17.11.6	兒童用	4731 昭和17.11.6
文部省著作初等科算數	三	15錢	昭和17.11.6	兒童用	4731 昭和17.11.6
文部省著作初等科算數	第三學年下	16錢	昭和18.8.27	兒童用	4972 昭和18.8.27
文部省著作初等科算數	第四學年下	16錢	昭和18.8.27	兒童用	4972 昭和18.8.27
文部省著作初等科算數	第五學年上	17錢	昭和18.11.22	兒童用	5042 昭和18.11.22
初等科算數	第五學年下	17錢	昭和19.9.11	兒童用	5282 昭和19.9.11
文部省著作初等科算數	第六學年上	17錢	昭和18.11.22	兒童用	5042 昭和18.11.22

初等科算數	第六學年下	17錢	昭和19.9.11	兒童用	5282 昭和19.9.11
初等科算數	一	50錢	昭和18.1.23	教師用	4791 昭和18.1.23
初等科算術	三	60錢	昭和18.1.23	教師用	4791 昭和18.1.23
文部省著作初等科算數	第三學年下	40錢	昭和18.8.27	教師用	4972 昭和18.8.27
文部省著作初等科算數	第四學年下	50錢	昭和18.8.27	教師用	4972 昭和18.8.27
初等科算數	第五學年上	65錢	昭和19.10.25	教師用	5318 昭和19.10.25
初等科算數	第六學年上	70錢	昭和19.10.25	教師用	5318 昭和19.10.25
初等科習字	第三學年	12錢	昭和16.11.28	兒童用	4454 昭和16.11.28
初等科習字		12錢	昭和17.2.4		4505 昭和17.2.4
初等科習字	第五學年	11錢	昭和18.3.12	兒童用	4831 昭和18.3.12
初等科習字	第六學年	12錢	昭和19.4.20	兒童用	5161 昭和19.4.20
初等科習字	第三學年	38錢	昭和17.4.18	教師用	4565 昭和17.4.18
初等科習字	第四學年	38錢	昭和17.4.18	教師用	4565 昭和17.4.18
初等科習字	第五學年	30錢	昭和18.7.6	教師用	4927 昭和18.7.6
初等科習字	第六學年	16錢	昭和19.9.11	教師用	5282 昭和19.9.11
自然の觀察	第一學年	40錢	昭和17.3.13	教師用	4536 昭和17.3.13
自然の觀察	第一學年下	24錢	昭和17.9.8	教師用	4685 昭和17.9.8
自然の觀察	第二學年	45錢	昭和17.3.13	教師用	4536 昭和17.3.13
自然の觀察	第二學年下	23錢	昭和17.9.8	教師用	4685 昭和17.9.8
自然の觀察	第三學年	47錢	昭和18.4.17	教師用	4861 昭和18.4.17
環境の觀察	第四學年	55錢	昭和17.4.4	教師用	4553 昭和17.4.4
初等科理科	第四學年	23錢	昭和18.3.12	兒童用	4831 昭和18.3.12
初等科理科	第五學年	29錢	昭和19.1.7	兒童用	5075 昭和19.1.7
初等科理科	第六學年	25錢	昭和19.2.1	兒童用	5096 昭和19.2.1
初等科理科	第四學年	90錢	昭和18.5.14	教師用	4882 昭和18.5.14

初等理科		第五學年	92錢	昭和19.6.24	教師用	5215 昭和19.6.24
初等理科		第六學年	90錢	昭和19.6.24	教師用	5215 昭和19.6.24
エノホン（文部省著作）		一	20錢	昭和17.7.30	兒童用	4651 昭和17.7.30
エノホン（文部省著作）		四	20錢	昭和17.7.30	兒童用	4651 昭和17.7.30
エノホン（文部省著作）		一	30錢	昭和17.4.4	教師用	4553 昭和17.4.4
エノホン（文部省著作）		二	18錢	昭和17.7.30	教師用	4651 昭和17.7.30
エノホン（文部省著作）		三	30錢	昭和17.4.4	教師用	4553 昭和17.4.4
エノホン（文部省著作）		四	17錢	昭和17.7.30	教師用	4651 昭和17.7.30
文部省著作初等科圖畫		一	25錢	昭和17.11.6	兒童用	4731 昭和17.11.6
文部省著作初等科圖畫		二男子用	28錢	昭和17.11.6	兒童用	4731 昭和17.11.6
文部省著作初等科圖畫		二女子用	21錢	昭和17.11.6	兒童用	4731 昭和17.11.6
文部省著作初等科圖畫男子用		第五學年	30錢	昭和19.3.3	兒童用	5122 昭和19.3.3
文部省著作初等科圖畫女子用		第五學年	23錢	昭和19.3.3	兒童用	5122 昭和19.3.3
文部省著作初等科圖畫男子用		第六學年	27錢	昭和19.3.3	兒童用	5122 昭和19.3.3
文部省著作初等科圖畫女子用		第六學年	21錢	昭和19.3.3	兒童用	5122 昭和19.3.3
初等科圖畫		第三學年	24錢	昭和18.4.17	教師用	4861 昭和18.4.17
初等科圖畫		第四學年	27錢	昭和18.4.17	教師用	4861 昭和18.4.17
初等科圖畫		第五學年	36錢	昭和19.1.7	教師用	5075 昭和19.1.7
初等科圖畫		第六學年	36錢	昭和19.1.7	教師用	5075 昭和19.1.9
ウタノホン		一ネン	16錢	昭和17.1.16	兒童用	4489 昭和17.1.16
ウタノホン		二ネン	16錢	昭和17.3.13		4536 昭和17.3.13
ウタノホン		一ネン	79錢	昭和17.9.8	教師用	4685 昭和17.9.8
ウタノホン		二ネン	75錢	昭和17.9.8	教師用	4685 昭和17.9.8
ウタノホン		第一學年掛圖5圓		昭和17.4.23		4569 昭和17.4.23
ウタノホン		第二學年掛圖5圓		昭和17.4.23		4569 昭和17.4.23

初等音樂	第三學年	14錢	昭和18.4.17	兒童用	4861 昭和18.4.17
初等音樂	第四學年	16錢	昭和18.4.17	兒童用	4861 昭和18.4.17
初等音樂	第五學年	20錢	昭和19.2.1	兒童用	5096 昭和19.2.1
初等音樂	第六學年	21錢	昭和19.2.1	兒童用	5096 昭和19.2.1
初等音樂掛圖	第三學年	3圓50錢	昭和18.8.21		4967 昭和18.8.21
初等音樂掛圖	第四學年	3圓50錢	昭和18.8.21		4967 昭和18.8.21
初等音樂	第四學年	88錢	昭和18.11.6	教師用	5029 昭和18.11.6
初等音樂	第五學年	93錢	昭和19.9.11	教師用	5282 昭和19.9.11
初等工作	第三學年	19錢	昭和18.2.5	兒童用	4802 昭和18.2.5
初等工作男子用	第四學年	20錢	昭和18.5.14	兒童用	4882 昭和18.5.14
初等工作女子用	第四學年	15錢	昭和18.5.14	兒童用	4882 昭和18.5.14
初等工作男子用	第五學年	19錢	昭和19.3.3	兒童用	5122 昭和19.3.3
初等工作女子用	第五學年	18錢	昭和19.3.3	兒童用	5122 昭和19.3.3
初等工作男子用	第六學年	19錢	昭和19.3.3	兒童用	5122 昭和19.3.3
初等工作女子用	第六學年	19錢	昭和19.3.3	兒童用	5122 昭和19.3.3
初等工作掛圖	第三學年	3圓15錢	昭和19.10.28		5321 昭和19.10.28
初等工作掛圖	第四學年	3圓	昭和19.10.28		5321 昭和19.10.28
初等工作	第三學年	22錢	昭和18.5.14	教師用	4882 昭和18.5.14
初等工作	第四學年	28錢	昭和18.7.6	教師用	4927 昭和18.7.6
初等工作	第五學年	28錢	昭和19.3.3	教師用	5122 昭和19.3.3
初等工作	第六學年	36錢	昭和19.3.3	教師用	5122 昭和19.3.3
初等裁縫	第四學年	14錢	昭和18.1.23	兒童用	4791 昭和18.1.23
初等裁縫	第五學年	14錢	昭和18.11.22	兒童用	5042 昭和18.11.22
初等裁縫	第六學年	17錢	昭和18.11.22	兒童用	5042 昭和18.11.22
初等裁縫掛圖	第四學年	4圓80錢	昭和18.8.21		4967 昭和18.8.21

初等裁縫	第四學年	58錢	昭和18.5.14	教師用	4882 昭和18.5.14
初等裁縫	第五學年	23錢	昭和18.11.6	教師用	5029 昭和18.11.6
初等裁縫	第六學年	28錢	昭和19.3.3	教師用	5122 昭和19.3.3
初等家事	第四學年	40錢	昭和16.4.11	教師用	4263 昭和16.4.11
初等家事	第四學年	50錢	昭和19.3.3	教師用	5122 昭和19.3.3
初等家事	第五學年	45錢	昭和17.4.4	教師用	4553 昭和17.4.4
初等家事	第六學年	52錢	昭和18.2.5	教師用	4802 昭和18.2.5
初等家事掛圖	全	6圓30錢	昭和18.8.21		4967 昭和18.8.21
藝能科工作教授資料	第一學年	1圓10錢	昭和18.2.5	教師用	4802 昭和18.2.2
藝能科工作教授資料	第三學年	1圓20錢	昭和18.2.5	教師用	4802 昭和18.2.2
藝能科工作教授資料	第四學年	1圓30錢	昭和16.9.17	兒童用	4397 昭和16.9.17
藝術科工作教授資料	第五學年	1圓30錢	昭和18.2.5	教師用	4802 昭和18.2.2
初等職業	第四學年	18錢	昭和18.3.12	兒童用	4831 昭和18.3.12
初等職業	第五學年	20錢	昭和19.4.20	兒童用	5161 昭和19.4.20
初等職業	第四學年	95錢	昭和19.1.9	教師用	5075 昭和19.1.9
初等職業	第五學年	1圓10錢	昭和19.10.25	教師用	5318 昭和19.10.25
農業教科書 栽培汎論・食用作物・工藝的作物編		1圓10錢	昭和18.3.12	生徒用	4831 昭和18.3.12
農業教科書 蔬菜編		75錢	昭和18.3.12	生徒用	4831 昭和18.3.12
農業教科書 果樹・花卉・農業的藥劑編		90錢	昭和18.3.12	生徒用	4831 昭和18.3.12
農業教科書 養蠶・畜産編		80錢	昭和18.3.12 生徒用		4831 昭和18.3.12
農業教科書 林業・土壌・肥料編		1圓10錢	昭和18.3.12	生徒用	4831 昭和18.3.12

中等國語男子用	巻一	60錢	昭和16.4.11	生徒用	4263	昭和16.4.11
中等國語女子用	巻一	60錢	昭和16.4.11	生徒用	4263	昭和16.4.11
中等國語男子用	巻二	60錢	昭和16.9.30	兒童用	4407	昭和16.9.30
中等國語女子用	巻二	60錢	昭和16.9.30	兒童用	4407	昭和16.9.30
中等國語男子用	巻三	60錢	昭和17.4.17	生徒用	4564	昭和17.4.17
中等國語女子用	巻三	60錢	昭和17.4.17	生徒用	4564	昭和17.4.17
中等國語男子用	(四)	60錢	昭和17.10.13	生徒用	4713	昭和17.10.13
中等國語女子用	(四)	60錢	昭和17.10.13	生徒用	4713	昭和17.10.13
中等國語男子用	巻五	57錢	昭和18.4.17	生徒用	4861	昭和18.4.17
中等國語女子用	巻五	67錢	昭和18.4.17	生徒用	4861	昭和18.4.17
中等國語男子用	巻六	57錢	昭和18.10.15	生徒用	5012	昭和18.10.15
中等國語女子用	巻六	67錢	昭和18.10.15	生徒用	5012	昭和18.10.15
中等國語男子用	巻七	57錢	昭和19.3.29	生徒用	5143	昭和19.3.29
中等國語女子用	巻七	57錢	昭和19.4.20	生徒用	5161	昭和19.4.20
中等國語男子用	巻八	51錢	昭和19.9.20	生徒用	5290	昭和19.9.20
中等國語女子用	巻八	51錢	昭和19.9.20	生徒用	5290	昭和19.9.20
中等國文法別記口語篇		3圓	昭和18.11.12	生徒用	5026	昭和18.11.2
中等國語男子用	巻一	50錢	昭和18.5.31	教師用	4896	昭和18.5.31
中等國語女子用	巻一	50錢	昭和18.8.10	教師用	4957	昭和18.8.10
中等時文	全	47錢	昭和16.5.22	生徒用	4296	昭和16.5.22
中等時文	全	20錢	昭和18.5.31	教師用	4896	昭和18.5.31
中等公民男子用	上巻	63錢	昭和17.4.17	生徒用	4564	昭和17.4.17
中等公民男子用	下	63錢	昭和18.4.1	生徒用	4848	昭和18.4.1
中等公民女子用	上巻	56錢	昭和17.4.17	生徒用	4564	昭和17.4.17
中等公民女子用	下	55錢	昭和18.4.1	生徒用	4848	昭和18.4.1

朝鮮総督府編纂教科用図書刊行目録稿　219

書名	巻	価格	発行日	用途	番号 発行日
中等家事教科書	巻一	50錢	昭和16.4.11	生徒用	4263 昭和16.4.11
中等家事	巻二	38錢	昭和17.4.17	生徒用	4564 昭和17.4.17
中等家事	巻三	85錢	昭和18.4.17	生徒用	4861 昭和18.4.17
中等家事	巻四	1圓	昭和19.4.20	生徒用	5161 昭和19.4.20
中等國史低學年用		1圓	昭和17.5.11	生徒用	4582 昭和17.5.11
中等漢文	巻二	50錢	昭和18.5.31	教師用	4896 昭和18.5.31
中等漢文	巻三	50錢	昭和18.5.31	教師用	4896 昭和18.5.31
中等文法男子用	口語篇	59錢	昭和17.4.30	生徒用	5118 昭和19.2.28
中等國文法	文語編	54錢	昭和19.2.28	生徒用	5118 昭和19.2.28
中等國文法　實業學校用		75錢	昭和19.2.28	生徒用	4792 昭和18.1.25
中等國語　實業學校用	巻一	80錢	昭和18.1.25	生徒用	4848 昭和18.4.1
中等國語　實業學校用	巻二	72錢	昭和18.4.1	生徒用	5143 昭和19.3.2
中等國語　實業學校用	巻三	70錢	昭和19.3.29	生徒用	5161 昭和19.4.20
中等國語　實業學校用	巻四	65錢	昭和19.4.20	生徒用	5443 昭和20.3.30
文部省著作高等科國語	一	45錢	昭和20.3.30	生徒用	5443 昭和20.3.30
文部省著作高等科習字	一男子用	20錢	昭和20.3.30	生徒用	5443 昭和20.3.30
文部省著作高等科習字	一女子用	20錢	昭和20.3.30	生徒用	5443 昭和20.3.30
師範國語尋常科	上級用	50錢	昭和20.5.3	生徒用	5477 昭和20.5.10

植民地教育史研究

第5号　　　　　1999年2月10日

発行　日本植民地教育史研究会　　事務局　東京家政学院大学家政学部佐藤広美研究室
　　　　　　　　　　　　　　　194-0292　東京都町田市相原町2600
　　　　　　　　　　　　　　　TEL 0427-82-0985（研究室）　FAX 0427-82-9880（大学）
　　　　　　　　　　　　　　　郵便振替　00130-9-363885

植民地教育史研究をめぐって活発な議論展開される
―宮崎公立大学における国際研究交流報告―

日本植民地教育史研究会事務局

昨年の1998年10月の23日から25日にかけて3日間、宮崎公立大学交流センターにて、植民地教育史を主題とする国際研究交流を予定通り実施しましたので概要をご報告します。会議毎に主催者および共催者が異なった本国際研究交流は、昨年夏北京で開催された日本侵華殖民教育研討会をふまえ、日本植民地教育史研究会、日本国際教育学会、および日本侵華教育史課題組（中国）が相互に協力して実施しました。

1．日中共同研究
　：第2回日本侵華殖民教育史
　　国際シンポジウム

　日時　10月23日（金）13：00～17：30
　開会の辞　渡部宗助（国立教育研究所）
　　　　　　斉　紅深（中国遼寧省教育委員会）
　司会　佐野通夫（四国学院大学）
　報告　佐藤広美（東京家政学院大学）
　　　　「大東亜共栄圏」と日本教育学の展開
　　　　魏正書（中国錦州師範学院）
　　　　教育の交流から対抗へ
　　　　―近代中日教育関係の変遷
　閉会の辞　小沢有作（日本植民地教育史研究会代表）
　主催　日本植民地教育史研究会
　　　　日本侵華教育史課題組（中国）

2．日本国際教育学会第9回大会
　　課題研究「植民地教育体験」

　日時　10月25日（日）9：00～12：00
　司会　柿沼秀雄（国学院大学）
　　　　佐野通夫
　報告　鈴木慎一（早稲田大学）
　　　　旧満洲での植民地教育体験
　　　　陳丕忠（中国大連志弁公室）
　　　　「関東州」殖民奴化教育親歴記（斉紅深代読）
　　　　吉田勇（佐野国際情報短期大学）
　　　　旧樺太での植民地教育体験
　指定討論者　佐藤広美
　主催　日本国際教育学会

3．日本国際教育学会第9回大会
　　公開シンポジウム「20世紀教育の検証・
　　・植民地教育について」

　日時　10月25日（日）13：00～17：00
　司会　宮脇弘幸（宮城学院女子大学）
　　　　近藤健一郎（愛知県立大学）
　報告　斉紅深（中国遼寧省教育委員会）
　　　　皇民化教育、同化教育と奴隷化教育―日本植民地教育の性質、概念の違いに対する比較研究
　　　　鄭圭永（韓国清州教育大学）
　　　　日本帝国主義の植民地朝鮮教育政策について
　　　　又吉盛清（沖縄浦添市市民会館）
　　　　沖縄教育と台湾教育
　指定討論者　藤沢健一（埼玉短期大学）

主催　日本国際教育学会
　　　日本植民地教育史研究会

　上記2つのシンポジウムの詳しい内容については、『植民地教育史研究：年報』第2号（夏刊行予定）の誌上にて、別途会員の皆様にお伝えしたいと考えておりますのでご期待下さい。このほか、24日（土）午前中に小研究会を開催し、宋恩栄先生から中国の植民地教育史研究の動向について報告がありました。また同日午後の日本国際教育学会自由研究（3分科会）においても、以下の植民地教育史研究に関わる研究報告が行われました。

魯在化（韓国聖潔大学校）
　「日帝時代の韓国識字教育について」
大森直樹（東京学芸大学）
　「「満洲国」教育史研究の課題―聞き取り調査を中心に」
祁建民（中国南開大学）
　「蒙疆における日本人の教育活動―善隣協会を中心として」
栄裕（国立台湾師範大学）
　「上海東亜同文書院の設立と経営に関する研究」
君塚仁彦（東京学芸大学）
　「「満洲国」博物館史研究への基本認識と課題」
豊平美奈子（東京学芸大学大学院）
　「第2次世界大戦後米軍統治下の沖縄における国語書写・書道教育について」
近藤健一郎（愛知県立大学）
　「近代沖縄における方言札の実態―八重山地域の学校記念誌を資料として」
橋本栄一（東京学芸大学）
　「羅振玉伝」

　複数の主催者間の調整と、日中韓の報告のコーディネイトが必要だった今回の国際研究交流の実施にあたっては、日本国際教育学会の開催校代表として、また本会会員として、王智新さんの果たした役割に大きなものがありました。ここに記して感謝の意を表したいと思います。また本研究会との共催を柔軟に引き受けて下さった日本国際教育学会にも感謝の意を表明したいと思います。

　　　　　　　　　（文責：大森直樹）

■感想記■
第2回日本侵華植民地教育史
国際シンポジウム「大東亜共栄圏と教育」
に参加して
　　　　　　　　　　　　新保　敦子

　第2回侵華植民地史国際シンポジウムが宮崎公立大学で開かれ、日中両国から約20名の参加があった。
　まず佐藤会員は、「大東亜共栄圏と日本教育学の展開」というテーマで報告した。戦時下の教育学がどのような形でアジア教育侵略を肯定するようになったのか、その複雑性に目を向けての分析であった。
　佐藤の議論に対して、君塚会員から、「複雑性の強調は、むしろ加害の責任をわからなくするのではないか」といった指摘がなされた。大森会員からは、「日本の中に抵抗を見たいという気持ちはよくわかるが、日本の植民地支配の時代に、教育学において抵抗の論理はほとんど無かったのではないか」という疑問が提起された。
　また小沢会員は、佐藤があげた教育学者たちに戦後自分は教えを受けたが、ほとんどが反省をすることが無かったことを指摘した。
　魏正書氏（錦州師範学院）は、「教育の交流から対抗へ」というテーマで報告を行い、文化交流から文化侵略への変容という概念を提起した。
　齊紅深氏（遼寧省教育委員会）は、「魏報告は、植民地研究の中に、文化という新しい視点を提供するもの」と評価した。また魏報告に対して渡辺会員は、「文化交流から文化侵略に転化する過程で、義和団事件の持つ影響力が大きい」と指摘した。
　かなり活発な議論のやりとりがあったことに驚かされつつも、とても啓発された。
　開催校ということで何かとお世話下さり、議論が複雑になってくると通訳の労も取って下さった王智新さん、またこうした貴重な機会を提供して下さった槻木会員に感謝、感謝である。

アジアから信を得るために、ふたたび

　　　　　　　　　　　　佐野　通夫

　日本植民地教育史研究会は、10月24、25日に大会が開催された日本国際教育学会と共催でシンポジウムを開催しました。共催の場に

参加した関係で、私は同学会の会員ではありませんが、同学会の「課題研究」の司会を引き受けてしまいました。司会者は論議にどの程度加わってよいかの判断がつかず、その場で十分に発言することができなかったので、ここで改めて当日その場で感じた疑問を述べさせていただきます。

「課題研究」のテーマは「植民地教育体験」。報告者は「旧満州での殖民地教育体験」鈴木慎一さん、「偽満州帝国での殖民地教育体験」陳不忠さん（書面参加）、「旧樺太での植民地教育体験」吉田勇さん（「朝鮮での殖民地教育体験」報告者は欠席）、司会は柿沼秀雄さんと私でした。

これらの報告のうち、私が問題を感じたのは吉田さんの「報告」です。吉田さんの報告の問題点はどこにあるでしょうか。

まず、彼は日本の「樺太領有」の正当性から話を始めています（これが報告の半分以上を占めました）。このことによって、彼は自分が植民地主義の立場に立っていることを表しています。植民地の植民地たる所以が何かといえば、その地にもともと住む者以外の者が入ってきて、その土地を支配し、そこに住む人々の文化を否定することです。吉田さんの報告は、もともと「土人」が住んでいたところを、オランダ、「支那」、ロシア、日本が争ったという立場です（用語は本人の使用）。この論法でいえば、「ベルリン会議」によるアフリカの「分割」も正当ということになります。

この「領有」の思想に見られるように、吉田さんにはサハリン先住民が同じ文化を持った人間だという視点がありません。当時サハリンに住んでいた人々が「土人」であるならば、何故日本人は「土人」でないのでしょう。この「土人」という言葉に関しては、さすがに討論の中でも沖縄の高良さんがアイヌ新法を例に引きながら、「先住民」という言葉が提起したり、小沢有作さんから「土人」という語を使う不快感が表明されたりしました。これらの提起に対して、吉田さんは臆面もなく「土人」という語の使用は「国籍確定の必要から当時の用語に依らざるを得ない」という理由にならない理由で応えました。理由にもなっていないのですが、反論したようもありませんが、では現在日本人は大日本帝国臣民であり、内地人でしょうか。平民があり華族がいるのでしょうか。朝鮮民主主義人民共和国公民や大韓民国人は、大日本帝国臣民である「朝鮮人」でしょうか。当時の「呼称」を現在に持ってきては、現在からの分析を記述できません、逆に限定的にいえば、「歴史叙述」の中で「歴史的呼称」が引用されることがあっても、それは現在を示す呼称としては用いられないはずです。先の「支那」「樺太」にしても、その語を用いる必然性を私は認め得ません。

この「土人」使用の正当性を主張する議論の中に「国籍」を持ってきた吉田さんには、戸籍（いわゆる「内地戸籍」）と「国籍」の混同があるようです。サハリン先住民がいわゆる「内地戸籍」に含まれる者でなく、また彼らに対する管理の体制がまだ十分でなかったとしても、大日本帝国の支配に服する者ではなかったのでしょうか。そうでないならば、どうして彼らの上に「権力」をふるうことができるのでしょうか。では「国籍」とは？（ちなみに吉田さんは国際社会が忌避しているのは二重国籍であると述べていましたが、国際人権規約を引用するまでもなく、現在の国際社会が人権水準として求めているのは、無国籍の回避であり、二重国籍忌避のため、無国籍になってもかまわないと主張、実行しているのは日本国政府くらいしかありません―その日本国政府も国際人権規約は批准していません）。

吉田さんの「土人」観を示すものとして、「土人（原住民）教育方針と実践」という項目があります。吉田さんは先住民の知恵がなければ、北の地では暮らせないということを認めながら、たとえば「移動民族」であるものに対しても、定住化させ、「a．国民的情操を涵養すること／b．職業的陶冶を養うこと／c．協力の精神を養うこと／d．勤勉労働の精神を養うこと」を「土人教育の基本方針」として、「土人教育の実施と効果」を述べています（「」内は吉田さんのレジュメから）。ここで、まさに植民地教育の本質、その土地の文化を否定し収奪することを、吉田さんは肯定してしまっています。

このような植民地支配を肯定する思想が形成されたことが「植民地教育体験」の成果の実例であるとしても、現代における「研究」は、それを克服していかなければならないものでしょう。日本植民地教育史研究会は「アジアから信を得るために」を掲げて出発しました。植民地主義、植民地支配をもたらすために植民地研究を行なうという植民地教育学の危険な動向は植民地教育史研究を志すものとしては、注意しておく必要があるだろうと思います。

《日本植民地教育史研究会第2回春の研究集会のお知らせ》

日時：1999年4月3日（土）・4日（日）
場所：専修大学神田校舎8階13A会議室（前回
　　　連絡の時と場所が変更になりました）
　　　東京都千代田区神田神保町3-8、
　　　℡03-3265-6211　　　（下記地図参照）
1日（土曜日）
・午後1時から5時まで、
　【シンポジウム】
　「大東亜共栄圏」と教育
　　―日本教育学と植民地支配下の現実―
報告テーマと報告者
「大東亜共栄圏」と日本教育学の展開
　　　　　　　　　　　　　…佐藤広美
占領下蒙疆の教育　　　　　…祁　建民
占領下シンガポールの教育　…宮脇弘幸
植民地支配下の教育学・朝鮮語学…石　純姫
司会　　　　　　　　　　　…佐野通夫
・午後5時から6時まで、
　【総会】
　1998年度活動総括と1999年度方針論議

・午後6時以降8時まで、
　【懇親会】専修大学神田校舎近辺の居酒屋
　　　　　あるいはレストラン
2日（日曜日）
・午前10時から13時まで、
　【個別研究発表
　　　　　　（近代日本の教育と植民地）】
日本強占期朝鮮総督府による
　　　社会教育施策の展開　…李　明實
朝鮮植民地支配と唱歌教育　…高　仁淑
大連図書館の成立
　　　―満鉄経営の転換期　…小黒浩司

	10時	13時	17時	18時
3日		シンポジウム	総会	懇親会
4日	個別研究			

同封の出欠確認の葉書を、3月10日（水）
までに、必ずご返送ください。

宋恩栄先生を囲む会

　中国における日本侵華殖民教育史研究プロジェクトの代表者である宋恩栄先生が、広島大学における客員研究員として1月18日から3月11日まで訪日することになりました。この機会をとらえて本研究会では「宋恩栄先生を囲む会」を日中教育研究交流会議と共催することにいたします。関心のある方は是非ご出席下さい。
　日時　1999年2月27日（土）午後4時半
　開場　5時～7時
　場所　早大・国際会議場・4階共同研究室7
　（JR「高田の馬場」駅より早大正門前行き
　バス乗車「西早稲田」下車5分）
　内容　宋恩栄「中国における植民地教育史
　　　研究の動向―地方教育史研究を中心に」
　会場費　500円
※会議終了後、懇親会を予定しております。

第3回日本侵華植民教育史
　　　国際シンポジウムのご連絡

　日本植民地教育史研究会は、日本侵華教育史課題組（中国）の提起を受けて、1997年の北京開催第1回シンポジウムに参加し、第2回目を昨年宮崎で共催しました。これをふまえ、中国側から下記のような第3回シンポジウム開催の提案がありましたので、会員の皆様にご連絡します。事務局では、シンポへの本会の参加と協力のあり方について、会員の皆様のご意見をお待ちしております。
　日時　1999年12月23日～12月28日
　（23～25日は日本植民地史跡の見学で、大連・旅順など。26～28日は研究会議。）
　会場　中国瀋陽市　遼寧大学

【編集後記】春の研究集会にぜひ。李明實氏は韓国から来られます。自分の発表もあるので宣伝にはつい力が。お待ちしています（広）。

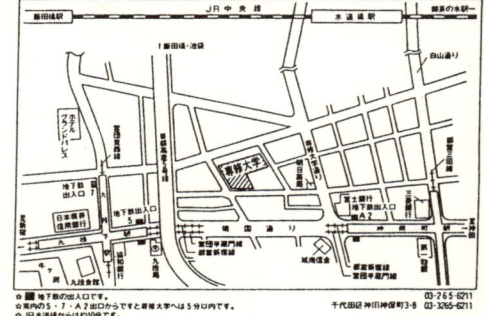

植民地教育史研究

第6号　　　　1999年8月1日

発行　日本植民地教育史研究会　　事務局　東京家政学院大学家政学部佐藤広美研究室
194-0292　東京都町田市相原町2600
TEL 0427-82-0985（研究室）　FAX 0427-82-9880（大学）
郵便振替　00130-9-363885

植民地教育史研究における「実証性」と「主体性」
—春の研究集会に参加して—

古川　宜子（大東文化大学）

　日本植民地教育史研究集会に2日間参加した。私は朝鮮教育史を専攻としており、朝鮮関係の報告者2人が私の研究に言及されていたので、それらと関連して考えたことを少し記しておきたい。

　石純姫氏は「植民地支配下の朝鮮における言語の近代化とナショナリズム」というテーマで話された。「はじめに」で「価値肯定的な近代という通念への疑義」という見出しで私の文章を引用された。この見出しは的確なもので、私は近来の歴史学の成果に学び、「近代」の相対化、近代を批判の対象とするようなアプローチを朝鮮近代教育史でも行いたいと考えている。これは近代教育を価値肯定的な側面でのみ想定して、機会均等・母国語主義等の保障という要件を備えたもの＝「近代教育」として認定し、植民地教育はそれらの要件を満たさないために「非」近代教育であるとするような方法よりも、近代教育の負の側面としての植民地教育を明らかにしていくことで、近代という時代をより実態に即して把握できるのではないかと考えているからである。ただし氏の主張のポイントは、私が実証的研究を進める必要性を述べた部分についてであり、今後の研究動向への疑問として、客観性・実証性の在り方を問題とされた。具体的にはエッカートの文章を引用し、それについて「歴史家の価値判断が伴わないという叙述が意図するものは何か」とした上で、ファノンの「客観性という概念がいつも弱者には不利に働く」という言葉をひいている。ここには、「客観性・実証性」に対する強い危惧が示されている。

　しかし、例えばファノンの言葉で想起されるのは、権力を掌握している側の者が述べる「客観性」、それは例えば朝鮮教育史の場合であれば植民地時代の官僚・御用学者の類の「客観性」のトリックではないだろうか。植民地支配・被支配の関係が実在する中での「客観性」論議と、少なくとも政治的目的を達成するための研究を批判し、「科学的な研究」を目指す現在の歴史研究における「客観性」論議では大きな条件の違いがあるはずである。そうした違いを区別しなくともよいのであろうか。

　また、討論の中で氏は、「私は韓国におけるナショナリズムを日本人が批判するようには批判したくない」というような発言をされた。そこには「日本人でもなく韓国・朝鮮人でもない」とされる在日の強い主体性、あるいは在日がおかれている社会的・思想的状況の複雑さが感じられた。と同時に、ひるがって日本人である私の主体性とは何かを考えさせられた。これは私が韓国に留学している中で絶えずつきつけられていた問題でもあったように思う。ただしそれは日本国家・日本政府といった権力と結びついた「日本人」という意味でではない。戦後生まれの日本人の朝鮮史研究における主体性についてである。いつからか私は日本人研究者における主体性として、植民地時代に生きた人々の「生」について、韓国人研究者にはあまりにも「近くて」生々しいために見ることが困難な事柄を「客観的に」見る（見られる）ことも日本人研究者の主体的在り方の一つの在り様だと考えるようになった。韓国人研究者とは違う社会的・歴史的脈絡の中で生活してきたことを積極的に生かすという主体性である。そして、植民地時代の人々の生活・教育・教育観などを具体的に把握していくことが朝鮮史研究・

教育史研究でさしあたって求められることだと考えている。

また李明実氏の報告は、氏の博士論文の主に問題意識についての部分を発表された。氏の研究は、植民地期朝鮮の教育を社会教育という側面から把握しようとするものであり、当時「学校教育」を受けなかった(受けられなかった)人々が非常に多く存在することを考えた場合、そうした人々に対する総督府の政策を解明することは、当時の教育状況を明らかにする上で大変重要な分野であると思われる。私の研究についても、その意図するものについて正確に把握して頂けたように受け取った。

ただし質問したことだが、先行研究の整理で、研究の視角の一つとして「自由主義史観」を入れたことは妥当であろうか。最近の「自由主義史観」関連の書籍の売れ行きと若者への影響の広がりには、筆者も大きな問題を感じている者の一人であり、授業の中でも特にとりあげて批判を行っている。しかし、自由主義史観を「研究動向」の中で扱うことは、自由主義史観という多分に政治的イデオロギーをもつものを「研究」と同じように扱うことになり、研究整理としては不適切ではないか。氏が問題にしようとしていたのは「植民地近代化論」のようであり、これは近来朝鮮経済史の分野で大きな論点になっている「植民地工業化論」に関連する部分である。これについては今後多角的で丁寧な検討が必要とされており、その検討ぬきで「自由主義史観」と同様なものとして扱うのは、研究上の混乱を招くと思われる。

2日間に朝鮮関係の報告を3本も聞くことができたのは、日本植民地教育史研究会ならではの設定であろう。いろいろと考えさせられるところの多かった2日間であった。

研究集会参加記

「支配側の学問」と「在日2・5世」と
―印象に残ったこと二つ―

井上　薫（釧路短期大学）

研究集会の中で特に印象的だったことを、紙幅の関係で2つのみ紹介したいと思う。

佐藤広美氏の報告は、「事実上の『アジア教育侵略論』がいかにしておのれを『アジア教育解放論』に見立てることができたのか、そのレトリックの解明」という大変興味深いものであった。

佐藤氏の方法は、「日本教育学」の成立・展開とその構造分析であり、そのスケールの大きさに感心して聞き入ってしまった。氏が対象とされたこれら教育学の言説には「人々を『文明と野蛮』によって分割する、近代特有の差別の論理・構造（植民地教育の肯定）を真に否定する作業」を含むが、1930年代末以降、「興亜」の主張により「アジアの解放」の正当化が行われ、「植民地教育論の内包、アジア教育侵略を課題にする教育学の再編、植民地教育支配の課題を真正面にすえる教育学（大東亜教育論）」が登場。これと並行して従来の欧米教育学・思想は、「弾圧と転向、屈服と順応による分解と融合」の過程を経て「近代の日本的現実に応じる日本精神に直通させる『日本的変容』」をとげる。そして、このような15年戦争時の教育学の問題性を不問としている今日の「傷つかない教育学」の責任を問うたことも意義深い。

私は、2～3年前に関わった「北海道大学文学部古川講堂頭骨放置事件」調査の中から、朝鮮由来の頭骨「採集」者の植民地での就職（　実際には日本の権力下にある大韓帝国の農事試験施設）には送出した教育機関の責任があり、さらに突き進めば関心の喚起には具体的な学問研究（札幌農学校の場合、植民学や人種論）の影響（責任）が少なからずあったことを学んだことがある。（『変貌する大学』Ⅳ・社会評論社　参照）。今後の植民地（教育）史研究において、このような支配側の学問研究の内実にも目を向け、その役割を問い直す研究が深まっていくことを期待したい。

石純姫氏の報告は、まず本人が「在日2・5世」であるという立場の表明から始められた。報告では、価値肯定的な「近代」への批判、価値判断を伴わない「客観性」の問題の指摘に始まって、「言語が……民族の資格とされた思想」に対する批判がなされた。ナショナリズムさえジェンダーで覆せるような動きに対して、これが自己の安全圏を作るものとなる可能性をも警告した。

このようなそれぞれの指摘は重要な意味を含む。が、正直なところ、そのように判断し評価する座標軸が見えにくいように感じた。

会場からは、石氏の研究の立場の明示を求める要望が出されたが、おそらく似た印象をうけたのではなかったのか。これに対して、石氏は、自分自身の立場を、逆方向へ動こうとする列車に片方ずつの足をかけており、まさに引き裂かれんとする状態だと表現した。さらに会場から「どちらの方向へ行こうと考えているのか」と問われた石氏は次の回答をされ、私はハッとさせられた。

回答とは、別にどちらの列車に乗るつもりもなかったが、気付いたら現在の位置にいた、という趣旨のものであった。私は、これを「在日2・5世」の立場を示したものだと理解した。朝鮮語を話せることが「民族」の「資格」だと単純に規定することができず、かといって、「女性」という立場から「民族」を含むあらゆる価値判断をするという立場にもなく……、まさにこれが氏が何度か強調した「『関係性』の中で成長する立場としか形容しようがない「在日2・5世」の立場なのかもしれない。本人が置かれた状況は歴史的に形成されたものであろうから、そのような「世代」間意識の差異は今後考慮されるべきであろうし、「世代」の意識形成過程は植民地教育「史」研究の課題ともなろう。

このほか、南方占領地での「日本語」と「国語」の混用の実態（宮脇弘幸氏）、これまでほとんど知らなかった占領下蒙疆の教育（祁建民氏）、日本の「植音化」とは、4拍子系唱歌が「韓民族」伝統の3拍子系リズムであるチャンダンの破壊であったこと（高仁淑氏）、「日本強占期」という用語使用の意味と研究の立場（李明實氏）、満鉄経営と図書館の役割の変化（小黒浩司氏）等、幾つもの研究の刺激を与えられたことを付記しておく。

研究集会参加記

課題の大きさにたじろぎつつ

志村　欣一（山梨学院大学）

私は、戦後50年という歴史の節目ともいえる時期から日本の教育における戦争責任の問題を自らに問うことにし、現在、奄美・沖縄や北海道を含む全国各地に現存する奉安殿の調査を行なっている。その過程で困難さは伴うもののいろいろな発見や気づかされることの多さに驚いている。

この問題意識は、当然のことながら日本の植民地であったアジア・太平洋地域の植民地教育に向いた。

従って、それまで私の研究の対象や課題の視野に入っていなかったこれらの地域の「皇民化教育」の政策や実態を学び、研究し始めたのは、ごく最近のことで遅ればせながら、ようやくおぼろげにその輪郭が理解できるようになってきた。

こうした私に今回、編集部より感想を求められたので、見当違いや誤解を恐れず、気づいたこと、感じたこと、学んだことを素直に述べたいと思う。

研究集会1日目では、印象に残ったのは、「植民地支配下の朝鮮における言語の『近代化』と『ナショナリズム』」と題した石純姫さんの報告に触発された論点提示と議論がなされたことである。そこでの問題提起をどのように考え、私自身にどうそれを引き取るか、未だに整理しきれていないのだが、石純姫さん自身も「言語」という認識において2つの国家と民族の間に揺れ動き、主体的な価値志向とアイデンティティを確立できないジレンマと苦悩を抱えているのではないかとおもわれてくる。（自己を分析対象にもしつつ、言語、ナショナリズム、実証性、客観性という問題を捉え、方法的に深化させるには？）こうしたことは、日本の植民地支配による後遺症として植民地統治が長く行なわれた占領各地に起こっていることではないだろうか。宮脇弘幸さんの現地での丹念な聞き取り調査も、このような意味からも、大切なことであると思う。

また、カテゴリカルな言葉の重要性について十分吟味をする慎重さと配慮を学んだ。

2日目は、それぞれ3つの個別研究であったが、「『日本殖民地教育史研究』によせて」で王智新さんが日本側の研究についての指摘、すなわち、「……細かい数字やデータについては入念にチェックして説明し……感心する。しかし、一体そのような数字やデータを使って何を立証しようとするのか、そして、そのような事例はどんな性格のもので、殖民教育の中でどんな位置を占め、どういう役割を果たしたかについて言及が少なく、全体的な把握が乏しいという印象は拭えない。」（『年報』1号）ということをニュア

ンスの差はあるものの私も感じた。
　このことと同時に日本本国の政策と実態をより詳細に照射する研究も大切であることにを気づかせてくれた。
　今後、このような個別研究が、ここで詳しくは触れられないが、日本殖民地教育史研究の中で全体的な関連構造をもつような共同研究に進むことが求められているとおもわれる。

研究集会参加記

植民地教育史研究への「思い」

本間　千景（仏教大学大学院）

　昨年秋、留学先の韓国から一時帰国して教育史学会に参加した折り、『植民地教育史研究会年報』を手に入れた。読んでくうちに、山田寛人会員の「何のための研究か」という一語に目が留まり、そこから進めなくなってしまった。留学中、研究の目的や留学の意味さえわからなくなり、帰国後も目にみえぬ何かと闘いながら無為に過ごしていた。「日本人」をどう引き受けるか―というのが私の研究の根底にあるはずだった。
　しかし、今はどの方向をめざして自分が歩いているのかさえわからない状態だ。そんな中、「植民地・占領地教科書体系」のプロジェクトに参加することによって、何かが見えてくるのではないかと思い、研究会の事務局長である佐藤先生宛にプロジェクトに関する問い合わせのはがきをだした。するとすぐに佐藤先生から研究会参加のお誘いのお電話をいただき、参加させていただいた次第である。
　研究会では、やはり発表者の「つもり」が今年もクローズアップされたように思う。特に石純姫氏の報告においては、質疑応答の中で石氏自身が研究者としてだけでなく一人の人間として浮き上がってくる様子に身の引き締まる思いがした。研究の姿勢というものは同時にその研究者の生きる姿勢でもあるということを目の前で思い知らされた瞬間だった。

　懇親会は、研究とともに人間的交流の場としていろいろ学ぶことが多く、参加することに意味があることにこの頃気づいてきた。今、研究集会に参加できて多彩な研究的な刺激を受け、課題の大きさにたじろいでいるところである。

　今回の研究会は私の専門である朝鮮にかんする報告が多かったので、大変勉強になったが、報告後の質疑応答の中でそれぞれの「つもり」が吐露される部分が私には一番心に残った。
　研究会の後、「教科書体系」編集委員会があり、現在の状況報告が行なわれた。私も仲間に加えていただいたが、無邪気に喜んでもいられない大変な作業だ。今は一部の人々に多くの負担がかかりすぎているが、このプロジェクトの参加者全員が納得のできる仕事をすることにより、結果的にいいものができあがると思う。
　編集委員会の後、小沢先生を中心に一杯やろうということで、近くの中華料理店に寄った。そこでもまた、小沢先生のこの「教科書体系」に込めた思い＝「つもり」を伺った。私の「つもり」は何なのか？。それは修論を書きながら自覚できていくものなのか？。あるいはこのプロジェクトに参加しつつ明確になっていくのか？。
　低空飛行を続けている私に多くを示唆された二日間だった。

（古川、井上、志村、本間各氏のテーマは編集部によるものです。ご了承ください。）

研究集会参加記

アジア教育史から見た研究の必要性

佐藤　尚子（広島大学）

　4月3日・4日に専修大学神田校舎で行われた日本植民地教育史研究集会は、私にとって研究の量的質的拡がりを知ることができて

有意義であった。祁建民会員の蒙疆政権の教育に関する報告があったが、盧溝橋事変後、中国内20数省に出現した日本占領地の教育

についての研究が急がれる。地域的な拡がりだけでなく、宮脇弘幸会員と石純姫会員の言語教育、李民実会員の社会教育、髙仁淑会員の唱歌教育、小黒浩司会員の大連図書館に関する研究があり、いずれも力のはいった発表であり、植民地教育史研究の拡がりが印象的であった。

佐藤広美会員の「大東亜共栄圏と日本教育学の展開」についてはいろいろ勉強させて頂いたが、中国教育史から一言いわせてもらいたいと思う。日本教育学の展開の時期区分について第一期を「原基」期とし、1890年代、日清・日露戦争期としている。現在、私は共同研究で明治後期教育雑誌所収中国関係記事を分析し、『近代日本のアジア教育認識・資料編 清国の部』(目録篇は刊行済み)を編集・解題中である。そこから次のようなことがわかってきた。

日本の教育界が中国へ関心を深めていくのは日清戦争の頃からである。中国(当時は清国)人留学生の受け入れや、日本人お雇い教師の中国での活動が続いた。女子留学生も大挙して来日し、日本人お雇い女性教師多数が中国へ渡った。彼女たちのために清国語講習所が二カ所できている。黒龍会関連のものと仏教関係のものである。それと同時に、台湾や朝鮮に対する植民地教育の準備も見られる。各種の教育雑誌、アジア関係雑誌、一般雑誌、女性雑誌には盛んに、中国や韓国、台湾の教育文化に関する論説や記事が掲載されるようになったのである。これらの雑誌記事の論調は、日本教育の優越と、アジア教育の停滞である。ここから、中国教育に対する積極的関与が構想されていったと思われる。当時、日本教育学の形成があったかどうかわからないが、少なくとも日本教育に関する自己認識がはっきり形成されたと言える。特に、日露戦争後、日本教育に対する明確な自信が生まれ、中国などへの教育主権侵略につながっていったと考えている。また、欧米諸国への日本教育の宣伝活動も見られた。

このような点を考えると、第一期が「原基」ではちょっと物足りないという感じがしたのである。日清戦争前、清仏戦争後に自由民権派が清国上海に「東亜学館」を設置した歴史がある。「原基」という意味では、その時期はもう少し早いのではないか。日露戦争後、多くの教育学者が中国の教育に関わるようになった。渡辺龍聖、嘉納治五郎、下田歌子、安井哲子などであるが、彼らはどのような日本教育観をもっていたのであろうか。下田歌子は国家主義的な良妻賢母主義教育を清国に紹介した人である。彼らの中国教育観と日本教育観はセットで存在したはずである。アジア教育史から見れば、日本教育学の成立はもっと早かったと言いたいのである。「日本精神のアジア化」の前に「日本教育のアジア化」が起こっているのではないか。ここに、「アジア教育解放論」のレトリックの一つが見えてくるように思う。

総会(1999年4月3日)で、以下の1998年度活動総括(決算)と1999年度活動方針(予算)が承認されました。

研究会活動の総括と方針

Ⅰ、総括
1, 通信『植民地教育史研究』(第4,5号)を発行しました。
2, 1998年3月28・29日(國學院大學)に研究集会を開催しました。参加者は42名でした。
3, 『植民地教育史像の再構成:日本植民地教育史研究会年報』第1号を刊行しました。2000円、2000部。
4, 同『年報』第2号の刊行準備を進めてきました。
5, 第2回日本侵華植(殖)民地教育史研究会国際シンポジウムを中国側と共同開催を行いました。
国際教育学会と共同して研究集会を開催しました。
(1998年10月日、宮崎公立大学)
6, 「植民地占領地教科書体系(仮)」の編集・刊行事業への協力を行いました。
7, 宋恩栄先生の講演「中国における植民地教育史研究の動向―地方教育史研究を中心に」と「囲む会」を日中教育研究会議と共同開催しました。
(1999年2月27日、早大)

Ⅱ、方針
1, 通信『植民地教育史研究』を2回発行し

ます。5月と来年2月。その間、必要に応じて「短信」を出します。
2，『年報』第2号を刊行します。6月刊行予定。
　『年報』第3号の刊行準備をはじめます。その際、誌の編集方針などを再度の整理し、誌に明記する方向で検討を進めます。
3，第3回の春の研究集会（2000年3月予定）の開催準備をすすめます。
4，次期（第2期）の事務局・運営委員会体制づくりのための準備をすすめます。
5，第3回日本侵華植（殖）民地教育史国際シンポジウムへの参加よびかけを行い、開催に協力します。
　（1999年12月23日から28日、中国瀋陽市遼寧大学）
6，『植民地占領地教科書体系』『叢書：植民地教育史』の編集・刊行に協力します。
7，その他

　方針の論議では、年報と研究集会については、より広く会員からの希望をとる工夫について要望が出されました。たとえば、『年報』に「投稿要項」を明記することや、研究集会での発表の希望を事前に募る、ことなのです。
　事務局としては、できるだけこの意見にそうよう努力するつもりでおります。

1998年度会計報告（1998.3.24～1999.4.2）

収入　　　　　　　　　　　（備考）
　会費　　　　　　120,000　　2000円×60
　集会参加費等　　 40,934　　1000円×40ほか
　前年度繰越金　　102,393　　含む本年度会費35人分
　　計（A）　　　 263,327
支出
　通信費　　　　　 91,270　　会報2回・研究会案内2回・年報編集通信費
　印刷費　　　　　　6,310　　会報2回
　消耗品費　　　　　2,625　　封筒・タックシール・ワープロリボン
　人件費　　　　　 19,040　　20時間＋α
　その他　　　　　 65,901　　借入金返済50,000・年報献本9冊
　　計（B）　　　 185,146
次年度会計への繰越金（A）-（B）　78,181

1999年度予算・案（1999.4.3～2000.3.31）

収入　　　　　　　　　　　（備考）
　会費　　　　　　160,000　　80人
　集会参加費　　　 20,000　　500円×40
　前年度繰越金　　 78,181
　　計（A）　　　 258,181
支出
　通信費　　　　　 50,000　　会報2回・研究会案内2回・年報編集通信費
　印刷費　　　　　 10,000　　会報2回
　消耗品費　　　　　4,000　　封筒・タックシール・ワープロリボン
　人件費　　　　　 29,920　　34時間
　その他　　　　　164,261　　年報編集費・年報献本ほか
　　計（B）　　　 258,181

大串隆吉会員から本研究会にご本人の著書が献本されました。ありがとうございました。
　大串隆吉著『青年団と国際交流の歴史』（有信堂、1992年2月刊行、211頁、6200円）
　　序章　青年運動・青年団・国際交流
　　第1章　共産主義青年インターと日本
　　第2章　青年会自主化運動の発生と展開
　　第3章　ヒトラー・ユーゲントと朝鮮連合青年団の間
　　終章　受容・離脱・支配・連携

—植民地教育史についての国際比較—
第3回日本侵華植民地教育史国際シンポジウムのお知らせ

王　智新（宮崎公立大学）

一、趣旨：
　1997年8月北京の第一回シンポ、1998年10月宮崎第2回シンポに続き、第3回日本侵華植民地教育史国際シンポは中国の大連と沈陽で開催することになります。今世紀最後の大会となりますので、欲張って、今までの成果を踏まえ、「植民地教育史についての国際比較研究」というテーマを設定し、日本の中国植民地教育だけでなく、日本の朝鮮をはじめアジアの他の地域の植民地教育、日本の植民地教育と日本本土の教育、日本植民地教育と欧米の植民地教育、植民地教育と教会学校教育、植民地教育史研究の方法についての比較研究などを柱に、この研究をさらに深めようとしています。

二、開催日時：
　1999年12月23日（木）――12月28日（火）
　日程（予定）
① 12月23日　大連受付手続き
　　　　　　　（大連空港出迎え）
　　24日　日露・甲午（日清）戦争跡地巡見
　　25日　午前　植民地時代の学校巡見
　　　　　午後　列車で沈陽へ移動する
② 12月26日午前　開会式・基調講演
　　　　　　午後　大会報告
　　　　　　夜　歓迎パーティ
　　27日　午前・午後　分科会
　　　　　共同研究についての打ち合せ
　　28日　午前　殖民地教育体験者と座談会
　　　　　午後　全体大会　閉会式
　　　　　夜　送別会
　　29日　帰国（沈陽→大連→日本）

（注：上記の①については特別申請をして今回だけ見せてもらえます。
①若しくは②だけのご参加も歓迎します）

三、参加申し込み及び発表提出論文の締め切り：
　1999年10月30
　　（発表の申し込み及び発表の題目）
　論文提出締め切り：
　中国語；1999年11月30日
　日本語；1999年10月30日

（翻訳に時間がかかるので、時間厳守）
＜＊発表論文には発表要旨（A4一枚）を付けること＞

四、参加申し込み及び論文の提出先：
　中國：（CHINA）
　110032　中國　遼寧省　沈陽市　皇姑區
　　崇山東路46--1號
　　遼寧省教育委員會内　大會準備委員會
　　電話：(024)8690--6997
　　準備委員長：齊　紅　深

五、問い合わせ等は直接準備委員会へするか、若しくは下記へどうぞ

　日本：（JAPAN）
　880--8520　日本　宮崎市　船塚1丁目1--2
　宮崎公立大　人文學部
　（miyazaki　municipal　University）
　電話：(0985)20--4817
　ファックス：(0985)20--4807
　担当者：王　智新
　(E-mail)　wang@miyazaki-mu.ac.jp
　　　　　　wzhixin@hotmail.com

六、参加費用：
1、　参加費（含通訳・資料代等）200ドル
2、　大連市内交通費
　　（含大連・沈陽間列車賃）70ドル
3、　宿泊費：
（大連2泊＋沈陽4泊×50ドル／日・シングル・朝食付き）300ドル
4、　市内交通・入場料等50ドル
5、　パーティ・懇親会費30ドル
　　上記合計650ドル。
　（但し：①もしくは②コースだけ参加する場合、参加費別途計算する。）

七、中国入国ビザ取得等渡航手続き、国際線航空券の手配については前回と同様、（株）ツアープランナー中国室にお願いする。
　（別紙参照）
　今度の会期は年末年始のラッシュと重なるので、できるだけ、申し込みや手続きをお早めにお願いします。

研究深化への期待
― 第3回植民地教育史研究国際シンポジウム ―

渡部　宗助（国立教育研究所）

12月の大連・瀋陽

別稿のように、建国50周年の中国（大連・瀋陽）で今年12月23日から28日まで第3回「日本侵華殖民教育史」国際シンポジムが、開催されることになった。準備をして下さっているのは、お馴染みの遼寧省教育委員会の斉紅深先生である。第3回というのは1997年8月の北京シンポ、1998年10月の宮崎シンポから数えてという意味である。毎年一回というのはこのような国際シンポとしては結構忙しい話だ思うが、中国側には「95計画」（第9次5カ年計画：1997-2001）という縛りがあり、しかもその成果を目に見える形で要求されているようで、それは中国のアカウタビリテイというものなのであろう。

12月の中国東北部というのは、私にとって想像しかねる自然である。「不凍港の旅大」はともかく、瀋陽はどうなのか。どんな防寒具を用意したらいいのか、ということだけで気が滅入ってしまう。緯度の上では函館と同じ程度というが、零下20度のなったら歪んだ顔を元に戻すのに苦労する、とある人に脅かされた。そういう経験も悪くないか、と居直りたい心境である。

何を期待するか

第1回は中国（人）と日本（人）だけであった。第2回には韓国（人）が加わった。第3回はそれがどこまで広がるか、それが第1の期待である。この参加者の所属国・地域の拡大は本研究にとってそれ自身に意味がある、と私は思っている。それは研究の質を規定すると思うし、「日本侵華殖民教育史」という枠組を相対化することにもなると思う。相対化することによって却って「侵華」が「深化」することもあろう。

第1回から第2回への中で、私が中国側の言辞に「アレ？」と思ったことが二つあった。その二つの「アレ？」がどう展開するか、それが第2の期待である。一つは、政治・経済・軍事（「帝国主義」と概念化してもいいのかも知れない）と教育・文化の関係認識における後者の相対的独自性（つまり後者は前者によって規定されるだけの関係ではないということ）への指向である。従来政治・経済・軍事の優位性を強調する余り、それで教育・文化をも説明していたように思う。誤解を恐れずに言えば、教育用語で政治を語っていたように思うのである。

もう一つは、侵略－被侵略、支配－被支配の関係における、「官と民」の論点の導入である。これは、従来の日本軍国主義と日本人民区別論の系として受け止めるべきなのか―それはむしろ両国人民連帯の運動論から導かれていたと思うが―、それとも上の第一の指向から必然的に提起されたものなのか。

この二つの「アレ？」は、例えば中国におけるミッション・スクールの評価や日本の「対支文化事業」の評価、私の研究領域に即して見れば在中国日本人学校や在中日本人教育事業一般の評価に連動してくる、論争的問題であると思っている。

プログラムのテーマを見ると

今回具体化されたテーマを見ると、上の「期待」を見透かされたような、「日本の植民地教育と欧米の植民地教育」、「植民地教育とミッションスクール」という様なテーマもある。これらは北京シンポで研究課題として宋恩栄先生によって提起されてはいたのであるが、未だ具体的研究報告には及んでいないテーマである。少し回り道をしながら「同化教育」「奴隷化教育」を捉え直そうという研究戦略かも知れない。今回これらのテーマに参加者がどのような研究報告を行うか、準備の時間が多いとは言えないが日本からの参加者にも積極的参加・報告をお願いしたいと思う。

■編集後記■　発行が遅くなりました。早くから原稿をお寄せいただいた方々には大変申し訳なく思っております。そのかわりといっては何ですが、12月の日本侵華植民地教育史研究国際シンポジウムの詳しい案内が載せられました。別紙の申し込み用紙をご参照の上、ご参加くだされば幸いです。年会費未納の方、お振り込みの方よろしくお願いします。やっと夏休み、さあ勉強するぞ。　（広）

植民地教育史研究

第7号　　2000年2月20日

発　行　　日本植民地教育史研究会　　　事務局　　東京家政学院大学家政学部佐藤広美研究室
　　　　　　　　　　　　　　　　　　　194-0292　東京都町田市相原町2600
　　　　　　　　　　　　　　　　　　　TEL 0427-82-0985（研究室）　FAX 0427-82-9880（大学）
　　　　　　　　　　　　　　　　　　　郵便振替　00130-9-363885

日中教育の回顧と展望－「日本侵華殖民教育研究第3回国際学術研討会」報告

渡部　宗助（国立教育研究所）

1．日程とその概要

1999年の暮れ、12月24日（金）から27日（月）まで4日間、大連で第3回「日本侵華殖民教育研究国際学術研討会」が開催された。本「会報」（第6号）でも参加の呼びかけを行ったのでご承知の会員も多いと思われるので、その様子をご報告したいと思う。先ず日程の概略から。

12月23日（木）会議参加受付等
　　　　（於・恒元大酒店、大連市開放路）
12月24日（金）日露戦争遺跡等の参観
　　　　（赴・旅順、団体バス）
　　　　［日露戦争博物館、旅順監獄、万忠霊博物館、水師営と203高地跡］
12月25日（土）午前：歓迎式、開幕式
　　　　（於・桃源小学校）
　　　　午後：学術報告会［日中各2人］
　　　　夜：歓迎宴会
12月26日（日）午前：
　　　　「日本侵華殖民教育研究」の経過、到達点、課題について討論
　　　　午後：大連実験小学校、大連一中陶芸美術館の参観
　　　　夜：研究報告会（三分科会）［各3人］
12月27日（月）午前：研究報告会
　　　　（三分科会）［各5～6人］
　　　　午後：「日本殖民教育」体験者を囲む座談会

　　　　夜：答謝宴会

2．特徴的なこと

第1回の北京シンポジウム（1997）との比較において特徴的な事を思いつくまま列挙したいと思う。

第1に、日中両国で参加者が倍加したことである。日本から北京シンポに参加したのは13人であつが（内、9人は今回も参加）、今回は28人である。28人の内、在日外国人（中、韓、米）9人と在中日本人留学生が1人が含まれている。韓国から直接参加した日本留学経験者もおり、とにかく韓国と米国が加わったのは特筆すべき事であった。また、日中韓ともに大学院生等若手研究者の参加が少なからずあり、研究者層が拡がりは歓迎すべき事であった。

第2には、研究者層が拡がったことと同時に研究報告の対象領域も拡がった事である。地域的には、華北の河北省や山西省、青島そして上海も加わり、朝鮮や中国東北部朝鮮族居住地区を対象とした報告もあった。方法的には主催者の意図でもあったが比較研究が目立った。例えば、満洲国・関東州における日本人教育と中国人教育、満洲国の教育と日本国内の教育、「殖民教育」学校と欧米教会学校、等々。それから、個別テーマによる実証研究の深化も挙げられよう。個別実証的研究は従来ミクロ研究として日本側研究の性格と

言われて来たが、中国側にもそういう研究が確実に台頭してきている。

第3に、教育学・教育史としての植民（地）教育史研究と言う問題意識が中国側からも窺えた事である。そもそも、「教育」観に於いて日中間で相当懸隔があるように感じていたのであるが、その点に手がかりが出て来たように思う。「儒教」的なものの関係があるかも知れないと思っていたが、日本の植民地支配と儒教と言う事さえ話題になった。

そのレベルを我田引水的に言うと、政治と教育に於ける教育の相対的独自の役割への執着、教育政策と教育営為・結果との区別、植民地教育（内容）に於ける「近代」的なものの有無と性格、被植民地・民族に於ける伝統と自生的「近代」の可能性（反植民地主義への転化）等々である。この文脈では「植民地科学」研究にも大いに関心がある。

以上の事は、楯の反面として社会科学的な全面的な植民（地）教育政策研究を益々重要なものとして要請すると思う。

第4に、以上のことは、従来の「同化主義教育」と「奴隷化教育」、ミクロ研究とマクロ研究、実証（主義）研究と本質規定研究、と言うような日中間の対立的枠組みから漸く解き放されつつあることを意味しているのではないか。この枠組みが不毛だったのではない。必要な過程だったと思う。その過程で、どちらがより生産的に相手から吸収したかが、今後の研究の質を左右するのではないか。史・資料に基づく歴史像の形成にはなお時間がかかると思われるが、日本側の息切れの方が心配である。

3．運営の問題と今後のこと

このように今回の大連シンポは大変収穫があった、と個人的には評価しているが、シンポ全体の運営については若干問題があったように思う。それは開催地が瀋陽から大連に変更したことに伴う会場設営等（小学校が会場）に起因したのではないかと推測した。〔それと参加者数が主催者の予想を上回ったのではないか〕。その一つは、研究報告の時間が余りに少なかった事（3日目夜、4日目午前）。二つには、学術報告（2日目午後）と「成果と課題」討論（3日目午前）の性格が曖昧であった事〔準備不足？学術報告を割り振られた人は気の毒だった〕。三つには、初日の遺跡参観は好企画だったが、学校参観等には一工夫ほしかった事〔例えばオプションにするとか〕。最後に参加費用に関わる明瞭性の事（中国で開催するのに何故米ドルなの？）。

なお、今回シンポ全体のテーマが掲げられた事、殖民教育研究となって「史」が落ちた事などの変更もつけ加えて置く。

答謝宴会の挨拶でも述べたが、①日露戦争遺跡の参観、②会場校・桃源小学校の生徒・職員の献身、③植民地教育体験者の座談、の三つには正直心を揺すぶられた。今回の大連シンポの評価はこれらの全体で語るべきであろう。

今後のことについては、第1には大連シンポの報告書（論文集）を日中双方で編集・発行する。<u>双方翻訳した論文を、まとめて相手国に送付する</u>、としたことが北京シンポの場合と最も異なる点である。第2には、<u>次のシンポを、日本で、いつ、どういう形態で開くか</u>、と言う問題がある。これについては、中国側とは何らの約束もしなかった。中国側も「95重点領域研究」としては今年1月末で終結ということであった。開催義務はないとも言えるが、道義的にはもう一回日本で開催すべきであろう。何かの組織に便乗するのか、実働的なボランテア開催準備会を作るか、資金はどうするかetc. 大連シンポの「報告書」作りをしながら考えるということになろう。

学術報告会および第1分科会について
―「歴史認識の共有」への「懸け橋」―

王　智新（宮崎公立大学）

まず25日の学術報告会について書きたい。学術報告会は、最初の計画では『近代日本在中国的殖民地統治』の編著者で南開大学の張洪祥先生に歴史学の角度からのご講話をお願いしたが、張先生が都合で来られなくなったので、大連民族学院の関捷先生と遼寧師範大学の田久川先生にお願いしたわけである。関捷先生の専門は中日関係史で特に甲午（日清）戦争史についての研究が優れている。田久川先生は日本問題専門家として有名である。関先生は「中日学者の日本侵略戦争責任の本質的差異の問題」というテーマで、中国と日本の学者間の認識の落差をを資料を上げながら明らかにした。続いて、田先生は、儒教をキーワードに日本民族心理についての分析を行った。田先生の発表は本来なら、関先生の問題提起を受けて、それを補完する形で、中日の学者間にそのような認識の差が生成したの原因を分析するものであろう。しかし、日本が儒教の影響をあまり受けていないことが戦争を引き起こす原因となったという田先生の発言は、多くの反論を呼んだ。田先生の言わんとするところは、日本の儒教と中国の儒教の異なり、日本は本当は中国元儒教の真髄を受け入れていないということであったのであろう。しかし、準備不足（発言直前まで原稿に取りかかっていた）で、十分説明できなかった。関先生の「蘆溝橋での最初に発砲した」といわれる牟田口廉連隊長の自供の引用もちょっとしたハプニングとなった。誰が最初に発砲したという事実認定は勿論重要であるが、それより中国の首都の間近に日本軍が駐屯し、やれ実戦演習や射撃訓練をすること自身は、既にれきと侵略なのに、その事実に目を背け、些細な事実に拘泥して世論を欺くという、一部の学者の行為を、田先生が強く批判したのである。半世紀以上も経った前の歴史についてかくも認識が対立し混乱している国は「世界に例を見ない。...（日本国内で）戦争責任について正しく認識しないかぎり、中日間の歴史観の矛盾は解消し得ない」と関先生が最後に締めくくった言葉がずいぶん重く感じられた。

今度の大会に出されたレポートが非常に多いので、一日の分科会ではとても発表しきれないので、急遽分科会の時間を拡大して26日の夕方からスタートした。第1分科会では、佐野通夫、呉洪成、大森直樹の司会によって行われた。1日半の短い日程で、予定していた発表をすべて消化し、質疑応答も行われ、研究を深めることができた。中国国内からは10数本の論文が用意された。武強（長春光機学院）「偽満の高等教育」（武先生は健康のため急遽出席をとりやめ、代わりに焦明俊を参加させた。）楊広єц（錦州師範学院）「日本の'差別'と'同化'殖民地教育について～台湾と東北を中心に」、魏慶杰（遼寧省档案館歴史部）「中国東北における満鉄の教育侵略活動について」、趙艶華（吉林省档案館歴史部）、「偽満州殖民高等教育と日本国内高等教育についての比較研究」、覃紅霞（西南師範大学大学院）と呉洪成（西南師範大学）による「抗日戦争時期の関内淪陥区の奴隷化社会教育についての試論」、孫新興（青島市教育科学研究所）「日本占領期の青島殖民地主義教育概観」、李経普（河北省教育科学研究所）「河北教育の日本侵略軍による被害及び河北人民の奴隷化教育反抗の闘争」、公亜男（遼寧省教育史志弁公室）「偽満州の農業教育について」、呉洪成「中国近代教育史上特殊な歴史現象—日本侵華期間の奴隷化教育について」等。さらに、日本からの参加者からは次のような発表があった。渡部宗助（国立教育研究所）「日本国内における「移植民・拓殖」教育の展開—1930年代～1945年」、佐野通夫（四国学院大学）「日本植民地支配と天皇制儀礼」、大森直樹（東京学芸大学）「日本の教育学と民族」、王智新「翻訳は思想を越えられるか～「奴化教育」の日本語訳から植民地教育史研究の方法を検討する」。

分科会の発表は通訳と質疑応答をいれて20分という短いものであったが、限られた時間内で用意していた論文を読み上げることすら満足にできない。幸い事前、発表論文がすでに翻訳文、あるいは外国語の概要が用意されたので、それを読みながら、参加者が発表を聴き、それに基づいて質問したりしたので、かなり効果があがった。舞台の提供と懸け橋の役割とを用意した、と準備委員会の斉先生が一度成らずその事を口にした。この舞台で、日ごろ研究研鑽の成果を発表し、互いに切磋琢磨すること、そして、それを通して、互いに理解し、「歴史認識の共有」という彼岸へ辿り着くのであろう。それはつまり「懸け

橋」である。もっと多くの人がこの橋を支えてくれることを願っている。

「歴史認識の共有」をめぐって
―学術報告会および第2分科会について―

石　純姫（日本大学）

　25日の学術報告会は、2名の中国人研究者と2名の日本人研究者2名の報告と討議が行われた。まず、大連民族学院の関捷氏の「中日学者の日本侵略戦争責任の本質的差異の問題」では、日本が、東京裁判での天皇の戦争責任が免責されたことにより、戦後のアジアの要求を拒み続ける一方、日本の経済発展は歴史をも正当化させてきたとし、それに対する中国の、日本政府の歴史認識批判を具体的に述べた。次の遼寧師範大学の田久川氏は、日本の民族文化心理を儒教をキーワードに分析し、戦争に対する思想の違いを分析した。日本は儒教の影響をあまり受けていないとする田氏の主張に対し、日本でも教育勅語などには、儒教的な思想が盛り込まれていたのではという会場からの意見もでた。また、日中の比較ではあるが、その間にある朝鮮との検討も不可欠ではないかとの意見も、出された。そして、埼玉短期大学の藤澤健一氏は、韓国・叔明女子大学の李明實氏との共同研究として「日本植民地教育史研究の概括と方位」と題する報告を行った。研究史の時期を仮説的に2期に分け、第1期を敗戦から70年代までの、植民地の全体像の把握を意図した時期とし、第2期を80年代以降の、多元的な個別地域的・事象実証的な研究へと移行してきた時期と捉える。藤澤氏の主張は、第2期の研究が、詳細な歴史の位相を記述しながらも、それが、植民地支配の全体像を把握できなくなっていると分析し、細部の実証が、全体像把握へとリアルに繋がる研究上の目的意識が今こそ必要なのではないか、というものである。

　中日の研究者が共同の研究を進めていくうえで、「歴史認識の共有」ということは、最も核心ではないだろうか。大会の開始にあたっての遼寧省教委主任の李喜平氏と渡部宋助氏の挨拶は、共に「歴史認識の共有」に向けての努力を強調していた。しかし、日本側の研究者から「歴史認識の共有は、そもそもあり得ない」というような発言もあり、研究の目指す方向性が必ずしも一致したものであるとも言えないようである。最後に、熊本県立大学の弘谷多喜夫氏の「近代日本のアジア教育認識～明治後期教育雑誌を中心に」では、台湾における言語教育をたどるものであった。同日の報告と討論は、「歴史認識の共有」をめぐって、中日の研究の共通点と相違点の分析へと繋がり、翌日の討議への課題となったものである。

　26日と27日の第2分科会については、以下10本の報告が行われたことを記しておきたい。高仁淑（九州大学大学院）「中国東北地域朝鮮人学校におけるチャンガ（唱歌）運動」、石「植民地支配下朝鮮における言語の「近代化」と「ナショナリズム」」、宮脇弘幸（宮城学院女子短期大学）「言語帝国主義～植民地・占領地支配と言語の諸相」、魯在華（韓国・聖潔大学）「1930年代の韓国と日本の識字教育運動に関する比較研究」、新保敦子「抗日戦争時期における傀儡政権と社会教育～華北および華中の傀儡政権をめぐって」、劉茗（河北師範大学）の報告、陳丕忠（大連教育史志編纂室）「歴史改竄と謊言で学生を愚弄する日偽小学『歴史教科書』」、李暁天（吉林芸術学院）　馮伯陽（同前）「偽満洲国における植民地音楽教育に対する日本の政治的傾向について」、王桂（遼寧師範大学）「偽満洲国の中等教育制度の変革」、竹中憲一（早稲田大学）「南満医学堂・満州医科大学に

おける中国人教育」。

第3分科会に参加して

松宮　貴之（東京学芸大学大学院）

　第3分科会は、佐藤尚子(広島大学)、余子侠（華中師範大学科学院)、祁建民（東京大大学院）の司会と蘇林(北海学園北見大学)の通訳により、佐藤「日本植民地時代における上海市政府化の教育」、君塚仁彦（東京学芸大学)「元兵士たちの罪責分析から私たちは何を認識すべきなのか～野田正彰『戦争と罪責』が提起するもの」、蘇林「偽満における皇民化教育による心理的な影響～教育勅語持つ実質の再検討」、橋本栄一（東京学芸大学）松宮貴之（東京学芸大学大学院）「国民訓と書道文化教育政策」、祁建民（東京大学大学院）「蒙彊政権下旗県郷村教育の実態」、于逢春（北海道教育大学大学院)「「満洲国」喇嘛学塾の状況及び反植民地化教育の役割～1932-1945年に至る内蒙古東部を中心として」、姜東（遼寧省教育史志編纂室）「日本侵略時期東北での日本人教育と中国人教育の比較研究」、張理明、張静（山西教育史志編纂室）「日本侵華期間内に山西省占領区で実施した奴隷化教育について」、魏正書（錦州師範学院）「皇道、皇運下の奴化教育～日本侵華植民地教育理念の比較」、劉兆偉（沈陽師範学院）「日本の台湾、「関東州」、「満洲国」と汪偽政権支配区域において施した植民地教育の異同とその原因」、趙新梅（沈陽師範学院大学院）「日本侵華教育の一～偽満州国時期の中国伝統文化の改造と利用」、談龍宝（西南師範大学大学院）「危機と応答～抗日戦争時期の国民政府による日本奴化教育への応対措置」、余子侠「近代の外国人在華両類教育同異論」、韓大梅（遼寧師範大学大学院)「日本植民統治時期の「関東州」における教育の性質について」、王秋（沈陽師範学院大学院）「日本植民地高等教育と欧美教会大学との比較」の計15件の報告が、2日間に渉り行われた。盛んな研究発表が行われた反面、運営の都合上十分な討議の時間がとれなかったことが惜しまれる。しかし、研究発表の内容や方法に、従来のスタイルとは異なったものもあり、植民地教育史研究の新動向が伺えたものであった。それらの中から特徴的なものを見ていきたい。

　まず、君塚氏の報告であるが、日本側の侵略戦争に対するに認識のあり方を斬新な方法で問うた野田正彰氏の『戦争と罪責』の紹介を中心とするものだった。野田氏の論は、精神医学者の視点から、中国への侵略戦争に直接関わった元軍人の聞き取りに基づいた実証性の高い独自な方法を用いた上、さらに戦後責任、戦争責任認識を主体的に引き受けるという主張が首尾一貫している。報告者はその点を稀有なものとして高く評価していた。

　次に蘇林氏の報告は、教育勅語の分析を通して偽満における皇民化教育による心理的影響を見たものだった。精細な解析からその教育の性質と目的の相違を見極め、歴史事実の改竄、侵略戦争に対する認識のブレを矯正している。

　3番めに橋本氏と松宮の報告であるが、儒教中の命題とされる「忠孝仁義」についての両国間の解釈の違いを指摘するものであった。この手の研究が進めば、その思想の主体が明確となり、近頃たびたび俎上に上がっている「儒教と植民地支配との関係」に新たな切り口を与えるかもしれない。似て非なるものへの考察、両国の文化的背景を勘案することも今後、事実認識を進める上で一つの課題となりそうである。

　4番めに祁氏の「蒙疆政権下旗県郷村教育の実態」について見たい。氏の報告は蒙古聯合自治政府の「農村実態調査報告書」及び「蒙旗建設現地工作状況中間報告書」に基づいた研究で、日中戦争による当地での損害状

況を具体的に解析している。従来の教育政策をめぐる研究をさらに一歩進めた鮮明なものとなっている。

最後に于氏の報告を見るが、その内容は満州国における蒙古喇嘛教の反植民化教育の役割を中心に論述したものであった。近代日本の天皇崇拝による政策が、別の歴史的背景をもつ蒙古族の有する文化に対していかに無力なものであったかを述べている。日本側の精神教育が外層的にどのように行われたかという研究は枚挙に暇がないが、違った民族意識や価値基準をもつ人たちが、いかなるものを背負ってどのように拒否および抵抗したかについて、まだ深く研究が進められていないように思う。今後さらに具体的な研究が期待される分野である。

旅順参観によせて

稲葉　上道（東京学芸大学研究生）

12月24日、朝8時。ホテルを出発したマイクロバスは大連市街を抜けて、一路旅順へと向かう。思っていた以上に整備された道路と高層ビル。一見華やかな大都市と、すぐ隣り合わせにある煉瓦造りの家屋が散在する寒村との、驚くばかりのコントラストは、急速な開発が助長する経済格差の拡大を、まざまざと見せつけている。

翌日から始まるシンポジウムに先立って、日本からの参加者には、かつて日本が旅順の地に残した戦争の傷跡を、直に目にする機会が用意されていた。バスの手配から見学コースの設定まで、全てを中国側が準備してくれていたのだ。

先導役にパトカーがついていた。もちろん、迅速な移動に便宜をはかるためなのだが、そこには、日本に対する中国の、決してぬぐい去ることのできない不信感が象徴されているかのようだった。

実際、道路から山の上を仰ぎ見ただけの、日露戦争当時に建築された白玉山塔へは、現在、日本人の立ち入りが禁止されている。日本とロシアとの戦争の犠牲になった中国への配慮もないままに、日本人はその塔を、戦死した日本兵のための慰霊碑と見てしまうからだ。それは遺族などのごく限られた関係者にのみ見られる行動なのではなく、観光という上ずった雰囲気の中で、大多数の日本人によって無意識の行動としてなされてしまう。その無神経さが、いまだに中国の人々を傷つけているのだ。

3番目の見学場所は、旅順日俄監獄旧址陳列館だった。日本にいる時から、日中戦争中、ここに多くの中国人が日本軍によって投獄され、命を失っていったことだけは、本で読んで知っていた。実際に見る旅順監獄は巨大な門と、厚く高い壁で囲まれた、広大な敷地を持っていた。暗く、コンクリートがむき出しの獄舎、冷たく無機質な独房。防寒具を身につけていてもふるえてしまうような底冷えがする。このような所に、薄い布1枚を囚人服として与えただけで人間を入れておいたのだ。彼らが命を落としていくことが、容易に想像された。

監視の見張り台を中心に、廊下が同心円状に独房の間を延びている。拷問室は三角形の形をしていて、心理的にも囚人の逃げ場を徐々に奪っていく。人間の知恵の、何と恐ろしいことか。機能的であるが故に、何とも言えぬ恐ろしさを感じる。

獄舎からやや距離を隔てた所に、小さな建物がある。ここは処刑室だ。首吊りの縄と、足下が開く床、その下には空の樽がある。傍らには、樽に押し込められた形で白骨化した死体が、土の中から掘り出されたままの状態で展示されている。

処刑が行われた後、死体は樽の中に落とされ、ふたを閉めるために無理矢理2つ折りにされて、近くの穴に埋められたという。全てが機械的に行われ、一連の手続きとして進めら

れるのだ。

　ここは人の命が奪われていく様を身近に感じる場所だ。合理化された死のある所だ。機械的に処刑を進める日本兵と、既に息をしなくなった囚人との間に、生死の区別があったとはとても思えない。吐き気を感じてしまうほど、人間の「処理」が行われた場所は無機質だった。

　旅順監獄には、死者が残した絶望と、「生者」に感じる絶望とが満ち満ちていた。言葉で語るだけでは足りない、その場所が放っている圧倒的なまでの絶望だった。実際に身を置いてみると、私たちがこの絶望の中から光をすくい取ることが、いかに困難なことか思い知らされる。日本国内だけで口にされる、経済的側面を中心とした「日中友好」が、軽く思えてきた。歴史書でも、実感を伴わない上辺だけの言葉の羅列が、いったい何を生み出すというのだろうか。肌で絶望を感じ取らないままに発せられる言葉の、いかに浅はかなことか。

　この参観に込められた中国側の真意は、単に日本の加害、中国の被害を知らせることではなく、私たちがその場所から、直に肌で感じ取ることへの期待だったように思う。それはつまり、本当に中国人の絶望を知った上で研究を進めているのかという、日本の研究者に対する不安の表れでもあったのではないだろうか。私たちは自信を持って、「その心配は杞憂だ」と、本当に言えるだろうか。

　その場所の感覚と断絶した、机の上だけで成り立つような研究は戒めなければならない。この参観の問いかけを、私たちは常に反芻し続けていかなければならないと感じた。

第2回日韓植民地教科書シンポジウムの記録

　さる1月22日（土）、午前10時から午後5時まで、新宿の朝鮮奨学会にて、第2回日韓植民地教科書シンポジウムが開催されました。韓国側からは以下の6名の方々が参加されました。

　　金基奭（SEOUL大学　師範大学教授）
　　鄭在哲（中央大学名誉教授）
　　禹龍済（SEOUL大学　師範大学教授）
　　呉成哲（清州教育大学教授）
　　金美香（國立現代美術館運営委員）
　　宋琪燮（SEOUL大学綜合研究院特別研究員）

　日本側在住者の参加は、20名を超え、約30名の参加で開催されました。内容は以下の通りです。また、参加記を寄せてもらいました。

　はじめの挨拶、
　　金基奭（前掲）
　　小沢有作（都立大学名誉教授）、
　　具文浩（朝鮮奨学会理事）
　研究報告
　　永田英治（宮城教育大学）
　　「実業・作業理科の二重性について
　　　　―総督府理科教科書の検討」、
　　呉成哲（前掲）
　　「普通学校の職業教育」、
　　佐野通夫（四国学院大学）
　　「植民地教科書のなかの天皇制」、
　総督府教科書の復刻について、
　　金泰勲（日本大学）、
　　呉成哲（前掲）、
　　藤巻修一（皓星社）、
　おわりの挨拶、
　　鄭在哲（前掲）、
　　佐野通夫（前）、
　司会、
　　禹龍済（前掲）
　　佐藤広美（東京家政学院大学）、

近づいてくる予感

廣川　淑子

　ニュースでは"東京では冷え込みの一段ときびしい日"と報ぜられていました１月22日、午前10時から午後５時過ぎまで、新宿の朝鮮奨学会を会場に、第２回植民地教科書に関する日韓シンポジウムが開かれました。この日は、韓国から６名の委員の諸先生が来日、ご参加下さり、日本側からも会場に補助椅子が用意されるほどの多くの方々が参加されました。

　そして、三本の報告、永田英治氏の「実業・作業理科の二重性について―朝鮮総督府理科教科書の教材観―」、呉成哲氏の「普通学校の職業教育」、佐野通夫氏の「植民地教育の中の天皇制」。そして小沢有作先生ほかによる「植民地教科書の復刻に関する刊行目録・所蔵目録について」の報告ならびに今後の方針についての御説明などがありました。ぎっしりと内容のつめられたみのり多いシンポジウムとなりました。

　植民地教科書復刻をめざして、今後の具体的作業のための第２歩となる今回のシンポジウムについての報告は別に詳しく行われることと思いますので、ここでは私の情緒的色彩の濃い感想を述べさせていただきます。

　まず、韓国側委員のこのシンポジウムに対する期待や意義づけの明確さに、私は目をみひらかされました。教科書の問題を中心にしながら、現実をみすえ未来を展望する姿勢のなかには、共同研究を通しての日韓両国の交流・友好関係の促進への願いとともに、はっきりと「南」「北」の交流の深化、そして統一への意志が表明されていたのです。「朝鮮大学校を訪問でき、学生さんと直接語りあうことができたことは、本当にうれしいことでした」とはなされましたし、また、朝鮮奨学会の理事長さんは、今年創立百年目を迎えるこの奨学会は、在日の「南」「北」双方の人々によって民主的に運営されているのです、と説明されました。そこにはおそらく私の想像を超える想いが込められてものと重く受けとめました。ようやく時代が私たちの想いに近づいて来ていると予感させられます。

　各報告はまことに興味深く、たとえば永田氏の国民学校時代の日本の理科教科書（この教科書は現在改訂中の日本の理科教科書づくりに参考になると肯定的な評価を受けている"アブナイ"本です）が、実は朝鮮総督府下の教科書をモデルとしてつくられたとの指摘には、実に多くのことを考えさせられました。

アントワヌ：こういったすべてのものの目
　　　　　　的は何だろう？。
悪魔：目的などありはしない！。
　（G・フローベル「聖アントワヌの誘惑」）

　私たちはいつも、かくされた真の目的とその手段について深考しなくてはならないのです。

　他の報告、そして竹村文庫に関する藤巻修一氏の報告も興味津々、紙面の都合上ここれ触れられないのが残念です。

　韓国の研究者の方々の通訳のおかげで、韓国語をよく理解できない私もすっかり心を開かれました。討論では、和やかな雰囲気のなかにも真剣かつユーモアいっぱいの質疑応答がなされました。

　鄭在哲氏（中央大学名誉教授）がご自身の人生に重なる貴重な写真をわざわざたくさんご持参下さったにもかかわらず、二枚しか紹介されなかったのはとても心残りです。ぜひ然るべき機会に資料として加えていただければと存じます。また、教科書復刻に関する作業の具体化は事務局での検討にまつことになりましたが、作業等の費用の捻出などの財政的問題についても今後詰めていただきたいと存じます。

　懇親会は「バランセ」に参加者のほとんどが集い、「南」と「北」の酒を酒器に混ぜ合わせて入れ、美味しい料理とともに味わい、飲み、語らい、歌い、ジョークをとばしあい、笑い転げ、そして心と心を通わせてお互いの信頼の念を確かめあった、すばらしい場となりました。

　私の心のなかにかけがえのないおおくの宝

をさりげなく入れて下さいました皆様、本当にありがとうございます。今回のシンポジウムのためにご尽力下さった事務局はじめ多くの方々に感謝しつつ筆をおきます。

日韓シンポに参加して

中田　敏夫（愛知教育大学）

　今まで台湾総督府関係の資料しかみてこなかったこともあり、朝鮮総督府関係については全く無知であった。今回の日韓シンポジウムに初めて参加し、韓国の方々と親しくお話ができたこともさることながら、朝鮮総督府の資料について具体的に触れられたのは、台湾のことしか目に入ってこなかった私にとって、大変勉強になった。

　私自身の不明を晒すことになり、情けないのだが、永田氏の発表の中で、朝鮮総督府編纂の理科教科書が国民学校発足以前は表音式仮名遣いが使用されていた、とあったのは、思いも寄らないことであった。仮名遣いは単なる伝達の手段ではなく、国体を具現する思想的産物と考えられていたはずであり、その意味で国民性を陶冶する国語読本などは台湾においても早くから歴史的仮名遣いが用いられていた（明治33年からの発行『台湾教科用書国民読本』だけは異色で完全なる表音式であった）。学年が上がってからの理科教科書に表音式仮名遣いが使用されていたとすれば、教育現場で「仮名遣い」に関する統一的扱いはどうなっていたのであろうか。そもそも子供達は表音式と歴史的の両方を目にすることで表記法の混乱は生じなかったのだろうか。そして、総督府における仮名遣いを通した皇民化教育はどのように位置づけられていたのであろうか。

　伊沢修二は、明治41年10月台湾鉄道全通式参加のため来台した際に、台湾教育会通常会の講演で次のように述べている。

　此処に一つ申上げて置きたいのは、仮名遣いの問題であります、（中略）吾々も此の台湾に来ました時には台湾は国語の法則無い処で成るだけ早く覚えさせるがよいのだから、旧来の仮名遣を簡単に学び易いものにすれば宜しいと云ふので初めはやった、併し私がやつたのは最初は先づ易いものでやって順次に本国に行はれてゐるものを維持して置く方針で有りましたが其の後になって又少し極端に行たか知りませぬ、手爾遠波まで所謂発音式と称するものに改め、其れが今日此の地に用ひられて居りますがこれは甚だ不都合であると存じます、領台当時ならばまだしも、今日は教育が段々進んで来て遂々中等教育迄やらうと云ふ時代になり又内地の新聞を読むとか内地の文章を読むとか云ふことになつては台湾一流の仮名では用をなさぬと云ふ時でありますからどうしても、是れは日本全国に行はれる処の正式の仮名に依るの外は有りますまい、……

　　（「台湾教育に対する今昔の感」）

　その後、伊沢は内地においても森林太郎（鴎外）などとともに文部省の仮名遣い案に反対する立場をとるが、訪台直後にすすめた発音式について言い訳をしているのがおもしろい。

　話がそれてしまった。日韓シンポに参加して、その他の場面でも自身の不明を痛感させられた。これには台湾だけを見ていた自分の姿勢に問題があるようだ。このような自明なことに今更ながら、という思いはあるものの、ここに記し今後の自分の戒めとしたい。

シンポジウムでうけた刺激の数々

井上　薫（釧路短期大学）

　今日、教育改革の中で語られる理科教材の「生活」化、「総合」化、「自ら調べる学習」等は、戦時下朝鮮および国内の国民学校における理科教科書と一見通じるところがある。

　永田氏の報告は、偶々、同日、宮城教育大学で開催される大学向け伝達講習会で、この「国民学校理科への回帰・称賛」が行われるという中、単純に国民学校理科へ回帰・称賛するには相当な問題があるとして以下の点を指摘された。まさに現実に直結する問題提起で大変刺激的であった。

　（1）「卵の潜水艦」の原理的難しさ。より適当な教材「デカルトの浮沈子」は敵国のものとして排除された可能性がある。
　（2）「マッチノ先端ニツケル薬」の実験は、火薬の原料を混ぜる教材。これは危険警告にもかかわらず、文部省公認の教科書に載っているからと戦後も続けられ、爆発惨事を招いた。
　（3）「接ぎ木」教材では、最も身近で簡単なむくげ（朝鮮を象徴する花）は登場しない。意図的な排除か？。
　（4）「電話器」を通した最新技術の紹介が「電話と電燈」に替わり、身近な器具の使用法とお手伝いの教材になりさがった等など。

　総じて、「時局」と「上意下達」に教材が振り回され、科学性の教育では問題が多いというものであった。

　呉成哲氏の報告は、1929年に朝鮮の普通学校で必修科目となった「職業科」推進の背後に「教育実際化」政策があり、総督府がその正当化に「ケルシェンシュタイナー教育学」を意図的に動員したことを論じた。

　当時の入学難、就職難、社会主義・労働・農民・学生運動の激化は知識偏重の結果もたらされたとされ、職業科はこの「知識」に対立して位置づけられた。また、職業科は「教科書を否定する教科」でもあった。普通学校を一種の集団農場とし、「農場」の家父長的人間関係、ひいては「天皇制イデオロギーの根幹である家族主義的国家観」を朝鮮人に内面化するための「思想的外皮」の役割をケルシェンシュタイナー教育学がになったという。

　これについては佐藤広美氏からも質問があったが、果たして、ケルシェンシュタイナー教育学自体は本来的に「公民」を「皇民」と読み替えることを許容するものだったのだろうかと疑問を感じた。

　佐野報告では、1934年の中国在住日本人学校の天皇写真申請の例が印象的だった。「奉護」のため校長室内の奉安庫様式まで細かく申請していたことから、植民地被支配者にとって「御影」は畏敬の対象とはならず、むしろ攻撃の対象となることを恐れていた可能性に言及された。天皇制儀礼における「御影」の取り扱いの違いは、植民地・占領地の何によって異なるのか、今後の課題であろう。提示された「日本国外天皇写真配布学校」656校分の下付記録一覧の背後にある全貌解明のため、資料公開推進の必要を感じた。

　最後に、個人的には韓国の研究者の方々との交流の機会をもてたこと、「教科書刊行目録」作成のため、『朝鮮総督府官報』の悉皆調査をされた方々の努力に感謝したい。

同じ研究関心を持つ人々に出会えて

金子　聡（上智大学大学院）

　今回初めてシンポジウムに参加させていただきました。「シンポジウム」という名から

大きな会場を予想していましたが、行ってみるとこじんまりとした会議室。場違いな所に来てしまったかと、少し戸惑いましたが、昨年教育史学会で知り合った留学生の高仁淑さんを見つけてホッとする。

永田英治先生のご発表「実業・作業理科の二重性について」は教科（理科）教育に関する発表を聞くのがはじめてだったために、私にとってはそれだけで十分新鮮でした。佐野通夫先生のご発表「植民地教育のなかの天皇制」は、植民地の「天皇制儀礼」の歴史を日本との比較を交えて発表されたもの。大変勉強になりましたが、こういう基本的なこと（？）も、もう戦後50年経つというのに、十分明らかにされてこなかったのかと少し驚きました。韓国側のご発表については、惜しいことに言葉が分からずチンプンカンプン。レジメも、日本語ではなくハングル。言葉の壁と学習の必要を感じました。

シンポの最後に、「『植民地教科書』復刻についての相談」がありました。報告者のお一人がこういう復刻事業は、本来は国が行うべきことだと仰っていましたが、その通りだと思いました。シンポを通して日本における植民地教育史研究や史料をめぐる状況の一端が見えたような気がしました。

シンポの後、懇親会がありました。場所は新宿にある小沢有作会長の行きつけの韓国居酒屋。開放感が漂うとても楽しい会でした。途中で、シンポに参加された韓国人と在日朝鮮人・韓国人の方たちで、祖国の歌を歌われました。そのとき一緒に歌われていた、居酒屋の店員の女性（在日韓国人？）は目に涙を浮かべていました。感動するとともに、「日本人」の一人としてとても複雑な気持ちになりました。

こんな雰囲気の中、私は食べるのも忘れ、つい飲み過ぎてしまいました。そのせいか後半の三分の一は記憶がやや曖昧で、何か失礼なことを言いはしなかったかと今でも少し心配しています。

しかしこんなに気持ちよく飲んだのは久しぶりで、とりわけ記憶が怪しくなったのは実に5年ぶりくらいのことでした。後で、初参加の懇親会で、なぜこんなに飲んでしまったのだろうかと考えてみました。

まず一つは、大学院には、植民地教育史を研究されている人はもとより、関心がある方も皆無に近いので、自分と似たような関心と問題意識を持つ研究者の方たちと出会えて、率直に嬉しかったためだと思います。急に世界が広がったような気がしました。もう一つは、おそらくその場には様々な差別の問題に関心を持たれている方が多くいらっしゃり、私にとってそれはとても心地よいものでした。

シンポに参加できて、本当によかったと思いました。私にとっては色々な意味で、収穫の多い一日でした。新たな出会いも数多くありました。この出会いを今後とも大切にしながら、自分自身の問題意識や研究をもっともっと深めていきたいと思います。

■第3回日本植民地教育史研究会　春の研究集会について■

日時：3月25日（土）・26日（日）
場所：フォーレスト本郷（東大正門前）
　　　　地図参照
参加費：1000円

内容
25日
　シンポジウム　　午後1時から5時
　総会　　　　　　午後5時から6時
　懇親会　　　　　午後6時30分から8時30分

シンポジウムのテーマ
【言語と植民地支配】
報告者
　藤澤健一　（埼玉短期大学）
　李守　　　（昭和女子大学）
　王智新　　（宮崎公立大学）
司会　大森直樹（東京学芸大学）
趣旨
　日本語の強制と植民地支配にかんする研究が盛んである。大部の著作が次々に刊行され、個別の研究蓄積がすすんでいる。なぜ、この

分野の研究が盛んになってきたのだろうか。言語学関係者の研究が比較的多い。

一体、これらの研究は、何を植民地教育史研究に提起しているのだろうか。その新しさは何か。じっくり考えてみたい。

言語の人間形成における重要な役割と言語（母語）の剥奪による人間疎外（支配）のあり方。おそらく、こうした根本的な問題が大いに論じられるに違いない。

本シンポジウムでは、とくに、言語（母語）の形成と日本語の強制という「二重言語的状況」のもたらす問題に焦点をあてて、教育学独自のアプローチを探りつつ、論点を深めたい。たとえば、日本語の実際の教授法について、使用された教科書について、子どもの作文（綴方）をめぐって、あるいは被教育者の経験談（聞き取り）などを分析した報告を行っていただきたいものと思っている。地域的には、沖縄、朝鮮、そして中国からの具体的事例を通した報告をお願いしている。

ぜひ多くのみなさんの参加をお待ちしている。

総会について

重要な審議事項は、①会費値上げ、2000円から4000円に。②新しい体制（代表、運営委員、事務局委員）の選出。

会費値上げの理由は、『年報』代金2000円を含ませることです。これで会員には必ず新しい『年報』が届きます。よろしくご審議下さい。

２６日

個別研究：午前９時から１３時

司会：佐藤広美（東京家政学院大学）

報告者

冨田哲（名古屋大学国際開発研究科大学院）

「統治者が被統治者の言語を学ぶということ―日本統治初期台湾での台湾語研究・学習」

三ツ井崇（一橋大学院）

「朝鮮総督府「諺文綴字法」と朝鮮語の近代」（仮）

上田崇仁（広島大学院）

「植民地朝鮮の「国語読本」と「内地」の「国定国語読本」との関わり」

山田寛人（広島大学院）

「植民地期朝鮮における日本人に対する朝鮮語教育
―その全体像の解明に向けて」

全くの偶然ですが、言語関係の研究発表がそろった。前日とあわせて、言語と植民地教育問題を論じていきたい。

『編集後記』

同封の葉書にて、研究集会の参加確認をお出し下さい。締め切りは、３月１５日とします。

新しい名簿作成を作成します。ご協力下さい。（広）

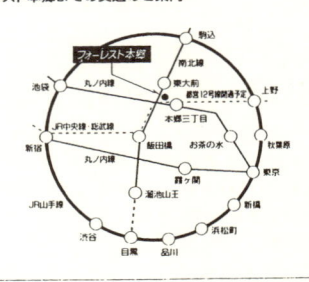

植民地教育史研究

第8号　2000年6月19日

（発行）日本植民地教育史研究会
（事務局）東京学芸大学附属教育実践総合センター大森研究室
〒184-8501　東京都小金井市貫井北町4-1-1
TEL/FAX 042-329-7350　郵便振替 00130-9-363885

斎藤秋男先生を悼む

王　智新（宮崎公立大学）

　斎藤秋男先生が逝去された。僕はメールでその訃報に接した。しばらくぼうとして、頭の中が真っ白になった。数年前から座骨神経痛を患っておられたが、その割に、元気でいつも矍鑠としておられた。そして別れ際に、いつも「今度またゆっくりおしゃべりしましょう」、と言って別れたのだが、この前の早稲田大学での日中教育研究交流会議後のお別れが、永遠の別れとなった。

　斎藤先生に初めてお目に掛かったのは確かに1986年の春頃であった。一年前に日本に留学にきた僕は教育、日中教育の比較を試みようとして、先行研究を調べたりして、その研究に携っておられる先生たちを訪ねてご相談とご教示を乞うた。約束の時間に、当時先生の勤務される専修大学の研究室を訪ねていったら、2人共用の狭い研究室では余り話できないと言って、初対面の挨拶を済ませて、すぐ、専修大学本部校舎近くの喫茶店に連れて行かれ、そこで2時間ぐらい話した。日本留学の生活、中国の教育界の人々、華東師範大学の事などが中心であった。温厚で言葉数の決して多くないお方だという印象を受けた。それ以降、色々な学会、研究会、勉強会でしょっちゅうお会いして、日本の教育や中国教育研究についてのお話を伺う機会があった。僕は修士論文『日中教育制度の比較研究』の第1章で日本と中国の教育の比較研究状況を整理した。その中で日本における中国教育研究に憂慮すべき「無視できない現象」があると指摘した部分に、「この指摘・批判は適切だとおもう。こうした研究傾向に対して、まず日本人・研究者自身から矢が放たれなければならない。」と早速ハガキで励ましてくれた。そして、その拙い文章を丹念に読んで、レポート用紙2枚分びっしりと感想を交えて批判と誤謬の訂正を寄越してくれた。非常に恥ずかしい話しではあるが、初歩的なミスもあった。例えば、北京の中央教育科学研究所のことを「中央教育研究所」と間違ったりしていたところまで、丁寧にご指摘してくださった。敗戦の時、中国で現地除隊した先生が陶行知という名前を知り、以来数十年一日の如く陶を研究し、紹介してこられ、中国でも有名である。中国大陸では1950年代以降、衆知の理由で陶行知研究もストップさせられた。しかし、やっと陶研究が80年代に入ってから再開されたとき、先生も招待されて、北京でのシンポに参加された。後に「海外における陶行知研究」という本を北京の知り合いの先生が編集したいということで、僕を通じて斎藤先生に執筆の依頼がきた。先生は早速長年の研究を短い文（枚数の制限あり）にまとめて先方に送った。しかし、なぜかそれの出版が遅れた。1997年1月金世柏先生（元北京中央教育科学研究所研究員、中国比較教育学会前理事長）が来日した際、その件について先生が直接尋ねられたらしい。金先生の答えは明快で、「上級の批准を待っているところ。遅くなって、申しわけない。」と、後日それを僕に知らせてくれた。

　斎藤先生を追悼するに当たり、斎藤先生の精神について触れておきたい。一つは前述のように、自分の研究テーマを数十年一筋追求しつづけて、さらにそれを民族独立と関連して研究したこと。もう一つは、学問研究を通じて個人の精神独立、思想解放を求めることである。後者の方を賛成できる人が少ないかもしれないが、日本における中国教育研究の歴史を振り返れば、実感できる。研究対象やテーマに埋没して、研究者の主体性を見失ったり、学閥や党派のしがらみに惑わされ、ややもすれば学者としての責任まで放棄する風潮の横行する今日では、先生の存在が非常に希有で貴重であった。小文を綴って、斎藤先生を偲ぶと同時に、後続者として斎藤先生の精神の継承を呼びかけたい。

斎藤秋男先生の寄贈文献目録のことなど

一見真理子(国立教育研究所)

　春の彼岸に斎藤秋男先生ご逝去の報に接し、ああ、とうとう、と言葉に詰まった。ここ1、2年、先生は大変お急ぎのように見うけられた。一昨年の年明けまもなくだったろうか、いつもの葉書通信で「お電話ください」の連絡があった。指定の時間にお電話さしあげると、思いもよらぬ陶行知の著書を中心とする蔵書（すべて中国で発行のもの）を国立教育研究所の図書館に寄贈できないだろうかとのお申し出だった。

　私どもにとって大変貴重なコレクションであっても、昨今では整理の人手とスペースの関係からなかなか快諾できない受け入れ事情がある。可能な限りの整理をしていただいたうえで、との条件をお伝えすると、先生はご健康の必ずしもすぐれないなかを5月にかけて、丁寧な目録を手ずから作成してくださった。6月の梅雨の晴れ間、石神井の御宅へ書籍を引き取りにお伺いすると約150冊の書物は整理番号順にきちんと応接間の書架に並べられて箱詰めを待っていた。先生の長年にわたる中国教育研究の文字通りのしめくくりと「若い友人たち」への引継ぎの場面に立ち会ったわけで、身の引き締まる思いがした。

　その後、アジア教育研究室の名前で「斎藤秋男先生寄贈 陶行知ならびに民国教育史関係文献目録」の小冊子を編集発行することができ、図書館での受け入れ事務も完了し一般閲覧が可能となった。思い起こすと先生のお亡くなりになるちょうど1年前のことである。この小冊子が先生の願いどおり、中国教育史研究を志す方たちの役に立つことを祈りたい。

　目録ご希望の方は、国立教育研究所・教育図書館閲覧カウンター（TEL：03-5721-5099　月～金9:30～16:30　月末は休館）にて直接ご請求いただくか、下記までお申し込みください。

```
連絡先：　153-8681　目黒区下目黒6-5-22　国立教育研究所国際研究・協力部
　　　　　一見真理子　TEL 03-5721-5517　FAX 03-5721-5517
　　　　　　　　　　　e-mail  mariko@nier.go.jp
```

付　記　最後に、もうひとつお知らせしておきたいことがある。斎藤先生がここ10年来深く関心を寄せ、理事も務められた中国山地教育を支援する会（もと関東大震災の時殺された中国人労働者を悼む会）が1998年4月、平和教育に携わる教師・市民の交流会議を開催している。そのときの先生の講演記録と関連資料がブックレットの形にまとめられた。斎藤秋男『私と戦争・そして戦後』（平和教育研究交流会議・中国山地教育を支援する会編・発行 1999.5。入手問い合わせ先:同会事務局　TEL&FAX　0492-31-9706）。最晩年、先生はご自身の戦地経験・戦後史の掘り起し・捕らえ返し、そして作歌に沈潜された。陶行知研究の原点へと回帰されたのだと思う。

第3回日本植民地教育史研究会　春の研究集会の記録

日時　2000年3月25日（土）・26日（日）
会場　フォーレスト本郷
25日　シンポジウム「言語と植民地支配」
　　　午後1時から5時
　　　　報告者　李守（昭和女子大学）　藤澤健一（埼玉短期大学）　王智新（宮崎公立大学）
　　　　王智新氏の原稿は司会が代読。
　　　司会　大森直樹（東京学芸大学）
　　　総会　午後5時から6時（記録参照）
　　　懇親会　午後6時30分から8時30分

26日　個別研究　午前9時から午後1時
　　　司会　片桐芳雄（愛知教育大学）
　　　報告者　冨田哲（名古屋大学大学院）「統治者が被統治者の言語を学ぶということ」
　　　三ツ井崇（一橋大学大学院）「朝鮮総督府『諺文綴字法』の歴史的意味―『近代』の朝鮮語を考える材料として―」
　　　上田崇仁（広島大学大学院）「植民地朝鮮の『国語読本』と「内地」の『国定国

語読本』との関わり―読本の比較対照における問題―」
山田寛人（広島大学大学院）「植民地朝鮮における日本人による朝鮮語学習の動機と目的―『月刊雑誌朝鮮語』掲載の朝鮮語奨励試験合格者体験記の分析をもとに―」

植民地教育史研究集会の参加記

蘇　林（北海学園北見大学）

　3月末の東京は、桜のつぼみが綻び始め、もっとも美しい季節であった。日本植民地教育史研究会第三回研究集会も、「言語と植民地支配」をテーマに、多くの発表者の研究成果が期待されるなか、3月の25、26日二日間かけて東京のフォーレスト本郷で開かれた。なかなか見事な研究集会で、参加して大変よかったと、私は思っている。まず去年の集会より参加者が倍近く多くなったことに驚き、それから、会場の熱気溢れる激論を興味深く聞き、大変貴重な勉強の機会になった。

　二十世紀の前半、アジアにおいて植民地支配と無縁の国、地域はほとんどなかった。朝鮮、台湾、「満洲」乃至中国の大半が日本帝国主義により支配され、その時代、学校を通う学生がほとんど「国語」として日本語を勉強させられたのである。山東省出身の父も山西省出身の母も、小学校のとき、日本語を習った経験がある。半世紀以上日本語を一回も使ったことがなかった両親が、いまだに当時習った日本語を一部覚えている。朝鮮、台湾、「満洲」では日本語を話せる70歳前後の年寄りの方が恐らく多いくらいであろう。これは言語による植民地支配の後遺症の一つではなかろうか。この前、中国の標準語は使えないが、日本語を話せる老人が台湾に多くおられ、昔、台湾は日本のものであったというような奇怪な言論すら耳にしたことがある。言葉が通じるからといって、歴史的経緯を問わず自分の物にしていいのか？　まずその人の歴史に関する知識や認識及びその言葉の動機などは別にしておいて、少なくとも彼の言論から、今回の集会の「言語と植民地支配」を主題とする重みを感じるとともに、支配側の言語を勉強させられたことを植民地教育の分析対象とすることにより、植民地支配についての認識が深まっていくことを示したのではないかと思われた。

　25日に李守先生が「在日朝鮮人の言語体験―植民地時代から現代まで」、藤沢健一先生が「沖縄人の言語体験と植民地教育史研究」を発表された。26日には山田寛人先生が「植民地朝鮮における日本人にとる朝鮮語学習の動機と目的」、富田哲先生が「統治者が被統治者の言語を学ぶということ」、上田崇仁先生が「植民地朝鮮の『国語読本』と「内地」の『国語読本』との関わり」を発表された。この数点の報告が、主に制度の側面から言語を学ぶ目的、動機や、使用された教科書の分析や、当時の言語使用状況、言語体験などについて詳しく論じ、その実態が一層明らかにされ、近年来の研究動向や今後の課題を提示してくれた。

　植民地にされた地域では、支配者が真っ先に支配者側の言語を強制的に学ばせる一方、現地の言葉を学習することも奨励する。なぜかという問題は、答えるまでもない問題であるようにも思われる。しかしながら、単に植民地支配者から発せられた法令や政策のみに基づいて、教育内容、教育方法などを把握しただけでは不十分である。言語というものは情報伝達、感情表出、事実の記録や意見のやり取りなどのほかに、もっとも重要な要素とて思考道具として民族意識、精神属性、社会行動、国家概念と直結しているということがある。即ちアイデンティティー表現である。例えば、選挙前の集会を見ると、大勢の人々が、一斉に支持者の名前を繰り返し叫んでいる。それはただ人々に何か情報を伝えているわけではなく、同志の間の一体感を強めるという重要な言語機能を果たしているのである。言い換えれば、団結の役割を果たしている。この角度から言語と植民地支配がどのような関係にあったのか、民族および国民のアイデンティティーに関してはどのような影響を及ぼしたのか、言語教育の客体に対して教師たちはどのような意思を持って教育に立ち向かっていたのか、多元的・複眼的視座に立って、総合的に把握することが重要である。

　藤沢健一先生のご報告は、特に日本植民地教育史における「言語と植民地支配」の研究史を時期を分けて簡明に論説し、各時期の研究対象地域・事象および研究手法と研究思想基盤の特徴を挙げてまとめ

ていた。我々の今後の研究に大変参考になった。例えば、藤沢先生は第1期を基礎形成期（敗戦から1970年代まで）と定め、その研究対象地域・事象の特徴として、主に台湾、朝鮮にほぼ局限されていると指摘している。なぜ日本帝国主義が中国の東北で行なった約四〇年におよぶ教育の営みが、第1期において研究対象地域にならなかったのか、中国人研究者は恐らくこの非常に素朴な疑問を持つであろう。これは今日になっても、その歴史に関する認識が中日両国の間で依然平行している部分が存在し、認識の共有が困難な局面にあることと関連があるではないかと、私は思う。植民地教育研究史に残された課題の一つであるかも知れない。

今回の集会で「東アジア植民地教育史研究交流の現状と課題」を報告する予定であった王智新先生は、残念ながら会場に来られなかったが、彼は今後の課題としてこう言っている「日本人学者のこれまでの研究成果に学び、日本人学者が論争してきた争点、たとえば現地主義、内地延長主義、郷土化教育、地方化、同化主義といったタームは何を意味しているか、それらの限界はどこにあるか、などについても検討してみる必要がある。支配側の理論や政策を理解することによって、植民地支配の全貌はより明瞭になる。中国側が「奴隷化」というタームを使用すると、日本人には理解できないし、納得いかないという反応を受けることが多いが、それはなぜなのか、その心理を研究する必要がある。そのことを理解してはじめて、日本の学者と共通する言語が見つかるであろう。その共通言語はもしかすると、「青い鳥」なのかもしれないのだ。」

第3回日本植民地教育史研究集会の報告

桜井　隆（明海大学）

第3回の研究集会が開催された。初日（3月25日）のシンポジウムは、筆者の個人的感想としては、落胆を禁じえないものであった。「言語と植民地支配」という魅力的なテーマを掲げてはいるが、参加者がこのテーマにきちんと向かい合っていないと思われたからである。藤澤健一会員の報告は「沖縄人の言語体験と植民地教育史研究」というタイトルであったが、その内容は、実質的にはこれまでの沖縄教育史研究の批判であった。シンポジウムでは、テーマをずらして（あるいはテーマから離れて）自分の述べたいことを述べていいというものではあるまい。そのテーマを見て出欠を決めた会員もいるであろう。そういう人々に対し、テーマに沿った話をするというのは半ば義務であると思われる。これは「研究の自由」とは別の次元の問題である。次の李守会員の報告「在日朝鮮人の言語体験 却 植民地時代から現代まで」は、まさに言語の問題であり、また在日韓国・朝鮮人の存在は植民地支配抜きには語れないものである。しかし、現代日本の少数言語集団という今日の議論に比重がかかっており、いささか肩透かしを食った思いがした。最後の王智新会員は急な事情で欠席されたが、「東アジア教育史研究交流の現状と課題」と題するハンドアウトが代読された。この内容も、題名が示す通り、言語問題を中心に据えたものではない。

3会員の発表に続いて会場全体で討議が行なわれたが、その少なからぬ部分が藤澤会員の批判に対する反論に費やされた。反論がなされること自体は問題ないが、その反論の内容が必ずしも方法論上の議論ではなく、新旧世代の対立といった様相が見られたことは残念である。報告の内容はいずれもレベルの高いものであったが、シンポジウム全体としては結局、テーマである「言語と植民地支配」の問題がほとんど論じられなかった。冒頭に「シンポジウム開催にあたって」という大森直樹会員からの挨拶があり、その中で、「パネリストをお引き受け下さった」方々と「話し合いをしながら趣旨を詰めてまいりました」と述べられたが、認識がずれてしまったようである。運営委員会にも反省を求めたい、と言いたいところであるが、言語の問題が脇に追いやられたと嘆くのは、言語学を専攻する筆者のひがみであろうか。

翌日（3月25日）の個別研究の発表では、言語の問題と正面から取り組んだ研究が相次いで披露された。冨田哲会員による「統治者が被統治者の言語を学ぶということ」は、台湾で日本人が台湾語を学習した事情を具体的に明かにした。三ツ井崇会員の「朝鮮総督府『諺文綴字法』の歴史的意味－『近代』

の朝鮮語を考える材料として－」は、ハングルの綴字法の改善に朝鮮総督府が「貢献」したことを、事実をもって示した。これは今はやりの「自由史観」ともとられかねないが、発表者の立場はもちろん別のものである。この研究発表に対し韓国人の会員からも好意的な論評があった。上田崇仁会員の「植民地朝鮮の『国語読本』と「内地」の『国語読本』との関わり－読本の比較対照における問題－」は、同会員の博士論文の概説ともいえるものである。山田寛人会員の「植民地朝鮮における日本人に対する朝鮮語教育－その全体像の解明に向けて－」は、小倉進平の名著『朝鮮語学史』の扱った時代の次の、近現代を対象にした歴史研究である。

　いずれも植民地教育史の研究に新たな視点を持ち込んだ発表であり、今後これが一つの大きな流れになっていくような気さえする。この3つの個別研究の発表を踏まえ、遠からぬうちに、今度こそ看板通りの「言語と植民地支配」のシンポジウムが開催されることを願う。

　なお、本研究会とは別枠での活動ということになっているが、旧植民地教科書の復刻プロジェクトが、韓国以外の地域ではどのように進展しているのか、情報を交換する場面がなかったのはいささか気がかりである。

日本植民地教育史研究会総会の記録

日時　2000年3月25日午後5時より6時
会場　フォーレスト本郷
内容　1．1999年度研究活動報告
佐藤広美事務局長より以下の報告があり承認された。
　①通信6号7号の発行と短信の発行。
　②年報第2号の刊行。
　③2000年3月の研究集会の企画運営。
　④その他の活動
　　第3回日本侵華植民地教育史国際シンポジウムへの参加協力。
　　第2回日韓植民地教科書シンポジウムへの参加協力。
　⑤会計報告を了承した（後掲）。
　　2．2000年度活動方針
佐藤事務局長の報告をふまえ以下の方針が承認された。
　①第二期運営委員会を以下のように構成し、運営委員代表は運営委員の互選で決めることとした。
　　運営委員　磯田一雄・井上薫・王智新・佐藤広美・佐野通夫・弘谷多喜夫・宮脇弘幸・渡部宗助
　　事務局長　大森直樹

事務局員　藤澤健一・広瀬義徳
　②通信第8号9号の発行と短信の適宜発行。
　③年報第3号を刊行する。年報発行が会の重要な活動であることをふまえ、とくに次年度は運営委員会の責任のもとに、総会における推薦（王智新会員）もふまえ編集委員会の人選を行い、編集規定づくりを進めることとした。その際、海外からの投稿にも対応できるような編集体制を組むこととした。
　④2001年3月の研究集会の企画運営。
　⑤2001年度より会費を4000円とし、年報を送付できるようにする。また海外会員からの会費徴収については他学会の事例もふまえ、十分に配慮をすることとした。
　⑥新しい名簿の作成を行う。
　⑦その他の活動
　　引き続き、植民地教育史国際シンポジウム（今回は日本）、日韓植民地教科書シンポジウム、その他の研究交流事業に協力する。
　⑧以上の活動を進めていくための予算を決めた（後掲）。

第1回運営委員会の記録

日時　2000年3月26日午後1時より1時45分
会場　フォーレスト本郷
出席　運営委員　井上薫・佐野通夫・宮脇弘幸・渡部宗助
　　事務局　藤澤健一・広瀬義徳・大森直樹
内容　1．運営委員代表の決定や、年報編集委員

会の立ち上げなどの議題があるため、なるべく近日中に第2回運営委員会を開催することとし、日程案を4月15日または16日に決めた。
　2．開催日程の調整等を効果的に進めて運営委員会を活性化するため、運営委員会出席者への連絡はファックスとEメールを多く活用することとした。

第2回運営委員会の記録

日時　4月15日土曜日午後5時から7時まで
会場　喫茶店「滝沢別館」（新宿中央東口近く2階）
出席　運営委員　井上　磯田　王　宮脇　渡部
　　　事務局　広瀬　大森
内容　1．宮脇運営委員を運営委員代表に決定した。
　　　2．総会をふまえ年報第3号編集委員会を王運営委員、佐藤運営委員、小沢会員で構成することとし、運営委員を兼職している編集委員が運営委員会と年報編集委員会の連絡にあたることとした。年報をより会員に開いていくため、春の研究集会における自由報告をより充実させ（希望者が多い場合は分科会形式とする）報告の中から編集委員会が執筆を依頼する案や、年報への自由投稿を募っていく案等を話し合った。これらの話し合いをふまえ第3号年報編集委員会で編集規定・投稿要領等の案を作成し、運営委員会で決定することとした。
　　　3．春の研究集会開催準備を主な議題として、次回運営委員会を10月頃に行うこととした。

1999年度会計報告（1999.4.3～2000.3.24）
収入
　会費　　　　110,000　　55人
　前年度繰越金　78,181
　　計A　　　188,181
支出
　通信費　　　29,420　　会報送付
　印刷費　　　10,000　　会報等
　消耗品費　　　　0
　人件費　　　43,860　　54時間
　その他　　　70,007　　年報編集・献本・お茶・カ
　　　　　　　　　　　　　　セットテープ
　　計B　　　153,287
次年度会計への繰越金（A－B）34,894

2000年度予算（2000.3.25～2000年末）
収入
　会費　　　　160,000　　80人
　前年度繰越金　34,894
　　計A　　　194,894
支出
　通信費　　　50,000　　会報送付等
　印刷費　　　10,000　　会報等
　消耗品費　　4,000　　封筒等
　人件費　　　60,000　　60時間
　その他　　　70,894　　年報編集・献本・その他
　　計B　　　194,894

ご連絡
　○春の総会で発足した第二期の運営委員会（新代表：宮脇弘幸）・事務局の最初のニュースレターをお届けします。○日本の植民地教育史研究の必要性を終始主張され、日中の若手研究者への励ましを続けてこられた斎藤秋男先生がこの春に逝去された。王会員、一見会員に追悼文を寄せて頂いた。斎藤先生の『中国現代教育史』における植民地教育史叙述をいかに引き継ぎ発展させていけるかが本会には問われている。○第4回日本植民地教育史国際シンポジウム実行委員会（代表・渡部宗助）から、2000年12月に開催予定のシンポジウムの案内が寄せられましたので同封しました。今後も準備経過をお伝えします。○このほかにも本会の活動に関わる会員の研究活動の情報がありましたら事務局までお寄せください。本紙を通じてご連絡させていただきます。○新しい会員名簿作成のため住所等ご確認のお願いを同封しましたのでご協力下さい。○春の研究集会に参加されなかった会員に2000年度会費納入のお願いを同封しました。万一行き違い等ありましたら恐れ入りますがご一報ください。（N）

編集後記

　『年報』第3号の再校を終えて、阿佐ヶ谷の居酒屋で、佐藤さんと祝杯をあげた。おいしい酒食であった。

　3号には、編者自身が刊行した資料を紹介するコーナーを設けた。資料の大小を問わないので、編集委員会に連絡して自己PRしていただけると幸いである。

　『年報』の刊行は、植民地教科書の復刻と植民地教育研究叢書の発行と三点一セットにして、藤巻さんにお願いし、皓星社の皆さんの協力を得て、実現している。本号は原島峰子さんに世話していただいた。

　『復刻』のほうは刊行目録がまとまり、スタートラインに立つことができた。『叢書』も磯田さんの『「皇国の姿」を追って』につづいて、鄭在哲さんの『日帝の対韓国植民地教育政策史』の和訳を佐野通夫さんが進めておられる。

　それぞれに芽が出て、伸びようとしている。伸びる前に赤字をたくさん背負わせて皓星社をつぶしてしまったら、せっかくの芽も枯れてしまおう。せっせと売り歩かねばなるまい。そう思うと、学会の会場は最上の市場である。

　『年報』第1号を筑波大学で開かれた日本教育史学会に行き、40部ほど売ったことがある。知り合いに声をかけ、おもしろさをPRして、買ってもらった。知ると、本の力で、買っていただけた。

　幸い、植民地教育に関するシンポジウムが、11月にソウルで、12月に東京で開かれる。私は売り子を兼ねてこれらに参加することにしよう。たくさん売って、元気になろう。　　　　　（小沢有作）

　『年報』第3号の出版にこぎ着けたことを、とにかく喜びたい。

　当たり前のことだが、これで書店の棚に3冊が並んでいることを見かけることにもなろう。また、関連学会などのフロアーで、3冊並べて売り込むこともできる。1冊、2冊では、少し気が引ける。しかし、3冊目というのは重みがちがう。第3号は、「研究会の活動も軌道にのったな」という証として受けとめてもらえるのではないか。そんな自信の印なのだと思っている。

　第3号は、難産だった。今春3月開催のシンポジウムの記録、「言語と植民地支配」の諸報告を掲載できなくなったからだ。その経緯は、本書所収の小沢有作論文を参照していただきたい。埋め合わせに苦慮したが、皓星社の藤巻修一氏にご無理を願って、植民地朝鮮の総督府編纂教科書刊行目録を掲載することができた。予定した刊行期日を少し遅れてしまったが、「目録」掲載は思わぬ宝が転がり込んだようなものであり、結果的に本当によい『年報』ができあがったものだと思っている。ぜひ、植民地教育史に関心ある多くの方たちに本書を買っていただきたい、そう願わずにはおれない。

　今回もまた、英文の校閲を宮脇弘幸（宮城学院女子短期大学）氏にお願いした。快くお引き受けいただいた氏に感謝を申し上げます。そして、皓星社の皆さまにも感謝申し上げたい。　（佐藤広美）

著者紹介

冨田　哲
台湾・淡江大学日本語文学系助理教授。1969年愛知県生まれ。
専門は社会言語学、日本語教育学。「日本統治時代初期台湾における日本語研究－国語教授研究会および小川尚義の研究について－」『日本語教育』99号（日本語教育学会、1998年）「日本統治時代初期の台湾総督府による「台湾語」の創出」『国際開発研究フォーラム』11号（名古屋大学大学院国際開発研究科、1999年）。

三ッ井　崇
一橋大学大学院博士後期課程。1974年福井県生まれ。
言語思想史・言語政治史（日本・朝鮮）専攻。「「満鮮史」と朝鮮語学－白鳥庫吉の朝鮮語系統論をめぐる言語系統論と歴史観の問題について－」（『人民の歴史学』第138号、1999年）、「日本語朝鮮語同系論の政治性をめぐる諸様相－金沢庄三郎の言語思想と朝鮮支配イデオロギーとの連動性に関する一考察－」（『朝鮮史研究会論文集』第37集、1999年）、「朝鮮総督府「諺文綴字法」制定および改正の過程と意図に関する一考察」（『不老町だより』第4号、1999年）、「朝鮮総督府「諺文綴字法」の歴史的意味－審議過程の分析を通して－」（『一橋研究』第25巻第1号、2000年）、「白鳥庫吉の歴史認識形成における言語論の位相－朝鮮語系統論と朝鮮史認識をめぐる言説から－」（『史潮』新48号、2000年）など。

山田寛人
広島大学大学院博士後期課程。1967年生。「植民地朝鮮の普通学校教育における朝鮮語の位置づけ」（『日本の教育史学』第41集、1998年）、「朝鮮語学習書・辞書から見た日本人と朝鮮語（1880～1945年）」（『朝鮮学報』第169輯、1998年）、「朝鮮総督府及所属官署職員朝鮮語奨励規程（1921～43年）について」（『広島東洋史学報』第3号、1998年）、「東洋協会専門学校における朝鮮語教育」（『アジア教育史研究』第8号、1999年）、「朝鮮語教育史研究の動向」（『広島東洋史学報』第4号、1999年）、「日本人警察官に対する朝鮮語奨励政策」（『朝鮮史研究会論文集』第38集、2000年）、「普通学校の日本人教員に対する朝鮮語教育」（『歴史学研究』掲載予定）。

上田崇仁
県立広島女子大学国際文化学部国際文化学科アジア文化コース助手。1969年山口県生まれ。
1996年から1997年まで2年間、啓明大学日本学科客員講師として韓国大邱に滞在。2000年3月、広島大学より『植民地朝鮮における言語政策と「国語」普及に関する研究』で博士（学術）を授与される。

小沢有作
東京都立大学名誉教授。〈たまり場ねぎぼうず〉あるじ。耳学問の会を開き、「通信ねぎぼうず」発行。『解放教育』に「教師30年の記録」を連載（1998年1月号～12月号）。「植民地教育記述にかんする東アジア教育史書の比較研究」（大学院小沢ゼミの共同研究、東京都立大学『人文学報』1996年3月）。「戦後50年と朝鮮学校」（『海峡』1997年5月）。『共生を目指す』（『日本の福祉』第4巻）編集（1999年4月）。

呉成哲
清州教育大学校初等教育科助教授。1961年生まれ。ソウル大学校教育学科博士。現在清州教育大学校初等教育科助教授。
「植民地期の教育的遺産」（教育史学研究、ソウル大学校教育史学会、1998年）、『植民地初等教育の形成』（教育科学社、2000年）。

永田英治
宮城教育大学教授、1949年名古屋市生まれ。1994年に博士論文『日本理科教材史』（東京

弘谷多喜夫

熊本県立大学教授。1942年山口県生まれ。「戦後の台湾における日本統治期に関する研究論文・著書目録（1945-1995）」（『熊本県立大学文学部紀要』第5巻第2号、1999年）「日本の植民地統治と同化論――台湾統治の開始時期と伊沢修二」（『近代日本のアジア教育認識――その形成と展開』平成6・7年度科研費報告書、1996年）

井上　薫

釧路短期大学講師。1962年生。

小林文人

東京沖縄南アジア社会教育研究会代表、東京学芸大学名誉教授。現在、和光大学教授。

横山　宏

国立教育研究所室長、早稲田大学客員教授を経て、現在、日中教育研究交流会議代表。

近藤健一郎

愛知県立大学文学部助教授。1967年生まれ。「沖縄における移民・出稼ぎ者教育」（『教育学研究』第62巻第2号、1995年）、「近代沖縄における方言札（2）」（『愛知県立大学文学部論集（児童教育学科編）』第48号、2000年）。

宮脇弘幸

宮城学院女子大学国際文化学科教授。
専門は社会言語学、特に言語政策・言語教育・多文化教育を中心とする。植民地・占領地の教育は、言語政策との関連から捉える。「マラヤ・シンガポールの皇民化と日本語教育」『岩波講座　近代日本と植民地』第7巻（岩波書店、1993年）。「旧南洋群島に於ける日本化教育の構造と実態及び残存形態」『人文社会科学論叢』第4巻（宮城学院女子大学、1995年）。「日本の「満洲国」・大陸占領地における教育関与」『研究年報』第20集（成城学園教育研究所、1998年）。

佐藤尚子

広島大学教育学部教授。
『米中教育交流史研究序説－中国ミッションスクールの研究－』（龍渓書舎、1990年）「汪兆銘傀儡政権下の教育」（『大分大学教育学部紀要』16号、1994年）『論集中国女性史』（共著、吉川弘文館、1999年）「明治期日本人の中国女子教育認識」（中国四国教育学会『教育学研究紀要』45巻第一部、2000年）

佐藤広美

東京家政学院大学。1954年北海道夕張市生まれ。
『総力戦体制と教育科学』大月書店、1997年。「同化と文明化―矢内原忠雄の植民地教育論」『差別と戦争』明石書店、1999年。「大東亜共栄圏と日本教育学（序説）」『植民地教育史研究年報　第2号』皓星社、1999年。「国旗・国歌法の制定とナショナリズム」『ナショナリズムと教育政策』日本教育政策学会年報第7号、2000年。

朴英淑

韓国ソウル出身。現在久留米大学大学院比較文化研究所研究員。
論文：「韓国における高校日本語教科書の常用漢字使用について」（『比較文化研究論集』第3号1996.12）「植民地時代における『普通学校國語讀本』に現れる漢字分析について」―大正（12－13）『朝二』と昭和（5－10）『朝三』教科書の比較を中心に―（『比較文化研究論集』第4号1997.11）「植民地時代における日本語教育政策と普通学校教科書の研究」（韓国の『日本文化学報』第6輯1999.2）「植民地時代『普通学校國語讀本』に現れる漢字分析」―『訂正国』と『朝一』『朝二』教科書を中心に―（『比較文化研究論集』第6号1999.7）

（前ページより続き）
法令出版、1994年）を出版。児童向け科学絵本に『にじってなあに』、『うずまき右まき左まき』（ともに大日本図書、1994、1996年）がある。

CONTENTS

Introductory Remarks

Special Issue 1: Colonial Education and Language Matters

The rulers learn the language of the ruled: Japanese learning of Taiwanese in the early colonial period ································TOMITA Akira ··· 6

Some issues in Korean language under colonial rule — a case study of the *'Ŏnmun'* Orthography compiled by Korean Government General ················MITUI Takasi ··· 22

A Japanese approach to Korean learning — an analysis of successful learners' difficulties, from the Gekkanzassi Tyoosengo (1926-29) ·················YAMADA Kanto ··· 37

Different but the same? A study of commonality between *KOKUTEI TOKUHON* and *CHOSEN TOKUHON* ···UEDA Takahito ··· 51

A note on the Symposium 'Language and Colonial Rule' ··············OZAWA Yusaku ··· 66

Special Issue 2: Education in Colonial Korea: from the Joint Symposium of Japan and Korea

Vocational education in common schools in colonial Korea ···············Oh Seong-Cheol ··· 82

Duality of science education: practical and applied, *Shoto Rikasho* and *Shoto Rika* compiled by Korean Government General and *Shotoka Rika* compiled by Japanese Ministry of Education ································NAGATA Eiji ··· 98

Research-in-progress corner-Research trends

Realizing history and research methodology — a personal involvement in studies of colonial education ································HIROTANI Takio ··· 120

Learning from the past: a note on reprinting the school textbooks from colonial Korea ································INOUE Kaori ··· 125

Book Reviews

OGUSHI, Ryukichi: *Young Men's Association and the History of International Exchange — bathing in the stream of fascism and anti-fascism* ···············KOBAYASHI Bunjin ··· 134

Wang Zhixin: *Japanese Colonial Education — A Chinese View* ···········YOKOYAMA Hiroshi ··· 139

FUJISAWA Kenichi: *A Perspective on Okinawa's Modern History of Education* ································KONDO Kenichiro ··· 143

TANI Yasuyo: *Greater East Asia Hemisphere and Japanese Language* ······MIYAWAKI Hiroyuki ··· 148

ISODA Kazuo: *In Pursuit of 'Mikuni no Sugata'* (Shaping Imperial Japan) ·······SATO Hisako ··· 154

Editor's introduction

Koua-kyouiku: A key material describing the peak of Japanese colonial education ································SATO Hiromi ··· 160

Reprinting the first period textbooks Japanese Reader for common schools compiled by the Korean Government General ································Park Young-suk ··· 164

Catalogue of school textbooks compiled by Korean Government General ···············169

＊英文校閲：宮脇弘幸

植民地教育史研究年報　第3号
Anual Review of Historical Studies of Colonial Education vol.3

言語と植民地支配
Language and Colonial Rule

編　集
日本植民地教育史研究会運営委員会
The Japanese Society for Historical Studies of Colonial Education

代　　表：宮脇弘幸
運営委員：磯田一雄
　　　　　井上　薫・王智新・佐藤広美
　　　　　佐野通夫・弘谷多喜夫・渡部宗助
事務局長：大森直樹
事務局員：藤澤健一・広瀬義徳
第3号編集委員会：小沢有作・佐藤広美・王智新
事　務　局：東京学芸大学附属教育実践総合センター
　　　　　　大森研究室
　　　　　　〒184-8501　東京都小金井市貫井北町4-1-1
TEL・FAX　042-329-7350
郵便振替　00130-9-363885

発行　2000年11月30日
定価　2,000円+税

発行所　**株式会社皓星社**
〒166-0004　東京都杉並区阿佐谷南1-14-5
TEL 03-5306-2088　FAX 03-5306-4125
URL http://www.libro-koseisha.co.jp/
郵便振替　00130-6-24639

装丁　藤林省三／印刷・製本　暁印刷

ISBN4-7744-0302-4　C 3337